广饶文史资料

第三十辑

中国人民政治协商会议广饶县委员会
文化文史和学习委员会　编

中国文史出版社

《广饶文史资料》第三十辑编委会

编审人员

序

广饶县政协主席　陶家孟

文史资料工作是人民政协的一项基础性、经常性工作，是有益当代、惠及后世的文化事业。人民政协编纂的文史资料，多为作者亲历、亲见、亲闻，是独具统战特色的可信度高、可读性强的史料，深受广大读者喜爱。政协第十一届广饶县委员会自换届以来，高度重视政协文史资料工作，以对历史负责的求实态度，征集和抢救了大量“三亲”史料，政协文史工作有了长足发展，为弘扬广饶历史文化、推动文化繁荣发挥了积极作用。近年来，广饶县政协立足时代发展，广泛征集各方面人士史料，编纂出版《广饶文史资料》第三十辑。全书分为“战火硝烟、往事回眸、经济纵横、人物春秋、轶事传闻、史海钩沉”六部分，26万余字。全书以翔实的笔触，多角度记述了我县不同历史时期的重大历史事件和人文风貌，时间跨度大，题材涉及广，具有较强的统战性、史料性、可读性。

“战火硝烟”辑录了与我县有关的抗日战争、解放战争等史料，真实记述了不同历史时期广饶人民浴血奋战、艰苦卓绝的光辉历程；“往事回眸”辑录了新中国成立后我县文化、教育、经济等各界人士工作历程回顾，这些“三亲”史料内容真实生动、叙述引人入胜；“经济纵横”辑录了新中国成立后我县经济发展的史料，其中民营企业的内容尤为引人注目；“人物春秋”辑录了为革命和建设事业作出贡献的人物事迹，还有部分艺术人士风采；“轶事传闻”辑录了在我县广为流传的部分民间传说及人物轶事，这些故事传闻脍炙人口，深受群众喜爱；“史海钩沉”辑录了我县较为重要的文物和文化考证文章，充分展现了我县悠久的历史文化底蕴。

全书坚持尊重历史事实，真实反映历史事件，体现了文史资料“亲历、亲见、亲闻”的“三亲”特色，具有较高的史料价值。在征集和编纂文史资料过程中，得到县委、县政府的鼎力支持，凝聚着编纂工作者的心血和汗水，饱含着支持县政协文史工作的社会各界文史爱好者的爱心。在此，谨向倾注心力、关心和支持政协文史工作的各界人士表示诚挚的谢意！

文史工作肩负着存史资政、团结育人、启肇后人的光荣使命。文史工作也是一项与时俱进、随着时代发展而不断延伸的长期任务，做好新时代政协文史工作，对于保护、整理和弘扬广饶丰厚的历史文化底蕴，提升广饶文化品位，具有重大历史和现实意义。

衷心希望我县广大政协委员和所有从事文史工作的仁人志士，以薪火相传为己任，笔耕不辍，为时代立鉴，为广饶存史，继续书写广饶政协文史资料工作的美好篇章，为建设文化强县作出新的更大的贡献！

是为序。

2024 年 10 月

目　录

经济纵横

人物春秋

轶事传闻

史海钩沉

封面说明： 1940 年 8 月 24 日，清河地委在益寿临广四边县的吴家村开办的工农青妇革命干部培训班合影，后排高立者左侧为广饶县早期革命者王林。

战火硝烟

颜世彬国外革命活动记

宋鹤翔

革命烈士颜世彬(1899—1931),曾化名尹发汤、王文仲,是中共旅欧支部在法国战地华工中发展的早期党员、职业革命家,于1931年8月19日壮烈牺牲,时任中共山东省委常委、青岛市委书记。

颜世彬1899年12月出生于乐安县张郭村(今广饶县李鹊镇张郭一村)的一个雇农家庭。祖父名叫颜承广,父亲名叫颜景文,全家祖孙三代十几口人,仅有薄地1.1大亩(约合3.6市亩)、破草房3间。颜世彬兄弟四人,长兄颜世楷、二兄颜世林、弟弟颜世珍。主要靠租种地主土地、打短工、扛觅汉和卖豆腐维持生活,兄弟四人没有一人上过学。颜世彬的童年时代,基本上是在拾柴草、挖野菜和卖豆腐中度过的。因生活所迫,大哥颜世楷到张郭三村一户刘姓人家当了上门女婿,二哥颜世林到外地一家皮匠店当了学徒,年轻的颜世彬则在家打短工、扛觅汉、卖豆腐。由于租种地主的土地地租沉重,颜世彬和其他贫苦农民一样,尽管一年到头累死累活地拼命劳作,仍旧食不果腹、衣不蔽体。而那些不劳而获的地主、官僚却过着花天酒地的奢侈生活。对此,颜世彬从心底充满了强烈不满。积劳成疾的父亲颜景文去世时,因办理丧事又使本就十分贫穷的家庭增添了一笔债务。更为糟糕的是,在外地当学徒的二哥颜世林回家办理父亲丧事时,皮匠店掌柜送了一套自己不穿的旧衣服给他,处理完丧事的颜世林穿着这套衣服到自己家胡同西头的集市上闲逛,恰巧被"绑票"的"明火"看见,误将颜世林当作一个"掌柜"在大集上绑了票,捆在村南“柳湾子”的柳树上，限期当日赎回。由于家中实在是无钱可赎，一直到傍黑天时仍不能赎回。直到“明火”们扬言“撕票”时，才由本村刘莲塘（抗日战争全面爆发后参加中国共产党，1957年任山东省专卖公司经理）联合几个家境稍好的村民凑了些银圆将其赎回。面对突如其来的厄运，不堪忍受其难的长兄颜世楷于当天深夜携妻子远走他乡，最后辗转到黄县（今龙口市）落了户。社会的黑暗，在颜世彬年轻的心灵上种下了仇恨的种子；生活的困苦，磨炼了颜世彬的顽强斗志；世道的不公，点燃了颜世彬胸中改变社会的激荡烈火，淬炼了他要干一番济世救民事业的思想和改变社会现状的远大志向。

1914年，第一次世界大战爆发。北洋军阀政府加入协约国，在1917年8月对德奥宣战，并答应英法政府招募华工到欧洲战地服务，“以工代战”。英国驻济南公使普拉特通过到威海、烟台、青岛考察后，提出了从胶济铁路沿线招工，在青岛华新纱厂训练华工，从青岛码头登船去欧洲的意见并得以实施。此时，颜世彬抱着摆脱困境、闯荡世界和改变社会的想法，与本村颜世安、颜世廉、李成春、史效尧四人，毅然决然地背着母亲到临淄县白兔丘村招募点报了名，在胶济铁路沿线的金岭镇（今属临淄区）通过体检录招后，连家也没回就坐火车到青岛乘船去了法国。

到法国后，颜世彬等人先是被分配在一个资本家的机械厂里做工。工作强度很大，劳动时间也很长，但伙食定量很低，一日三餐都吃不饱。李成春回忆说，当时每人每顿只发一块抹了黄油的面包，大家都吃不饱。为此，颜世彬就带领华工们要求增加伙食定量。机械厂老板找了一个翻译同华工对话，这个翻译是个中国通，中国话说得很好，还懂山东方言。他向华工们说：“你们现在就是一头‘廓落猪’（在山东猪崽养到半大就叫廓落猪，一催肥就能长大），等上了膘，肚子里有了油水，一块面包就够吃的了。”听到这话，颜世彬带头说：“不给吃饱饭还骂人，我们不干了。”最后，资本家只得满足了华工的要求，增加了伙食定量。尽管华工的收入极其微薄，颜世彬仍努力攒钱往家里寄，据颜世彬的侄女回忆，她叔父第一次寄回家的是5块银圆和一袋面粉。李成春等人回忆说，他们与颜世彬在法国曾挖过战壕，当过搬运工，还干过五金工。

1919年底，周恩来、赵世炎、王若飞等大批有识之士远渡重洋，到法国勤工俭学，寻求救国真理。他们十分关心在法的华工同胞，对华工进行了大量的组织教育工作，帮助华工摆脱行会的束缚，建立了自己的统一组织——旅法华工总会，出版了《工人旬报》和《新工人》等刊物。为探求新的生活道路，颜世彬在劳作之后，坚持拖着疲惫的身体学文化，学法语，阅读进步刊物，参加华工间的联络活动。由此，颜世彬接受了马克思主义，使自己朴素的阶级感情产生了飞跃。他认识到，此刻他不仅是为自己的家庭而劳动，为个人而谋生，而是为拯救祖国，为无产阶级解放事业开始工作和斗争。他先参加了华工赤色工会，不久又加入了中国共产党，成为一名职业革命家。

当时，他的这一切革命活动都是秘密进行的，就连本村的同伴也都毫不知情，只知道他经常独自一人外出，还经常到一个法国女人开的杂货铺子里去，有时候买一点东西，有时也不买，女主人对他很热情。有工友同去时，他总是单独同女主人说几句话。在劳工期满回国的前一天晚上，颜世彬破天荒地买了些酒菜和工友们吃了一顿相对丰盛的晚餐，还说了一些想念家乡的话。但在第二天早晨大家登船时，却怎么也见不到颜世彬了。在找寻未果的情况下，颜世廉说："会不会是世彬觉得家里穷，回家难找媳妇，留下来和那个女店主结婚呢。"史效尧说："平时看着也不像是那回事呀。"直到轮船起锚，颜世彬始终也没有上船回国，并且没有一丝半点音讯。于是，大家便认为他可能是留下来和那个法国女店主结婚了。此后，同行的华工和颜世彬的家人再也没人知道颜世彬的情况。

直到1968年，中央组织部外调人员到张郭村了解颜世彬家庭情况，其兄弟的子女们也才知道颜世彬早在法国时就已经加入了中国共产党，开始了革命工作。直到这时，唯一健在的同行华工李成春也才恍然大悟，说：“颜世彬的革命工作做得太秘密了。现在来看，他常去的那家杂货店应当是一个秘密联络站，那个法国女店主应当是他的接头人，压根就不是男人和女人的事。”

颜世彬之所以没有回国，是根据党的指示留在法国继续学习和秘密从事革命工作，成为一名职业革命者，也从此中断了与家庭的一切联系。1923 年，党组织又派他到苏联进入莫斯科东方劳动者共产主义大学学习深造。颜世彬在莫斯科东方大学期间，一边补习文化，一边学习俄语，刻苦学习马克思列宁主义基本理论。他以极大的毅力，克服重重困难，从一个未进校门的雇农，成为一个既懂法语、俄语，又懂马列主义的职业革命家。

因国内革命斗争的需要，颜世彬于 1930 年秋奉命离开莫斯科回国。同年 11 月到达上海，12 月即受党中央派遣到青岛（当时山东省委驻青岛）工作。1931 年 1 月，中共青岛市委代理书记罗石冰在上海开会期间被捕牺牲。1931 年 2 月，党中央委任颜世彬为山东省委常委兼青岛市委书记，开始了他在国内的革命生涯。

军邮模范许心田

许钦荣

清河战场军邮战士

许心田

许心田1912年出生于稻庄区长行村。9岁入学，在本村读私塾，六年后小学毕业。1927年父亲送他到广饶县二区（今大王镇）郭家庄求学。没过多久，县政府下令取缔私塾，父亲又把他送到了四区散水口村读高小，两年后毕业。那时家境好的同学们都到县城上中学，他因家庭经济困难未能上中学。父亲就叫他在家种地，学着做小买卖养家糊口。19岁的许心田已结婚生子，成家立业。

1925年后，广饶二区的刘集、延集村一带，在济南、青岛工作的革命人士不断到家乡宣传马列主义，秘密从事建党工作，组织发动优秀青年入党参军，建立地方革命武装。不少村还成立了农村党支部、村公所、自卫团、红枪会、儿童团等组织。革命的力量在不断发展壮大，许心田早有耳闻，心思欲动。

抗日战争全面爆发后，华北大片国土很快沦陷，中华民族到了生死存亡的危险关头。许心田有一个同学名叫徐炜，早已参加革命入了党，经常与他谈论进步思想和革命道理。徐炜对许心田说:“七七事变后,中国的革命事业及全民族的解放就落在我们这代人身上。国难当头,匹夫有责。如果我们不跟着共产党闹革命,不组织起来拿起武器打败日本侵略者,消灭国内一切反动派,就国无宁日,家无团圆,老百姓也就无法过上好日子。现在我们已经看清国民党是假抗日、真反共,他们很有可能投靠日本当汉奸,成为卖国贼。大敌当前,在长行官庄你要带头发动村民做好宣传,拥护共产党的领导,建立村级政权。要团结起来,坚决和一切人民的敌人作斗争。”经过几次面谈交流,许心田深受教育,坚定了革命的斗志和信心。

1940 年广饶境内的对敌斗争形势十分严峻,日军司令官坂田率部下 2000 余人入侵广饶,到处烧杀抢掠、无恶不作。国民党伪军十六旅驻扎在东毛王村,投靠日军,充当日军的走狗,到处催粮纳税,派民夫抓壮丁,帮助日军建据点修炮楼。当地土匪横行霸道,害得老百姓苦不堪言。广饶大地是一片白色恐怖。是年 7 月,共产党员徐炜和刘效孔二人来到长行官庄秘密发展党员,建立村级革命组织。徐炜做许心田的入党介绍人,刘效孔做许河清、韩士茂、许怀庆、韩福臻的入党介绍人。经上级党组批准后(那时无党员预备期),长行官庄于 8 月成立村党支部。农委会任命许心田任村党支部书记和农救会主任。10 月广四区(稻庄区)组织部门下令调他到区动委会工作,任自卫武装股股长。为了革命的需要,他改名为刘子荣,从此踏上了革命的道路,成了一名地方革命武装干部。

1940 年 12 月,广饶四区被敌伪军包围,当时区公所和动委会分别驻在相距五里的两个村子里,拂晓时相继被敌人袭击,区长等几名干部被俘,一名分管粮财的干部被杀害,党组织遭到很大破坏。县委指示,要求四区趁敌人不“扫荡”时抓紧动员群众白天在家中干活,晚上到敌占区活动,打击敌人。那一段时间,许心田身背挎包携带办公用品和机要文件,到全区各村跑,工作开展得有声有色,受到区委主要领导的表扬。由于工作出色，他被介绍到县大队，成了一名八路军战士。

1941 年 2 月，他到县委办事处汇报工作，办事处领导把他留下说：“地委已下达指示，以县为单位成立战时邮局，负责全县的军事通讯、机要文件、报刊书信和包裹的邮递工作，经领导研究决定由你担任战时邮局局长，现在你就和县大队、四区联系说明工作变动情况。”当时广饶县以小清河为界，分建两个县委和政府机构，小清河以南统称广饶县，县委书记为李玉轩，县长由清河办事处主任马巨涛兼任。由于对敌斗争形势非常严峻，县委、县政府行政办公基本无固定场所，这给军邮工作带来很大困难。许心田上任后，在各区秘密布置了站点（就是党政军地下联络站），发展地下通讯员。那个时期敌人的据点遍布，碉堡林立。日军、伪军不断疯狂“扫荡”“蚕食”，妄想消灭根据地的革命有生力量。在这样的环境中，他带领军邮人员在敌占区内工作，白天目标太大就采取夜间行动，信件不安全就实行口信传递，路程比较远的任务就利用人传人的传递方式快速送到目的地。就这样，一次又一次地完成通讯任务，这些做法为战争年代开展军邮工作积累了丰富的经验。

1942 年 2 月，根据中共清河区党委的决定，益寿县撤销，重建“益寿临广”四边县。李荆和任县委书记，赵治安任县长，同时成立了县邮局（情报站和秘密联络站）。因干部要实行职业化，清河区研究决定由许心田任四边县邮局局长。他接到调令后简单地移交了一下工作，收拾好行李就前往益都高柳（四边县政府驻地）报到上任。当时日军调集大量兵力对我军民反复“扫荡”，实行“铁壁合围”“梳篦拉网”等战术进行“清剿”行动。县委书记不幸牺牲，大批干部群众惨遭杀害。在这种情况下，县委决定把机关干部及乡村干部 300 多人分批转移到广北根据地。新任县委书记和县长留在四边县，带领县独立营就地同群众一起坚持对敌斗争。许心田看到四边县的工作环境比广饶的环境还要恶劣，没有灰心，反而更加英勇顽强，采取灵活的工作战术同敌人进行斗争，取得了一系列斗争的胜利。

1943 年 7 月，他被调入山东《渤海区日报》社任总务科科长。刚到这个工作岗位时有点不太适应，总感觉不得心应手，但他很快调整情绪，边工作边学习，努力克服业务上的障碍，更不能辜负领导的期望。他团结同志，认真工作，不长时间就把总务科工作干得井井有条，受到报社领导和同志们的高度评价。就在这时，组织部门又要把他调到“益寿临广”四边县邮局担任局长，重新回到原来的工作岗位。1945 年 7 月，他又被调到渤海区三专署战时邮局任邮务科科长，直至 1946 年 2 月。

华东战场运输队长

1945 年 8 月 15 日，日本侵略者宣布无条件投降，中国人民的伟大抗日战争在共产党的英明领导下，经过 14 年奋战，最终取得了彻底的胜利。

就在这时，国民党反动派纠结伪匪发动内战，重兵大举进攻我解放区，妄图彻底消灭共产党和人民军队。我们已从日军手中解放了的城镇再次被国民党顽军占领。根据这些变化的情况，中央军委及时作出决定，各地要集中兵力着重夺取中小城市及广大乡村，建立人民新政权，不断扩大和巩固解放区。我渤海军区就重新组织调整了所属部队和地方武装组织，并开展了向国民党反动派的全面作战。

为了提高部队的机动作战能力，加快军需物资的调运和战争中打援的速度，渤海区领导决定成立汽车局，把所有缴获的车辆实行集中管理，统一调配，按需使用。根据工作需要，许心田被调到汽车局工作(单位住址在惠民县)，任命为车务科科长。

因他非常喜欢这个职业，上任后就努力学习业务知识，钻研汽车驾驶维修保养技术，虚心向老师傅们请教，时间不长他就掌握了管理业务，并学会了驾驶车辆。在参加革命六年的时间中七次调动工作单位，他把每次调动视为组织的分工和工作的需要，不管干什么工作、任什么职务，从没向领导讲过条件和有过怨言，都是在自己的工作岗位上默默无闻的工作，并且干一行爱一行。战友们都知道他少言寡语不善言谈，但他很爱闹着玩说笑话。有战友说我们刘科长才是我们渤海区的神八路，什么时候组建新单位，你还得被调到那个新单位工作，要是我们渤海区建个飞机场，你还会被调去开飞机哩。他面带笑容风趣地说："唉，你别说，我不一定没有那个机会，老俗语说'骑驴看唱本——走着瞧'，到那时咱是开着飞机看地球，高高在上。现在开汽车我叫你们师父，说不定开飞机你们还拜我为师呢！"逗得大家哄堂大笑。

1947 年 3 月，华东军区成立华野兵站部，他被调到二中站任站长，当时国民党伪军还非常猖狂，敌占区的斗争形势很紧张，敌人利用飞机、敌特分子、小股匪兵，不断组织偷袭我革命根据地，妄想重新占领他们丢失的地盘。就在这种特殊的环境下，二中站经常执行军需物资运送任务。有一次，一批军需物资急速送往部队，当时用车输送，白天目标很大，会被敌人袭击，他就亲自带队利用夜间掩护，采用夜间不开灯光用人引路的办法，克服种种困难按时圆满的完成了那次艰巨任务，受到所需部队领导的高度赞扬，兵站部也给他记了三等功。

1948 年 12 月，华东局为贯彻中央政治局九月会议决定，在驻地益都县闵家庄召开各区领导会议，部署抽调 1.5 万名干部随军南下工作，安排和研究大军渡江以后华东局及所属各区党委的组织分配问题，决定南下干部分两批集结出，第一批 3000 人于 1949 年 1 月前完，第二批 1.2 万名于 2 月底前完成。

许心田属于华东南下干部纵队华东局直属机关第二支队。司令员是赵毓华，政治委员是王尧山，许心田被任命为运输组副组长、车队队长。他们在益都王岗村（华东局党校驻地）经短期培训后，于 1949 年 1 月初从益都集合出发，跟随野战军作战部队渡江南下。一路上他对驾驶员严抓细管，不断进行思想教育和安全指导，对运输车辆勤检查多保养，让每台车辆始终保持良好的运行状态。运输车队途径徐州、合肥、无锡，历时四个多月，安全抵达目的地上海。在华东局南下干部工作总结大会上，他受到通令嘉奖。上海接管后他被任命为华东邮政总局管理科科长。1950 年 1 月，许心田因工作需要调到北京，任中国邮政总局运输处副处长兼车船科科长至 1951 年 2 月。

1951 年 3 月，中央军委通讯部开始筹建军邮总局，负责全军的机要通讯、军邮工作任务。该局于是年 5 月成立，任命许心田为军邮总局副局长兼业务科科长至 1952 年 12 月。

抗美援朝军邮模范

1950 年 10 月，中国人民志愿军远赴朝鲜战场，10 月 25 日拉开了抗美援朝战争的序幕。根据志愿军总部的部署需求成立军邮局，各部队兵团以上单位成立军邮分局，兵团以下设立军邮支局。

在抗美援朝战争进入第二个时期的时候，志愿军军邮工作由于战地通讯机要文件传递，信件包裹收发任务剧增，一时出现急需专业管理干部。这时志愿军军邮局就向军委通讯部紧急求援，增派一批军邮专业干部支援朝鲜前线。许心田作为其中的一员，于 1953 年 1 月跟随中国人民志愿军第一军入朝作战部队执行军邮任务。他入朝到达志愿军军邮局后被任命为副局长。针对当时军邮工作存在的突出问题展开工作：一是组织分局管理干部进行应急指导培训。二是作战部队从已开始的进攻战、歼灭战、游击战的通讯联络方式要求，立即转为阻击战、阵地战、防卫战的通讯联络方式上来，把流动通讯设施立即改为固定通讯设施，确保国内、志愿军指挥机关、前线作战部队的联络畅通。三是自志愿军入朝作战开始已有众多将士参加抗美援朝战争。由于战争第一阶段部队流动性比较大，战斗任务繁多，无条件和机会与国内家人书信来往。进入第二阶段后作战部队转入以三八线防守为主，战事相对减少，部队处于一个轮换休整状态，战士们有了与家人通信的机会，所以出现了邮政系统信件挤压问题。特别是查无收信人返回信件太多，一时无法处理，许心田利用在国内中国邮政、军委通讯部军邮总局工作过的条件亲自协调，实行三方联动的办法解决这一难题。

他安排把积压信件分成三大类：第一大类回国部队阵亡伤残人员的信件由通讯部军邮总局负责处理，第二大类国内送达不到的信件由中国邮政负责，第三大类由志愿军邮局负责解决。在很短的时间内这三大问题就得到了解决。1953 年 7 月 27 日，作战双方在朝鲜停战协议上签字。他于 11 月从朝鲜战场撤离回国，组织上又安排他到军委通讯部军邮处工作，因他在抗美援朝期间工作突出、战绩优异，被志愿军军邮局授予"军邮模范"光荣称号。

1954 年 9 月，军委机关压缩编制，精简人员，动员干部转业。当时组织上找他谈话，他认为自己年龄偏大转到地方企业部门有些不合适，又想到这是党的政策，党员要无条件服从。10 月他转业被分配到交通部天津疏浚公司工作，从此结束了他近 15 年的部队革命生涯。

许心田转业到天津后，先后担任过天津市冶金工业局第三钢厂副厂长、天津市冶金工业局焦化厂厂长、天津市冶金局耐火器材厂厂长等职，1964 年退居二线，1972 年正式离休（享受国家行政十二级干部待遇）。1995 年 3 月 11 日病逝，享年 83 岁。

夜割日军电话线

李郁文口述　李业陶整理

1940年，我16岁，在邻近的红盆村小学读书。那时广饶县大王村一带已成为早期革命根据地，民主政权和各群众抗日团体包括工、农、青、妇组织均已健全，我参加了我们王李村的儿童团并担任指导员。

这年的9月，县委指示，为配合“百团大战”，开展破坏敌人交通的大破袭活动，要求各地一定要组织抓好此项工作。记得那时秋收完毕，小麦已种好。

一天下午，突然接到上级指示，让我们当天夜间去割日军的电话线，我们村去的有青年基干民兵及部分年龄大些的儿童团员，共十余人。接到通知后，我告诉母亲说，我有紧急事情必须参加，你得烙个油饼我带着当晚饭用。

与我一起去的儿童团员还有王允信、李兴德、李重祥三人，待赶到集合地点书房刘村时，天已黄昏。

全乡（孙郭乡）参加这次行动的有200余人，组成了一支浩浩大军，带队负责人是乡青救会长李会云。李会长进行了简短的动员讲话，他说：“路上大家要严格遵守纪律，不准抽烟，不准乱说话，一切行动听指挥，坚决完成上级交给我们的任务。”

割电话线的地址是北庄子（今北辛村）与高解村两个日军据点之间十余华里的地段。当队伍沿着阳河岸行经韩桥村准备过河时，发现此地之桥早已烧毁，我们只好绕道向南经赵家庄过河，然后再向西北走了5

华里。到达目的地后，事先组织好的突击队开始抓紧时间抢割日军电话线，我们儿童团的任务主要是站岗放哨、看守割来的电话线。破袭战斗紧张有序。

突然，机关枪、迫击炮声响成一片，这是两个据点的日军发现情况不对发射的枪炮。形势紧迫，时间不能拖长，恐怕敌人出据点追击对我们不利，破袭行动历时半小时后旋即快速撤离，我们在前面走，敌人后边枪炮声依然响个不停。

为了避免伤亡，大家先走向东南方向，经大王、河沟村又折返复兴王等村，往返 40 多里，半夜时分回到书房刘村。带队领导李会长召开会议进行总结和表扬。他说："这次任务完成得很好，大家辛苦了！我们这次共割来敌人电话线 300 余斤（其中有我们王李村割的 30 斤），大大挫伤了日军的威风，给了他们一次沉重的打击，上级领导对我们是满意的。"讲完即宣布散会。

分散撤退时，发生了一件事情，村里突然传来一声枪响，狗也乱叫不止，一时引起了混乱。此时绝大部分人都已离开书房刘，只剩下我们四人还未走开，村西围子墙的大门也关了。假若外面来的是日军或者顽固蛋（伪十六旅李青山部）可就坏了。没有办法，我们只好跑进一户人家场院，藏身在"夹步道"中，没敢合眼，更别说睡觉了。因为我们很清楚，万一被敌人逮着肯定是要杀头的，紧张得直打哆嗦。幸好，没出什么事，直到黎明才知道是自己的部队路经此地，事先没与该村抗日组织联系好，发生了误会。

当我们回到家时，已是清早六点多钟。家里人见我平安无事回来，也放下了悬着的心，父母喜笑颜开，说不出的高兴。

我是地下交通员

刘秀英口述 徐百胜 徐学忠整理

刘秀英

我叫刘秀英，娘家是稻庄区三水村，1932年我出生在一个贫苦农民家庭里。从记事起，父亲刘建堂不是打短工，就是给地主扛觅汉、当长工。就是好年景，也是过着半年糠菜半年粮、吃不饱穿不暖的穷苦日子。我和母亲经常外出要饭，叫狗咬着是常事。记得有一年冬天，家里实在是揭不开锅，就和母亲去南乡要饭。一路上西北风夹着雪花，冻得俺娘俩直打哆嗦。进村后一户穷人见俺娘俩可怜，给了两碗热汤喝，暖和了暖和。当来到一富户家门口时，刚叫了一声大娘，就窜出一条大黑狗从背后狠狠地咬了我一口。当时腿上的血一直流到脚后跟，俺娘俩哭了半天，也不见财主家人的身影，还是一位好心大娘把我领回了家……真是，天下的穷人一条心啊。从此以后，我因怕狗咬着，就再也不敢跟着母亲出门要饭了。

父亲从年轻时就给地主当牛做马，挨打受骂是常事。父亲憨厚老实，为人随和，但他从内心里怀有对地主的刻骨仇恨。地下党的同志看到父亲对敌斗争坚决，敢站出来替穷人说话，对党忠诚可靠，就让他做一些党的秘密工作。为了打日军和汉奸，父亲又冒着被敌人杀头的危险，送大哥参加了八路军。

在汉奸、土匪、恶霸猖獗的年代，共产党的活动还是很秘密的。那年代，我们这些受苦人，再加上家里有当八路军的，就是共产党的依靠力量。自然，我家也就成了党在三水村的秘密联络点，全家人也都成了地下交通员。

早在 1940 年，父亲就担当起为地下党组织送情报的重要任务。这年夏天，父亲受区委副书记刘效孔的指示，去二区书房刘村给四区区委书记张力群送信。当时，父亲怕一个人去会引起敌人的注意，就领着我同他一块去。我和父亲早先约定好了，遇到敌人问时就说是到书房刘姨家去走亲戚。真是不巧，路过三座楼村时被汉奸王六的部队逮住了。汉奸很是狡猾，把我和父亲分开来审问。我和父亲坚持预先编好的话说，没有引起敌人的怀疑，保住了扎在我辫子里的信。但有一个汉奸见我聪明机灵，顿时生了坏心眼，要留下我当他家的保姆，去给他看孩子。我想，去了他家就算是进了虎口，再说信还在辫子里，没完成任务，我就死活不从。父亲也上前苦苦哀求，不让我去。汉奸根本就不理会这些，硬把我抱到马背上。正当牵着马准备走的时候，听见一阵哨子声，大概是他们紧急集合。这时，汉奸赶紧从马上把我拉下来，牵着马走了，我和父亲才侥幸脱险。

时间长了，地下党在我家的活动引起了敌人的注意。我们一家人也成了地主和汉奸一伙的眼中钉肉中刺。本村干“旅派”（指伪十六旅）的坏人就公开扬言“非把刘建堂一家活埋，斩草除根不可！”

1942 年，形势更加恶化，斗争更加残酷，村干部和烈、军属经常被敌人暗杀。党组织怕我们一家遭难，就秘密地把我们护送到广北八大组暂住。记得去了以后，根据地的干部对我们很照顾。先发给安家粮(200 多斤大豆）和几件临时穿的衣服，不几天又分给两大亩土地种，来维持全家的生活。我们一家在八路军和当地政府的直接关怀下，在广北生活了两年。这两年,可以说我长了不少见识,懂得了不少革命的道理。同时也坚定了我们一家人为共产党为人民好好工作的决心和信心。

1945 年春天,党组织根据形势的发展变化,决定派我们一家回原籍三水村,继续做党的秘密联络工作。并决定让我以小孩子的特殊身份为党组织和八路军送情报。回来后,我家又成了共产党在三水村的秘密联络点。记得回村后,第一次接受任务是区委让我去刘集村联络点送信。那天正是大王集,我就跟大人一块以赶集为名去送信。怕被敌人发现信件,父亲还是将密信捆扎在我的后辫子里,提了个走亲戚的筐子。真没想到,没到大王就被炮楼上下来的汉奸拦住,汉奸看我是小孩子,跟着大人赶集的,也就没加注意,很顺利地过去了。过了日军炮楼不远,就遇上了一个背粪筐的老人站在街头,一对暗号,正是接头的地下联络员。第一次送信就很顺利地完成了任务,心里有说不出的高兴。

我因年纪小,一般都是在近处送信。地点多是小清河南的刘集、石碑、央上等村。有时也去远处的联络点,我记得有一年秋天去小清河北一个联络点送信,为了不引起敌人的注意,父亲先把我送到小河南边渡口,然后让我一个人过河,刚一上船敌人就查问我去河北干啥的。因遇到这样查问的情况多了,我就不慌不忙地说是走亲戚。敌人又问去哪村去谁家,我都一一做了回答。敌人见我对答如流,也就不再问了,于是就让我过河。过河后,有个老大爷领着一个小孩早已在三岔村外等着。当我叫了两声大爷后,老人才回过头来,当叫第三声时,老人过来一拍手,就对上了暗号,将信送给了老人。

我这一生永远忘不了 1945 年(农历)六月二十四日的晚上。半夜以后,本村坏人勾上“毛王”的土匪,把父亲母亲偷偷绑到村外豆子地里,一帮惨无人道的土匪对父母下了毒手。汉奸硬逼父亲说出村里谁是八路军、共产党、村干部,还要父亲说出其他村的秘密联络点。心狠毒辣的敌人用刺刀刺我父亲,刺一刀问一句,我父亲宁死也不说,还破口大骂那些汉奸。听人们说，父亲的骂声在老远的村边都能听见。恼羞成怒的敌人见问不出什么，就狠狠地向我父亲胸膛刺了一刀，可怜的父亲先倒下了。敌人还怕父亲不死，当着母亲的面又在父亲身上乱刺十几刀。母亲见状疯了一样，向汉奸扑去。敌人见母亲要和他们拼命，就又向母亲下了毒手，荒淫无道的刽子手先把母亲的乳房割去，后又将母亲乱刀刺死。那一晚母亲的惨叫声，让听到的乡亲们无一不揪心地疼。第二天一早，乡亲们闻讯赶忙来到豆子地里时，父母暴尸荒郊，满地是血，被汉奸用刺刀刺死的父母，几乎认不出面目了。不用说小孩子，就是一些大人连看也不敢看。

父母惨遭杀害的这一年，我才 13 岁。从此以后，我孤苦伶仃一个小孩子过日子。在那兵荒马乱的年代，亲人也都怕受到牵连遭罪，谁也不敢收留我，谁家也没处依靠，我不得不过早地承担起家庭生活的重担，忍受着连大人也难以忍受的痛苦。我小小年纪的心里对敌人怀有更加刻骨的仇恨，我也下定决心，坚决跟亲人共产党八路军走，长大后一定为父母报仇。

1947 年，国民党又一次侵占广饶城，斗争形势更加恶化。机关干部、村干部和积极分子有组织地向小清河北转移，我也被党组织安排向广北转移，临走时我还背着一大包重要文件。至今清楚地记得当时还有区干部徐本谦。到了三岔渡口正遭遇敌机轰炸，我和徐本谦同志背着重要文件，卧在河滩里，一动也不敢动。当时刚下过小雨，道路泥泞，到处是水。一颗炮弹落在离我不远的河滩里爆炸，我和其他过河的人都埋在了泥水里，当徐本谦从泥水中把我拖出来的时候，几乎认不出是我来了，文件还在我的怀里。站起来一看，一匹马被炸死了，一个八路军战士炸伤了腿，当时还没有见到其他人员伤亡。过河后，我把文件交给上级的时候，领导还表扬了我。据当时区委书记徐田村说，杨国夫司令员还在一次庆功大会上公开表扬我，说一个小小年纪的女孩，就为党做了这么重要的工作，号召人们向我学习。过河后，由七区区长于景芝将我和区干部徐本谦等人安排在三岔村孙大娘家。住下不久，敌机又来轰炸，炸弹落在我们住的平屋顶上，吓得人们都跑到了大街上。过了一会儿，没有爆炸，我们才免遭一死。

新中国成立后，共产党领导咱们穷人翻了身，我家也分到了房子分到了地，从此过上了好日子。在土改时，我任村姊妹团团长，我怀着对敌人的深仇大恨，积极参加各项运动，组织群众忆苦思甜，宣传革命道理。多次以我苦大仇深的家史和亲身经历揭发敌人的罪行，毫不留情地对敌人进行斗争，激发了广大群众对敌斗争的积极性。当时正是大参军运动，我积极走村串户动员青壮年参军。我所做的工作多次受到上级的表扬。16 岁那年，区干部孙洪亮同志找我谈话说："你对党很忠诚，根据你的工作表现，组织上决定发展你为中国共产党预备党员。"

1954 年，我嫁到央上村。1955 年，即任大队妇女队长。我带领全队广大妇女积极参加劳动，上夜校、识字班，很快就成为全队妇女的贴心人和主心骨。我们大队的妇女工作，经常受到上级领导的表扬。1956 年，任大队团支部书记，我积极组织团员和广大青年学政治、学文化，移风易俗。从 1960 年到现在，我一直担任妇代会主任。如今我虽然年龄大了，但很乐意为社会做点好事，村里的邻里纠纷、婆媳吵架，只要我到场调解，老少爷们儿都很留情面，无不信服。这些年来，为大家做了我应做的一些工作。

一门三英烈

聂作友

任锡珪

稻庄镇任家大营村，于明洪武初年在古兵营遗址立村，距今已有600多年历史，自古传承着兵家文化，是一个具有光荣革命传统的地方。在抗日战争、解放战争和抗美援朝出国作战中先后有30余人积极报名参军参战，为祖国解放和保家卫国事业做出了积极贡献，有8名壮士为国捐躯，他们分别是抗日先烈任象禹、任锡章（任象禹长子）、陈连三、陈连重，解放战争先烈任锡昌、任汉洲，抗美援朝出国作战先烈张佐禹、任汉汝，他们是“最可爱的人”。

任象禹和他的两个儿子任锡章、任锡珪父子三人，在抗日战争、解放战争中有二人是为国捐躯的革命烈士，一人是解放战争的战斗英雄，被称为“一门三英烈”。

1937年7月，全民族抗日战争爆发，全国人民同仇敌忾，有志之士踊跃报名参军参战。1942年3月，任象禹、任锡章父子积极报名参军，父子俩被编入地方武装广寿二边县大队。

1942年10月15日，日军第六混成旅团长蟠井指挥日伪军7000余人对清水泊地区进行大规模“扫荡”。敌人在10日开始纠集兵力，先将日军汇集于广饶、寿光、稻田、丰城、侯镇、道口、羊角沟等据点，并于14日夜从各集合点分别出动，以清水泊为“扫荡”中心，实行“分进合击”“铁壁合围”战术，分四路进攻，妄图将清东独立团及八路军地方武装消灭在清水泊。其中第四路是驻张店的日军第六混成旅纠集临淄伪军王砚田及广饶伪军李青山部1000余人，分两路东进。15日晨敌人分驻五燕、大小码头、央上一带，从西面合围清水泊。

当时任象禹、任锡章父子所在的广寿二边大队和直属团营指导员王光廷的一个连驻央上。直属团的两个连和寿光县大队首先发现敌情，采取“敌进我进”的战术，趁敌人的合围圈尚未形成，插入敌占区，然后转移到小清河北。15日上午，日伪军从四面八方围拢过来，清东独立团团部及其主力三个连和广寿二边大队立即向西南方向转移，在寿光李家坞陷入敌人重围。部队凭借芦苇、壕沟与敌人短兵相接，连续打退敌人数次围攻。下午我军又陷入敌人的双层封锁圈，指挥员原想以芦苇作掩护，坚持到夜间再突围。这时任象禹、任西章父子所在的广寿二边大队随央上的军区直属团一个连及政府机关在向清水泊转移时再次与敌人相遇。清河军区直属团四营教导员王光廷带领一个连端着刺刀冲向敌阵，杀出了一条血路。战斗中王光廷英勇牺牲，二边政府副主任燕铭书在与敌人搏斗中，杀死两名敌人后也壮烈牺牲。任象禹、任锡章父子与敌人短兵相接、殊死搏斗，最后英勇牺牲。任象禹时年35岁，任锡章年仅17岁，父子俩均被追认为革命烈士。在这次战斗中，八路军以两个团的兵力抗击日伪7000余人。八路军共牺牲200余人，歼敌200余人，敌酋蟠井受重伤。清水泊战斗是清河平原抗日战争史上最激烈、最残酷的一次战斗。

1945年8月日本宣布无条件投降，抗日战争取得全面胜利。1946年6月，国民党反动派发动了全面内战，中国进入解放战争时期。1948年春，烈士任象禹之妻房大娘忍着失去丈夫和长子的悲痛，毅然决定送次子任锡珪参军，到解放战争前线去抗击国民党反动派。任锡珪参军后被编入华东野战军，先后参加了济南战役、淮海战役、渡江战役、解放上海等，一路随部队南下至福建。1949 年 10 月参加厦门战役。1955 年 1 月，正在南京军事学院学习的任锡珪被紧急调往浙江参加“一江山岛”战役，这次战斗是中国人民解放军与国民党最后一次海陆空联合作战的战役，不到一天时间，就全部肃清了盘踞在岛上的国民党残敌。1958 年任锡珪转业至江西省赣州大余县，先后从事公安、法院、物资、民政等工作。1964 年夏，大余县章江发生了新中国成立以来最大的一次洪水，他一人救起了 9 人，受到政府的表彰，他的先进事迹在大余县有史料记载。1970 年 5 月，大余县南安镇修公路，需要拆除一段挡路的古城墙，政府号召机关干部开展星期六义务劳动，任锡珪时任县物资部门负责人，他带领物资组一班人，加班加点干，他不忘自己是一名共产党员、一名身经百战的老兵，总是到最危险的地方去。在施工中，城墙上面的砖石出现大面积松动，他随砖石一起滑落到十几米的地面，被埋在了砖石中，不幸牺牲，时年 42 岁。

“一门三英烈”的事迹在当地广为传颂，任象禹、任锡章、任锡珪父子三人他们为祖国的抗战解放事业和社会主义建设献出自己宝贵的生命，祖国不会忘记，人民不会忘记。

芬李保卫战

封学义

芬李村 1958 年前称粉李村，坐落在花官镇最西北角，距镇政府 7 公里，村北是方圆 12 里的大洼，很有军事回旋余地。这村人民善良，敢于斗争。1940 年春天，清河军区主力部队越过小清河来到这里，在博兴的王浩、郝家和广北的司田、芬李、封家、闫家一带，数次与敌作战，把其海军陆战队击溃，伪成建基部也被赶到北部成家寨，解放了这里。孙健率领八路军工作队经常活动在这一带村庄，打击小股敌伪，宣传八路军的抗日主张和事迹。7 月，中共广饶县开辟广北工作团六区分队来到这里，宣传党的抗日主张，培养抗日积极分子，组织抗日群众团体，发动群众抗日。9 月，六区区公所建立，通过反贪污、算旧账改造旧政权，各村的农救会、自卫团、青救会、青抗先、妇救会、儿童团等群众抗日组织相继建立。

1942 年 3 月，清河区党委机关和军区政治部抽调干部组成减租减息工作队开辟边沿区的工作。工作队驻哪村就和哪村的干部群众打成一片，完成各项任务，驻芬李村的工作组长刘学章是从军区来的，曾是清河军区政委景晓村的警卫员。基点户是闫培仁。他们发动群众掀起抗日热潮；发展闫培仁、谢家义为中共党员，不久闫士忠、牛英欣相继入党。翌年 2 月，中共芬李村党支部建立。

这村的老年人至今流传着“刘孟赵”发动带领民兵抗日的故事。听起来是一个人的名字，其实是三个人。刘是清河专署专员李人凤的夫人刘孟；孟是孟庆隆，为六区组织科长，从六区南部划出村庄成立五区时来交接组织工作;赵是原在《群众报》社工作过的赵莪。

根据清河区党委关于改造地形大挖抗日沟的指示,工作队、五区委发动群众将境内所有道路都挖了顺路抗日沟,并且与邻县邻村都相通相接,同时改造了村庄地形村貌。村内街口巷口用土坯修上转口门,遮蔽敌人视线,便于自卫团、民兵、儿童团站岗放哨盘查行人,夜间用铁齿耙子挡住转门,预防敌特混入村内。利用平顶房的优势,在沿村边的房顶上用土坯修建掩蔽工事。村四角屋顶上建上瞭望哨,以便瞭望和射击敌人。并在村中心用木板、长梯或大车盘子架设过街天桥,使房与房、院与院相互连接,形成房上、地面、房中三层火力交叉网,抗日军民能攻能守,使敌人既无立足之地又寸步难行。这村没有圩子墙,沿村边用秫秸扎箔障子,敌人穿越就有响声动静。

该村自卫团民兵有很强的战斗力,对敌斗争英勇善战,特别是队长闫士惠(后任桓台县副县长),在刘学章的帮助下曾多次与司田、李楼民兵协同夜间与敌作战把敌打退。伪十六旅一团特务营长陈瑞水密谋策划带兵来芬李抢缝纫机(那时叫洋针)时,被民兵击溃使阴谋未能得逞。敌人对这村恨之入骨,总想伺机报复。

1942 年 11 月的一天夜晚,陈瑞水坐镇村南台子坡,派遣特务队长来大发率队潜入芬李庄,企图捕捉我区委书记刘学章和民兵队长闫士惠。

晚饭后,民兵照常巡逻。区委组织科长魏升元和谢家义下了几盘棋,想出去看看没有情况就睡觉。忽然狗叫起来,闫士惠说:“这狗从不狂咬,有情况。”说完从夹道上了屋顶查看,发现敌人已上了闫培仁和他邻居的屋顶,被屋顶瞭望哨发现,询问口令敌人没答上,闫士惠和魏升元当即向闫培仁大门前的胡同里扔了两颗手榴弹,民兵们听到爆炸声,从各自的方向上了屋顶朝这里开火。此时,住村边的牛英智被敌逮住,两个伪军架着往街里走,被民兵打得进了李民生的胡同,李民生从屋顶上扔下手榴弹炸伤一个伪军(后知绰号小拉雷),牛英智得救了。夜间查哨的刘学章刚从庄西头转到庄南头与敌相遇开枪迎敌。驻芬李北头的工作队李晓光、刘孟他们有钢枪也向庄南开了枪，这时全村响成一片。武装民兵持枪顺街向南冲去，英勇顽强不怕死的李来先单身闯入敌群与敌搏斗。李楼、司田、封家民兵听到枪声赶来助战，我清河军区特务营侦察兵宋德昌也从西北方向赶来助战，对敌形成合围之势。伪军来大发实难招架，吓得率队逃回小清河南。此次战斗击伤伪军一人，缴获手枪一支。

在 1945 年正月十五大参军运动中，芬李民兵有 36 人参军，在排长闫士忠带领下奔赴抗日战场，因此受到渤海军区嘉奖“拥参模范村”锦旗一面。

八路军老战士刘长贤的抗战故事

王海荣

在广饶县大王镇的一个小区，笔者见到了刘长贤老人。他身材高大，腰板挺直，虽已是 87 岁高龄，却难掩他曾经的军人英姿。老人鹤发童颜，长寿眉高耸，脸色红润，一部雪白的胡须，颇像神话中的南极仙翁。在谈话间，不时有人来敲门，找他咨询一些头疼脑热、长疙瘩生疮的问题，求取偏方，老人都耐心地一一解答。老人说，这是当年在部队里干卫生员时摸索和积累的一些经验，至今仍能发挥效用。

老人从 1943 年参加革命，给八路军送情报，之后在部队里担任通讯员、卫生员、护士等，在烽火硝烟中经历了他的少年时代。坐在沙发上，老人给我讲述起他所经历的抗战。老人不仅身体健康，而且至今耳聪目明、口齿清晰。他那一口朴实的广饶方言和生动的描述，把我带到鲁北平原上那个危机四伏、艰苦卓绝的抗战时代。

国仇家恨一少年

刘长贤出生在鲁北平原上一个叫刘集的村庄，这个村庄位于广饶县东南隅，古老的阳河从青州西南山区蜿蜒而来，弯弯曲曲从村庄西侧流过，哺育了这片土地和一代又一代的人民。在这里，刘长贤的童年虽贫穷但却无忧无虑，父母还从牙缝里挤钱，让他上了学，识了字，四个姐姐可都没有他这样的待遇。可是，1939 年日本侵略军进入广饶县之后，这平静的生活就被打破了。

“那还是日军刚进广饶的时候，日军从各个村找了一些小孩，教我们学日语，想让我们从小就接受他们的教育，听他们的话。那年，我们大都七八岁、十岁左右。”当时，日军在广饶县推行殖民教育，据刘长贤回忆说，他和同村的一些孩子，都被组织到大王桥的洋楼上去学日语。大王桥的洋楼是李延年（大王桥西村人，国民党中将）盖的，后来成了当地的高等小学。“每天都去。我们村有个叫刘慰农（音）的，他是村长，带着我们去了一天，又换上刘海京带我们去，刘海京也是我们村的。”

在日语中，“爸爸”叫“奥脱桑”，妈妈叫“奥卡桑”……至今，刘长贤对这些记忆犹新。“当时，海京领着我们每天都去。海京闯过大连，会几句日语，跟日本人打过交道。他每天带我们去大王桥，由日军和翻译教我们。我们学了一部分词语和简单的句子。有句话我记得很清楚，叫‘阿那它密代，阿那它密代’，就是让我们认真听课学习的意思。我们当时不过是些十几岁的小孩子，很调皮，日军在上面领着读，我们就胡说八道，在下面偷偷用脏话骂日军。日军也不知道，听不出来。那翻译是知道的，日军走后，对我们说：‘可了不得！不能这样开玩笑。要命啊！’”

谈起这些小时候的往事，刘长贤边说边笑。他还讲到，洋楼里有个日军讲卫生，每天刮胡子。刘长贤等孩子们就对他乱嚷嚷：“刮刮你的护腚毛！刮刮你的护腚毛！”汉奸说：“你们可不能这样玩笑。”孩子们偷偷地笑。

刘长贤说，孩子们学说日语，其实就是贪恋那顿午饭。“那时，每天晌午，汉奸带着我们到一个叫李福顺的人开的饭店里吃油饼，这饭是大王桥村里负责管的。那时我们在家饭都吃不饱，觉得能吃顿油饼真是好啊！”

没想到，五六天后一个晚上，刘海京就失踪了。日军汉奸出动人，到处找刘海京、找八路军，啥都没找到。刘海京是晚上失踪的，不知道怎么死的。第二年开春，不知谁家扒开井浇地（因冬天天寒，人们在井上覆盖柴草等用以保暖遮尘),吊上辘轳打水,下面发现一具死尸。捞上来一看,是海京。刘长贤分析说:“那个海京为什么失踪了呢?因为我们八路这边不能让他把孩子们培养成日军的接班人。后来,我们听说东北那边,孩子们也都是念日本书,这就是殖民教育,从小就教育你当汉奸了。”

当时,海京失踪后,就到刘集村把男女老少集中到西门外,要用机枪扫射。当时,那个翻译叫李堂林,是当地中李村的,他劝日军说:“八路不傻呀,早跑了,这些都是老百姓。”这样日军才把老百姓放了。

1941 年 1 月 17 日夜,日伪军包围了刘集村,制造了骇人听闻的“刘集惨案”,八路军战士、群众共 99 人遇难。“第二天凌晨,日军闯到俺家搜八路,把俺家门楼推倒了。我当时还在炕上睡觉,从窗户看到日军在院子里,一只手拿刀,一只手拿枪。俺父亲出去,俺母亲说他是个老百姓呀人很老实。日军拿着刀,所幸那刀带着刀护,砍了我父亲的胳膊一下,疼得我父亲大叫。”据刘长贤回忆说,当时正是寒冬腊月,死尸分布在全村的各个地方,好长时间都有些没主儿的死尸没人掩埋,被野狗咬得支离破碎。

日军在广饶县的城乡,经常到处干坏事。刘长贤回忆说:“有次,日军住在刘集,有个西门,我父亲回家,叫日军逮住了,日军比画比画一个圆的东西,说‘米西米西,米西米西’,我父亲以为他想吃饼,就回家拿了一张饼,日军火了,将饼扔掉,拿一把锨,一下子砍在我父亲的腿梁上。其实他是要西瓜,我父亲误以为是饼。当时我父亲腿断了,以后用腚蹭着走。”当时,家里人到附近的益都县永和村一个医疗点要了一些红汞、药膏什么的,也没起什么作用。

仇恨在刘长贤的心里不断累积,那时,他参加了村里的儿童团,给八路军送情报,之后就参加八路军了。

送情报的那些事

广饶县是共产党的活动较早的地区之一，早在1923年，这里的有志青年延伯真就由王尽美、邓恩铭介绍加入中国共产党。1924年，这里就建立了党小组和党支部。刘长贤的家乡刘集村在1925年就建立了党支部，在全省、全国都是建立党支部最早的村庄之一，中共广饶县委也建立在刘集村。刘集村成为当地的“红色堡垒”。刘长贤回忆说：“抗战那时候，我们村经常驻八路军。当时我们村有个叫刘茂祥的，他家就是八路军的一个联络点。当时他们物色人，要找两个忠实可靠的人去送信，我就被选上了。”刘长贤记得，当时本县的庄子村有个八路军的情报站，站长叫刘斌，段村人。送情报时，有时送得急点，一两天送一次，有时好久不送。刘长贤就是负责按上级指示，到指定地点取情报或送情报。

提起当时给八路军送信的事，刘长贤说，那是无意间、很偶然的事。其实，从言谈间可以想见刘长贤老人幼时的聪明伶俐、机智勇敢。在后来刘长贤老人讲述的送信故事中，我们也见证了他的机智勇敢。

“怎么送信呢？那时我像其他孩子们一样，上坡里拾柴禾，去彭家庄拾柴禾。他们那边从南卧石那边来人取信。有时，我用柴禾点着一堆火，烤窝头吃，那边看到火就知道了，会有人来跟我对号，问我信是不是还在那个老地方。对上号后，他再也不问了，就到我藏信的地方去取。”

刘长贤讲到，有一次他在庄子村附近，刚出西门，看到对面来了一个汉奸。怎么办？“我赶紧在围子沟里用茼叶把信包了，挖个坑埋了，蹲在上面。那汉奸走过来喊：‘你在这儿干什么？’我喊：‘拉屎！’汉奸取笑说：‘拉狗屎吗？’然后就走了。我见他走远，取出信，走到彭家庄后头，怪的是又碰上他了。我急中生智，把信扎在腰里，绾起裤腿脚，到水里去装着摸鱼摸虾的样子，那汉奸就用石头一下下地往水里扔，水溅到我身上。我就朝他们嘿嘿嘿地笑，装潮巴（方言，就是傻瓜）。他说：‘小潮孩，我的小舅子！’我就喊：‘我是小舅子！我是小舅子！我是你姑父的亲舅子！我是你姑父的亲舅子！’汉奸一听怪高兴，说：‘这个孩子真潮（傻）哩！’高兴地走了。你想，姑父的亲舅子是谁？不是叔叔大爷，就是你爹。但那汉奸愣是没反应过来。”

非常戏剧性的是，到了 1945 年秋后大反攻的时候，我们的部队逮住了这个汉奸。在今青州市的南星落村，逮住的汉奸都圈到大院里。当时，刘长贤已经参军，他的任务是给这些俘虏送饭，一头挑着干粮和咸菜，一头挑着水。“那时我们优待俘虏，一人半斤馒头，咱们部队里还吃不到馒头呢。我说给你俩，他一惊：给我俩？我说：咱是亲戚呀！他已经不认识我了，那时，我正是长身体的时候，长得快。我说：吃吧！你忘了，我是你姑父的亲舅子！”

在大家的笑声里，可以想见当时那个汉奸的尴尬。至此，他可能已经把那笔“姑父的亲舅子”的账算清了吧。

除了送情报，刘长贤还经常去附近的炮楼去探听情报。“我跟日军打了好几次交道，年纪小，我装疯卖傻的，跟着村里人出伕，去日军楼子上干活，扛着锨，去给他们修楼子，搬砖挑沟，其实是去探听他们的情况。那时，从南到北，隔一个楼子是汉奸，隔一个楼子是日军。像辛家庄、刘堡，都有楼子。楼子里那些汉奸们好应付，别看咱去，他们不跟咱急。我又小，就边干边玩，到处走走他们也不管，看看大约有多少人，多少枪啥的，回来报告。当时倒没觉得太紧张，虽然危险不小，但那时很高兴地干。”

那时，少年刘长贤天天跟着八路军活动，家里只有他这一个儿子，虽然舍不得，但父母深明大义，也没有过多地阻拦。有时，日伪军来“扫荡”，他就跟着部队跑，或者被“安插”下来。刘长贤至今记得益都葛家口村的一位大娘。那年，部队要离开，领导就对房东大娘说：“俺这孩子交给你了，他的安全一切由你安排，别给我们把这孩子丢了。”队伍走后，房东大娘带着女儿稔儿(音)和15岁的刘长贤,三个人一起睡在蚊帐里。刘长贤有点害羞,但大娘说,外面有蚊子。天亮了,汉奸日军去了,大娘拽起刘长贤,朝他使眼色,刘长贤就拽着大娘衣服后襟说:“娘啊,娘。”大娘说:“吵吵啥,潮(傻)乎乎的。”刘长贤撒娇:“俺不潮,俺不潮。你说俺潮俺大了说不上媳妇。俺不潮……”说着就开始打滚。敌人以为这真的是一对母子,就离开了。从此,刘长贤把那位大娘当成自己的亲娘,经常去看望那位大娘。

还有一件有趣的事,发生在益都的高家庄。刘长贤退休后,曾写了《铁蹄下的少年》一文,专门讲述这件事。当时,高家庄有座炮楼子,驻着不少日伪军。日军喂了一条大狼狗,公的,天天为害百姓,有时牵到阳河大集上去随便咬人。刘长贤和其他几个小战士就想除掉它。“早上,日军起来拉吊桥,放下吊桥来后,把狗牵出来放风,转一圈再回去。我们想了好几个办法,用毒药啥的,都不行。那狗既凶残也狡猾,听说是狼和狗交配后的第三代,喂它啥都不吃,很残忍。后来我们就想,日军来中国爱强奸霸道,狗也随他们。后来我们就用母狗尿引逗成功了。在狼狗放风的路上洒上母狗尿,果然狼狗被吸引着一直往前走,一直跑到井边,井上我们早布置好了草,它扑通掉井里了。”因为这件事,当时在部队里,这位叫刘长贤的小八路被人们起了个外号叫“蝎虎刘子”。

硝烟中的卫生员

1943年5月之后,刘长贤就跟着部队到处跑,算正式参军了。刘长贤回忆说:“当时是益寿临广四边大队,大队长是陈瑛。后来改成14团、15团、16团,当时是渤海区。以后又去了东北一部分,后来又改成10纵28师88团3营8连。”

刘长贤开始时在通讯班,有点像打杂,到处跑腿。因为刘长贤识文解字,就写了篇稿子,发表在当时我清河区的《群众报》上,题目叫《揭露日军三角部队的罪恶》。没想到，这篇文章给家里人带来了灾难。“当时，我在部队，那份报纸因为有我的文章，拿回家后，我父母把它收藏起来。1943 年的腊月十五，日伪军火烧刘集，汉奸日军来俺家后翻着那张报纸了，问：‘这个刘长贤是谁？’俺娘说：‘俺的儿！俺的儿！’汉奸用油点火，用扫帚托着火点房顶，还用扫帚戳到俺娘的头上。”

提起这些血海深仇，刘长贤至今仍感到很不平。当时，刘长贤在部队。“有个阳河村的战友叫张德胜，当时刘集还冒着烟，他说：‘小刘，家去看看吗？’我说：‘走！家去！’回家后，俺娘正在家拾掇，头上流着血。张德胜说：‘大娘，不要紧，没处住，我们不会不管你的，咱们先找人回来给你扎裹（修理）屋。’”

1945 年，因为部队缺卫生员，刘长贤又识字，部队就培养他当卫生员了。“当时部队有个姓黄的，叫黄俊元，北卧石的，他说：‘你看，光我自己背着个药箱子，忙不过来，得找个人培养一下。’当时，说找年轻的，就有人说我识点字，能行，于是就学了医。1945 年还在博兴兴福那里进行过培训。”

1945 年 5 月 12 日，是国际护士节，为纪念南丁格尔而设立的，刘长贤至今记得那个护士节。“当时有人说 5 月 12 日是护士节，部队领导知道后让给我们改善生活，那天，我们几个吃的是白馒头、粉皮猪肉，在那个艰苦的时候，真是太好吃了，所以我记得很清楚。”

之后，刘长贤在部队干卫生员、护士，在烽火硝烟的战场上抢救从火线上退下来的战士们，主要是外伤包扎。刘长贤回忆说：“部队里常见的就是破伤风。战场上破伤风很多，那时候医疗条件又差。特别是炮弹、手榴弹，落地之后，炸起来的弹皮再炸伤人的腿呀什么的，得上破伤风的可能性特别大。再加上那时候睡地铺什么的，没有卫生条件，很可能得上破伤风，我对这种病特别熟悉。死亡率很高，不说百分之百也差不多。如果用针管吸上一支破伤风抗毒素，用水掺掺，待缝起来时滴上几滴，叫它吸收吸收,这样有破伤风就能扛住了。动一个手术,甭管手术大小,只要滴上破伤风抗毒素,保证是死不了的。”但在那个时候,抗破伤风素也是“一针难求”的。看着很多战友不治而亡,刘长贤很难过,很惋惜。

1945 年秋天,抗战胜利了,刘长贤的部队赴张店参加过护送日军回国。对当时的情景,刘长贤记忆犹新。“我们负责的那一段是从张店送到潍县,有五六十个日军,到潍县另一支队伍接手后,直接送到青岛上船。那时胶济路都扒了,他们顺着铁路步行去潍县。上级给我们讲:‘不论你跟日军有多大的仇恨,也不能动他们一根汗毛,这是个国际形象问题。’他们已经缴枪投降了,我们不能杀他,我们共产党人不能说话不算话。其实,作为战士,我们心里都很气,要不是有上级命令,我们心里恨不得拿机枪把他们突突了。”

那天中午,部队在一个地方停下来吃饭,战士们在这边,日军在那边。这时,就出现了一段插曲:“路南边有个人,手里拿个馅饼夹子,手里晃着对日军喊:‘米西米西!米西米西!’要知道,那时日军就吃那个高粱煎饼,那时也没什么吃的。有个日军就寻思那个中国人是拿那个夹子换他的煎饼,于是就跑过去。他身上披着个毯子,解下来,寻思给那人个毯子换夹子,这时听那个人发出‘哈哈哈’的怪笑,坏了!那人把日军引到沟里,用刀捅死了。其他的日军,别看平时那么熊,都吓得哆嗦。后来,我们把那个人弄起来,那人说:‘还该我两条人命呢!俺爷娘、老婆都是叫日军杀的,现在我才杀了一个日军呢!’”

后来,刘长贤所在的部队一步步升级,由地方部队成为主力部队,刘长贤又走向解放全中国的战场上去。

至今,87 岁高龄的刘长贤仍记得抗日战争中在部队学到的两首抗战歌曲,并经常给孩子们演唱:

叫老乡

叫老乡，快去把那兵来当，快去那战场上。别叫日军来到咱家乡，你才去把兵当，你别说日本日军难找我，我就享快乐。你不出钱我不当兵，想个法儿躲，无人打仗亡了国。我的那老乡哎，看你怎么活！

十八集团军军歌

十八集团军哪，那个真是好，“八项注意”件件都做到。都说俺纪律好，吃的是煎饼呀，铺的是干草，穿的衣服更是谈不到，冷热都是这一套。没有钱官饷，枪支是土造，千苦万难受罪真不少，同志们辛苦了！为了求解放啊，为了把仇报，汉奸土匪把他肃清了，把日本赶跑了，建立新社会立刻要办到，我们的国家强大起来了，同志们就好了，就好了！

支前的十六个日夜

刘心诚 纪伯芳口述 刘志谦 刘金海整理

1947年6月，为支援解放战争，在“前有后有，要人有人，要粮有粮，要子弹有子弹”的口号下，城里四村由自卫团长王思义带队，由纪伯芳、刘心诚、陈逢东、刘池、刘元合6人组成随军支前队，备有两辆木轮手推车、一副担架，每辆车上插着一面三角小红旗，上面写着“打到南京去，活捉蒋介石”，参加了县里的支前民工团。

在石村转运站，每车推上200斤小米，当夜赶到博兴县东关。黎明时分，听到南边有飞机的“嗡——！嗡——！”声，我们就分散在路边、沟旁、树下、高粱地里隐蔽起来，小车用树枝、蒿子、苍子棵盖了，仿照当兵的那样，也在苇笠上插上了树枝。白天是不走的，就坐在一起说笑话、睡觉、休息。

傍晚，就开始顺路向南走，一字排开，并各自拉开距离。不时地从前边传下口令：“往后传：拉开距离！”天黑了，传下口令：“往后传：跟上！”一路上没有吸烟打火的，也没有说话的声音，只有木轮和路面碰撞发出的“咕噜咕噜”声和“沙沙”的脚步声。启明星升到了东南了，上面又传下口令：“往后传：加快点！在天明以前跨过铁路线(胶济路)。”走到朱崖，天就明了，进了山沟小路，山道不平，初来乍到走不惯，有些地方就得两个人拉一辆车才能过得去爬上坡去。远处有飞机声，紧接着前后都传来了军号声。出发前简单动员时讲过，这是防空警报，民工们就按照指挥的方向分散开、隐蔽起来。

接到就地待命的通知后，就拿出自带的给养吃起来。不一会儿，就有妇女挑着热水从山坡上、山沟里来了，把水放在路边，大声吆喝着："喝开水了！"民工们一拥围上来，用自带的葫芦瓢盛水喝。民工们既奇怪又服气：这些送水的妇女都没有穿鞋，是光着脚丫走山路来的。

"大姐姐，不穿鞋石头不硌脚吗？"

"天长日久，习惯了。"

"俺这穿着鞋的，脚上都起了泡了。"

"一双鞋穿不了一个月，做不上啊！俺脚板上皮硬，不怕石头蘽子、棘针什么的。"

白天在树林子里隐蔽休息，天黑了又要赶路了。走了几天的山路，鞋底都磨透了气，脚掌子上起了泡、出了血，都还不舍得穿备用的鞋，以备急用。一天夜里，在前进的山路上，与前进的解放军相遇了，并肩向前走，路窄人多，有的小车一歪就堵塞了路，部队不得不停下来，等抬起车子再跑步赶上。前头传下了口令："往后传：靠边休息！先让解放军过去！"随即部队也传下口令："向后传：跑步前进！"

在夏店村附近的一个临时转运点，卸下小米，往南返到南定，又装上了铁家伙儿，顺山间小路走，谁也说不清是朝什么方向走。民工们边走边议论着车上的东西："好像是拆了的机器？""我看，是卸开的大炮零件。""甭管啥东西，反正是够沉的……"晌午，来了四架敌机，我们几辆小车就隐蔽在一棵大核桃树下。飞机在头顶上转了一圈，向西北飞去。这时，领队的干部用喊话筒命令我们："大树底下的人：赶快跑开！"我们十几个人就立即向着西边的小山沟跑去。也就是跑了五十多步远，前边又有人喊："快趴下！快趴下！"我们刚趴到地上，有的人还没找着地方，随着飞机的一声呼啸，炸弹就在树北边炸开了，碎石头块儿落在了我们的身边……

警报解除了，我们回到树下，小车炸坏了一辆，树枝、树叶、绿核桃落得满地都是。我们就把坏小车上的东西匀装到别的小车上。陈逢东捡起一个核桃就咬了一口,接着就吐了出来:“腊吧子涩! 不中吃。”这时,当地的人告诉我们:“咬了生核桃,会肿嘴唇的。”

转运伤员的任务和运送物资不一样,就是一定在什么时间赶到什么地方,为此,就不单是白天歇着夜里赶路了。白天走路,重要的是防敌机轰炸,保证伤员的安全。民工苇笠上插上树枝,伤员身上、担架上都盖上树枝,拉开距离单独走。山沟不直,有时前后都看不见人,就凭路上的石头或用石灰、沙子撒下的路标认路往前走。

在五井待命的时候,传来了胜利的消息:国民党一个机械化师在莱芜被消灭了,缴获了很多坦克、汽车和大炮。当天夜里,新来的民夫接替了我们,团部民运科给我们开了路条,每人发了 3 斤酸煎饼,叫我们取道益都回家。

从出发到回家整整十六个日夜,共运物资三趟、转运伤员两名。我们回来的时候,县政府的石秘书领着三村、四村、五村、六村、八村的儿童团员,打着“欢迎支前民工荣归”的小旗,在县城南门外迎接我们归来。

往事回眸

广饶艺人教出了首个吕剧团长

封学义

1951年10月17日，山东省乃至全国第一个吕剧专业艺术团体——鲁声琴剧团诞生了，团长于廷臣，后称济南市吕剧团。

在《中国非物质文化遗产——吕剧》一文中，对早期吕剧艺人于廷臣是这样描述的：

> 于廷臣，艺名“筱白孩”“大眼”。1918年生于利津县吴苟李村，自幼习唱京剧、河北梆子，12岁拜广饶艺人田书善、王顺田为师学唱化装扬琴，初习花旦、童生，后改文武小生。三年艺成后，随师到各地流动演出。1938年，他在济南加入义和班。
>
> 于廷臣喜演悲剧，以饰演悲剧角色最为出色。1956年华东区戏曲观摩演出大会上，他在《光明大道》一剧中饰演李守诚，获演员三等奖。后因声带沙哑而很少登台演出，遂改为戏剧创作，成为较有成绩的剧作家。他与李赵璧、李寿山合作编写的《张大有被骗》是吕剧创作中第一个较成功的现代戏。他先后创作、改编的剧本主要有《沿海提出抗议》、《王连环》、《闹房》（与牟家朋合编）、《逼婚记》（与高洁合作改编）等。近年来，他仍勤奋不辍，创作出《逼婚记续集》曾在《戏剧丛刊》发表。

据资料记载，他与李赵璧、李寿山合编的《张大有被骗》是吕剧创作中第一个较成功的现代戏，当时在济南人民公园礼堂连演 20 余场，观众场场爆满，受到好评。《逼婚记》于 1962 年进京演出时，他作为剧作者受到朱德、彭真、徐特立、罗瑞卿等党和国家领导人的亲切接见并合影留念。

他在 1951 年至 1955 年间，被推选为济南鲁声琴剧团团长，在 1958 年和 1965 年先后两次当选为山东省人民代表大会代表，曾当选为济南市政协委员、中国戏剧家协会山东分会理事、济南市戏剧家协会理事。

济南市文化局艺术处处长、市戏剧家协会副主席兼秘书长吕济昌撰文《悲欢人生路，戏苑写春秋——深切怀念吕剧老艺术家于廷臣同志》，文中写道："2001 年 1 月 21 日晨 5 点 30 分，吕剧老艺术家，原鲁声琴剧团、鲁声吕剧团的组织者、创建者、领导者，济南市吕剧团的老团长、著名吕剧优秀剧目《逼婚记》《闹房》的编剧之一于廷臣同志，永远地离开了我们。悲切相送、挽歌当哭，他的离去，让我们失去了一位从事吕剧演艺事业最早的老前辈、老艺术家，这是吕剧事业的重大损失。"

2006 年 12 月，广饶文史资料第十七辑《吕剧专辑》中，于廷臣在《我的吕剧艺术生涯》中说："我是 12 岁拜广饶司田庄田书善、王顺田为师学唱化装扬琴。"我看后，知道花官镇司田村有个吕剧艺人田书善，可他已于 20 世纪 30 年代末或 40 年代初就去世了，只留下拉着大耙唱京戏、惊倒来青龙寺庙会唱戏的科班出身的京剧演员的故事，收徒的事没有传下来，司田人说："司田无有叫王顺田的。"那么，他是哪里人呢？为此，打电话询问老文史专员苏明政，又从大王乘公交车去了东营区田庄村，都查无此人。

2019 年夏，我去花官镇北王庄村找王成功玩，高兴之际他唱了段："说这个棍，道这个柳，长在东南山里头……"我知道王成功从未上过舞台，怎么会《南京店》中小花子的这段数板呢？他说："五六岁时王顺田教的。"问他王顺田是哪里人，是不是会唱戏？王说："王顺田是俺村人，唱了一辈子戏，教了很多徒弟，俺村健在的弟子还有王梦松。"经过王成功和我的多次寻访，得知王顺田自幼家贫，十多岁就跟着司田村舅父田书善学唱化装扬琴，成年后成为舅父戏班的台柱子和文武场演奏员。1930 年在利津唱戏时，和舅父收了个徒弟叫“兴”。跟班学唱三年，出师后又同班演出三年，终成名角。1937 年，在潍县戏园和“兴”相聚，师徒同台演出了最后一次戏，从此杳无音信。

2019 年 12 月，我电话咨询了利津县吴荀李村于廷臣老家党支部于书记，于书记说：“‘兴’就是于廷臣的乳名。”至此，确信广饶艺人教出了对吕剧艺术有特殊贡献的徒弟于廷臣，他是吕剧界的第一个吕剧团团长。

淄博五中知青在广饶

赵　雨

1968年，淄博市张店区各校共347人，分为40个组，先后到广饶县40个大队插队落户。我是淄博五中来广饶的老知青，在此谨把淄博五中来广饶的知青情况，做一简单的介绍。

50多年前，淄博五中80名学生，纷纷响应毛主席“广阔天地，大有作为”的伟大号召，满怀革命豪情，带上红宝书，冲破了重重阻力，上山下乡，走上了与贫下中农相结合的革命化道路。他们分为10个组，先后到广饶县的10个大队插队落户。他们分别是：

一、1968年6月7日，第一批知青共计9名，集体到广饶县花官公社温楼大队插队落户。当时广饶县革委会还在县城举行了欢迎大会。他们分别是：

男生：黄宗孝　尹燕三　孙庆平

女生：聂忠珉　张　欣　张　凤　付宝莲　周玉荣　周小燕

组长：黄宗孝

二、1968年7月6日，第二批知青共计11名，集体到广饶花官区岳六公社草李大队插队落户。他们分别是：

男生：王树先　张　宇　车国庆　赵长越　刘志军

女生：时立军　刘振萍　王玉芬　樊景秋　袁玉良　邓延萍

组长：王树先

三、1968年9月3日，第三批共计18名学生，分为两个组插队落户。

分别为：

1 组：共计 8 人，到花官区洛程公社东赵大队集体插队落户。

男生：赵　雨　于世钧　王晓明　范新利

女生：于华丽　张鲁济　张　萍　沈　林

组长：赵　雨

2 组：共计 10 人，到石村区大营公社高柳大队集体插队落户。

男生：王　健　翟慎孝　曹洪光　古松柏　张体学

女生：王连君　杨兴华　殷爱珉　骆继萍　马　霞

组长：王　健

四、至 1968 年年底，又有 47 名学生分 6 个组，先后到 6 个大队集体插队落户。分别是：

1 组：为混合编组，3 名是淄博五中学生，其他为别校学生。分别是：

女生：陶承美　周惠玲　王新玲（3 人均为淄博五中学生）

男生：刘长录　张　杰　刘延伟（是否淄博五中学生记不清了）

女生：丁美冰　田秀荣

组长：陶承美

2 组：共计 8 名学生，到花官区岳六公社草刘大队。分别是：

男生：丁汉民　李　斌　李新民

女生：张宝芬　王素鲁　赵玉美　王小琪　席容缓

组长：丁汉民

3 组：共计 8 名，到花官区斗柯公社杨斗大队。分别为：

男生：齐荣堂　葛明发　林少华

女生：袁东红　马　锐　刘洪兰　曲少华　孙立明

4 组：共计 7 名，到花官区碑寺大队落户。分别是：

男生：刘　平　庄　农　陈　斌

女生：于秀芬　董玉香　王新丽　邢宝琪

5组:共计8人,到石村区寨村大队。分别是:

男生:张建国　王夷力　王祥志

女生:严爱国　张晨霞　付立萍　张　苏　李　瑛

6组:共计8名,到石村区西秦大队。分别是:

男生:王亦强　张　田　曲　洪　楚　歌

女生:段毅君　王冬珉　李　琪　刘　萍

另外,还有2名回原籍知青。分别为:王小平回稻庄;另一个姓黄的名字忘了,回了大营。

淄博五中成立于抗日烽火中的1942年,原名耀南中学。1945年10月在广饶关帝庙成立的渤海三中,在1947年10月同耀南中学合并于索镇(属桓台县),后迁于张店区,改名淄博五中。由于该校地处淄博市政府所在地,所以很多市、区和各大厂矿企业领导的子女在该校上学,来广饶插队落户的知青中,就有许多市、区、局、各大厂矿企业领导的子女。如:淄博市市长王佩珍的女儿王连君插队到高柳大队,淄博市委书记处书记陈宝玺女儿陈光插队到温楼,淄博市委组织部部长的儿子曹洪光插队在高柳,淄博市副市长于福泉的女儿于华丽、淄博市总工会主席范青山的儿子范新利、张店区区长张国权的女儿张萍一同插队到东赵村大队。另外还有许多市局、各大厂矿企业的领导子女插队落户到广饶其他大队。他们身上丝毫看不出干部子女的架子,他们和普通社员一样天天下地劳动,和社员一样挣工分吃饭。

广大知青刚到广饶,带着新奇,满怀热情地办宣传栏,出黑板报,写批判文章,整天起早摸黑同农民一齐下地干活挣工分。出夫,挖大粪坑,所有农业的活都干。物质生活清贫,每个组都集体自己做饭吃,每个知青轮流办饭,有的知青才十四五岁,要给8个青年做饭吃,做的饭就可想而知了,粮食缺,烧的也缺,油少得可怜,衣服补了又补,干一天活才挣一角多钱。

1970年,上级在知青中招工。当时广饶县招工划了片,县农具厂到花官招工,酒厂到碑寺招工,电业局到寨村招工,惠民地区建筑公司到高柳招工,其他的如化肥厂、运输公司也划片招工。当时多数知青招工当了工人,少数有当教师的,有当兵的,还有一些回淄博招了工。由于花官淄博五中下乡的多,所以县农具厂(后改为液压机械厂)当时就有15名淄博五中的知青在该厂工作。淄博的广大知青在各自的岗位上勤勤恳恳、任劳任怨、勇于进取,他们为广饶县的发展献出了青春。

铅华洗尽依丰盈,雨落荷叶珠难停。随着改革开放、社会的发展,当年淄博五中来广饶插队落户的80名知青,纷纷离开了广饶,他们在不同地区不同岗位上发扬知青传统,为当地发展做出了贡献。有的还成为省、市、企业的领导。如在花官乡草李插队落户的老知青时立军曾任山东省人大常委会副主任,在高柳下乡的知青王连君曾任淄博市委宣传部副部长,在花官温楼下乡的知青黄宗孝曾任淄博市计划生育委员会主任,

知青赵雨参加惠民地区第二届积代会留念

在花官东赵下乡的知青于世钧成为石油大学教授。50多年前来广饶插队落户的80名淄博五中知青,只有两名扎根广饶,分别是:曾在花官乡东赵村插队落户的知青组长赵雨(曾任县液压机械厂办公室主任,现退休),另外一名是曾在花官乡南口村插队落户的知青组长陶承美(曾任县液压机械厂财务科长,现退休),他们分别在广饶组建了家庭。他们两人为广饶发展奉献了青春年华。

附:淄博市张店区来广饶插队落户知青各组各村分配情况。

一、城效区　41名

北高村8人　南高村8人　前安王村7人　后安王村7人　闫李村11人

二、李鹊区　55名

黄西村9人　前大村7人　杨庙村8人　鲍家村6人　车家村8人　南赵村8人　李鹊村9人

三、张枣区　27名

东辛村、西辛村、纪家村各9人

四、稻庄区32名

宋店村12人　西家村7人　西大路村6人　朱营村7人

五、石村区　42名

东王村8人　任家大营村8人　高柳村10人　西秦村8人　寨村8人

六、牛庄区　11名

西薛村11人

七、大王区　26名

刘家村　菜园村　河沟村

八、六户　54名

东六户村 10 人　西六户村 8 人　武王村 14 人　李宅村 10 人　梅宅村 12 人

九、花官区　59 名

温楼村 10 人　草李村 11 人　东赵村 8 人　南夏口村 8 人　草刘村 8 人　杨斗村 7 人　碑寺村 7 人

共计 40 个组，分到 40 个村，总计 347 人。

记忆中的西营中学

黄功霖

西营中学于1971年1月建成招生，1980年秋撤销，前后存在了10年。西营中学因为只有高中部分，所以同学们习称西营中学为西营高中。根据王希禹老师提供的翔实资料和部分老师、同学的补充修改，对西营中学作以下粗线条的回忆。其中我们毕业之前的较详细，之后的因为不清楚而简略。

广饶西营中学成立之时，正是20世纪70年代撤区并社之际，即撤销张枣区，成立西营人民公社。

学校始建于1970年冬，招生涵盖吕庄、卧石、张淡和韩庄四处初中及部分小学附属中学，服务于西营公社46个村及稻庄公社南部的部分村庄。

学校筹建前，初选东营村。当时办学条件很差，教师办公室及宿舍都借本村民房，教室借村的办公用房，另借房舍作伙房供师生用餐。聘杨庄村杨洪滨担任炊事员。

1971年1月，西营中学开始招生，第1级学生共两个班，其中男生84名、女生12名。2月中旬在东营村办公室前举行了开学典礼，学校负责人讲话，各班无记名选举班干部。然后，清点人数发放课本。

当时办学条件很差，砖土堆积讲台，一张木桌，教师上课当讲桌。学生课桌是条板放在泥土砌成的砖墩上，学生自带凳子。学生生活，由自家带干粮，伙房给馏热。家远的需带一周干粮，住宿生借住民房。

开学不久，1 班在村办公室上课，2 班在村西南侧 3 间草房上课。操场暂用村东北角打谷场，有一副简陋篮球架。1971 年秋，稻庄籍学生转到稻庄中学。部分转学后的学生还专门返回学校听教师讲课，表达对西营中学的师生情感恋恋不舍。

在东营村办学期间的老师有：政治老师崔其昌、语文老师崔和平、数学老师贾汝谭、物理老师谢培学、英语老师孙洪滨、体育老师李秀山。当年 5 月，王希禹、赵爱莲老师调入。此时学校由原籍为六户公社大许村的李光三为负责人，司务长郭相义，会计吕国志，杨景清负责新校建设。随后，由原张枣区长陈延俊担任学校领导，开始由公社领导兼任以示重视。

新校址初定在东营村与西营村附近一窑厂处，曾建 3 间土坯草房作办公用。后新校址选在新建西营公社办公驻地，一条东西向公路（现小王路）南，东邻邮电所，对面卫生院。

1971 年夏，麦收后开始学校基建。到年底，学校东北角首建教室两排。教室每个 3 间，共 4 个教室 12 间。采用砖墙、水泥房梁和檩条。学校东南角建一排教工宿舍（单间兼办公），向南一排伙房及库房。宿舍与伙房之间打了一眼水井，设手摇提水车。

1972 年，陆续在学校西北侧建一排图书实验室，与教室一排，之间设校门，挂校牌。随后又在学校西南侧与伙房一排，盖一排宿舍。

校门外路北，卫生院西侧一片空地，划归学校作体育场，共 2500 平方米。一副篮球架和简易环形跑道，是师生体育课和锻炼身体的场所。时不时晚间有露天电影，吸引机关人员和周边社员观看。

1972 年秋季，学校建设基本完成。占地面积 22500 平方米(2.25 公顷)，其中有一片学农基地，供师生边教学边搞农业科研。当年种植小麦，长势优良，好过周边。同时这也是学校勤工俭学项目。

后来，由于学校的水井不能满足饮水需要，又在学校东南角伙房前打了一口较深的水井，以满足全校师生的用水需求。1976 年，为了保障学校学农基地灌溉用水的需要,又在学校西侧宿舍西北角北边约 30 米处打了一口 30 多米深的机井。

学校常年保持两个年级 4 个班的规模,约 200 名学生。学校领导班子也确定,并陆续充实一些任课教师。

此时,县教育局派邵以善为校长,从县一中调林守贞为教务处主任,李耀祖为教务员;派张致秀为总务处主任。不久林守贞调回老家浙江省,刘俊岳接任教务处主任。原在东营村期间任教的孙洪滨调新成立的李鹊中学,贾汝谭、李欣岚调回老家沾化县,杨景清在新校建成后调走,其他人员随迁新校。当年大学毕业的邵永善、张凤翔老师分配到校。

随后又陆续分配或调入老师张永海、燕树桐、边平西、孟庆彬、张俊德、温少卿等。崔连孝 1973 年由花官中学调入,负责校办工厂工作。

这时任课教师有:政治老师崔其昌;语文老师崔和平、张永海;数学老师邵永善、孟庆彬;化学老师张凤翔、张俊德、张志远;物理老师燕树桐、孙清安;体育老师李秀山;英语老师赵爱莲;农业机械课老师王希禹;美术老师温少卿。图书管理员刘云香。

在学校建设中,师生们一边教学一边劳动。从高一年级学生开始,参与学校基础建设的全过程。高二年级继续参加基础建设劳动,为学校基础建设做出贡献。以后几个年级学生,入学后都经常参加学校建设和勤工俭学劳动。那时,师生同劳动,在劳动中增进情感,融洽了师生关系。

搬新校后,新建伙房,聘本公社冯家村民冯蓬来担任炊事员,后来新增吕胜三,他俩负责全校师生伙食。

1973 年 8 月,邵以善调走,马金阶接任校长。

20 世纪 70 年代,各县发展高中教育。广饶县原有一中(县城)、二中(大王)、三中(牛庄)、四中(稻庄)、五中(花官)、六中(赵嘴)。1971 年,西营、马头、李鹊、石村、颜徐五处新建高中,以公社名字命名。这些学校初建,领导层开始由公社领导兼任,不久即派专职校长。

广饶县西营中学二级一班毕业师生合影

当时的学制，根据“学制要缩短，教育要革命”的要求，已由“文革”前的三年改为两年。课程也精简了，设政治、语文、数学、工农业基础知识(涵盖物理、化学、生物)、历史、英语、美术及体育课。

西营中学高中1级，1971年2月入校，1973年1月毕业。2级1972年2月入校，因改教育年度，延长了5个月，到1974年5月毕业。从4级开始，改为秋季始业，到次年夏季为一年的教育年度。同时采用考试录取，改变推荐录取。后来，西营中学改称为广饶县第九中学。

1980年，根据中央“调整、改革、整顿、提高”的“八字方针”和中等教育结构改革精神，广饶县调整了学校设点布局和中小学发展比例，全县保留了一中(县城)、二中(大王)、三中(牛庄)、四中(稻庄)、六中(赵嘴)、七中(马头)、十中(李鹊)7处高中，其他8处高中包括西营中学均改为初中。

1980年11月，在原九中校址，成立了西营公社西营中学(西营农中)，开始招收附近初中学生。1980 年 11 月至 1983 年 7 月间，西营中学(西营农中)初高中学生并存。1981 年高中生未招，1982 年 8 月招收高中生一个班。1983 年 7 月成立西营中心初中，张淡联中全部与韩庄联中非毕业年级并入。1983 年 8 月至 1984 年 6 月农中与初中并存。至此，成为纯粹初中阶段学校。

十年树木，春华秋实。西营中学办学十年，教育成果显著。其间，培养了近 2000 名高中毕业生，为国家和社会培养了大批人才。有的毕业后经推荐或恢复高考后，升入大中专院校，分配到各行各业发挥各自才华；有的应征入伍，在部队锻炼成长；有的毕业后在不同岗位担当作为，奉献聪明才智，其中有的成为科、处及厅级干部；有的成为高校教授、中小学高级教师；有的在农村家乡任党支部书记，带领乡亲致富奔小康；也涌现出一些企业家、致富能人；还涌现出众多在写作、书画、摄影、文体等方面闻名遐迩的专门人才。

西营中学历史虽短，却是西营中学学生的母校，是我们师生难以忘怀的地方。西营中学在广饶县教育史上，留下了浓墨重彩的一笔！

我所经历的农村校舍改造

李业陶

1986年6月，我从中共东营市委和胜利油田党委党校毕业后，被分配到稻庄镇担任副镇长，按照镇党委、镇政府领导班子分工，我分管文教卫生工作。

上任伊始，面临的一项突击性任务就是校舍改造，下半年省里要来验收，留给我做工作的时间满打满算也就两个来月。天天蹬辆自行车在村里转悠，有时候是我陪着镇党委书记，大多数时间是教育组的老师陪着我。

这个镇有53个自然村、49所小学，这些小学要一所所地察看。"校改"有具体、明确的指标，要彻底解决"黑屋子、土台子、泥孩子"的问题，有的学校条件之差出乎想象。有相当多的教室是草房，一场风雨便能卷走房顶的麦草；有一个联办中学的教室居然能从里边看到天空，至于院墙倒塌、教室墙壁倾斜也并非罕见。20世纪80年代的农村学校就是这样的状况。

依稀记得"校改"有六大项验收标准，教室牢固、窗户透光、大门及操场、厕所配套等，都是一些硬指标，我们逐个学校对照，凡是有可能不达标的必定还要再去，"眼见为实"，绝不能留有漏洞和死角。

后来总结这项工作的时候，我用了"村村投入、校校动土"的说法，事实也是如此。有的学校要新盖教室，有的要改造、修缮，虽然不是大规模的建设，但这样的投入已经给村里的干部出了难题。实行分田经营责任制已经若干年，几乎所有的村子集体经济都属于那种“空壳村”状态，即便是堵一堵房顶上的窟窿，也要从群众手里凑麦秸，要想集资就更难。这个时候，我知道了农村干部的不容易。

天天转悠，遇到村干部挽留吃饭，有时候也就住下，一般就在村书记家炕头，几个罐头、几样小菜。我也几次在镇上招待过村里干部，也是几个罐头、几样小菜，那时候我在家里的招待是自己掏腰包，一顿饭十来元已经用去我月工资的五分之一。

也就是在这样的来往中，我熟悉了农村干部，他们中的绝大多数都有农民固有的憨厚、朴实和勤谨，在为做好农村工作付出努力。短短的两个月，彻底改变了我对农村干部的偏见。

那些迟迟没有进展的单位，成了重点盯防的对象。有一个东杜村，每次去村里干部都说得好好的，可是下次去还是没有任何动静，一天一天，一次一次，真有点着急上火了，我第八次看到村干部的时候，再也忍不住，难听的话脱口而出，劈头盖脸训了他们一顿。回来的路上我问教育组陪同的老师：“我这样说是不是过火了？”他说，你早该这样说了。过几天再去看，新教室已经在建设中，看来发脾气也管用。

有些问题也不是一定需要花钱解决。这个镇好多村是村村相连，而每一个行政村都有小学，设施差、教师不足，毫无规模效应，有一个村的学校只有十几个学生，还开设了一、二、三年级，教学质量可想而知，借“校改”之机我做了很多的撮合工作，但村里的人宁愿再凑钱改造教室也要保留学校，群众意愿如此令我无可奈何，但我也清楚这种状况的改变是迟早的事。

省里的验收是随机选点，镇教育组长李可佑老师对我示意说：“不一定不来咱这里，验收组一看乡镇名单，哎，花官、陈官，没准就去了花官，稻庄、丁庄，哎，也可能选个稻庄……”

为迎接验收，县教育局张建温局长到乡镇督导，他特意说汇报好很重要，最好不要念稿子。这倒难不住我，虽然我并非性格外向喜好表达的人，但工作是我抓的，汇报稿是自己写的，一切烂熟于心，照直说就是了。

这年 9 月，稻庄镇的“校改”代表县里非常顺利地通过了省里的验收。当然，现在看，当时的标准是低档次的。尽管如此，相对于当时的农村经济情况，仍然不折不扣是一项艰巨的任务。

《广饶教育报》创办始末

牛培烈

1987年2月20日，广饶县教育局主办的内部报纸《广饶教改报》创刊出版第1期。初期，由县教学研究室负责编辑出版。不久，组建专门负责组稿、编辑、出版、分发《广饶教改报》的编辑部。

自1988年12月25日出版的第23期开始，更名为《广饶教育报》，使用广饶县解放后人民政府第一位县长门金甲题写的报头。报纸1—66期，为铅字排版印刷。

自1992年8月30日出版的第67期开始，使用激光照排印刷。

自1996年12月20日出版的第120期起，改称《广饶教育报》，开始使用东营市新闻出版局准印证（东准印〔1996〕5—33号）。

自2001年3月10日出版的第172期起，一直使用“山东省东营市新闻出版局准印证〔2001〕6号。”

《广饶教育报》为四开四版，一般为每月一期。至2005年底停刊前，共出版报纸232期和5个增刊。

1996年11月，与广饶县教学研究室联合主办“纪念广饶县教学研究室成立40周年”专刊。1998年2月，与县招生办公室联合主办“恢复高考20周年”纪念专刊。1999年9月，与中共广饶县委统战部联合主办“迎澳门回归知识竞赛”专刊。2001年6月，与县邮政局联合主办“纪念中国共产党成立80周年集邮知识竞赛”专刊，都收到了较好的宣传效果。

在《广饶教育报》编辑部工作过的人员先后有李月恒、王培升（后调至广北农场工作)、成秋林(现任东营市委常委、市委秘书长)、李志海(后为《大众日报》驻东营记者站负责人)、牛培烈、王建华、任建杰等。1993年10月之前,李月恒主持编辑部工作。1993年11月,牛培烈任编辑部主任。2003年11月起,王建华为编辑部负责人。

《广饶教育报》及时准确地宣传党委政府有关教育工作的方针政策,全面反映全县教育事业的发展成就,及时报道全县教师和教育工作者的先进事迹和先进经验,报道教育系统的新人新事,发表各级各类学校师生的习作。

1993年11月1日出版的《广饶教育报》第82期三版,发表广饶四中学生叶海丽写的散文《一片落叶》,次年初被《山东教育报》转载。在此期间,《山东教育报》还在《各地报刊摘要》栏目中,多次摘要刊登《广饶教育报》头版头条的文章。

1994年11月3日,广饶县“两基”工作(基本普及九年制义务教育、基本扫除青壮年文盲)通过省政府验收。10日,《广饶教育报》为此出版套红专刊。根据专刊主要文稿整理而成的报道《广饶县率先通过省政府“两基”验收》,在《东营日报》1994年11月12日头版头条发表,并荣获科达杯头条新闻竞赛三等奖。

1999年12月10日出版的《广饶教育报》第157期四版,发表了反映东营市农村小学布局调整工作的通讯《东营的小学变大了》。文章后被全国多家报刊采用:2000年3月28日,《中国改革报》在四版头条,以《东营小学变大了》为题刊用。是年4月19日,《东营日报·黄河口导刊》头版头条,以《农村小学变“大”了》为题发表。8月14日,《中国教育报》四版头条,以《这里的小学变大了》为题刊登。《山东教育》杂志在2000年第34期8—9页,以《东营的小学变大了》为题刊发。

自2001年1月10日出版的第170期始,使用了泽卿题写的报头。是年2月10日出版的《广饶教育报》第171期第二版,发表了反映广饶县安置三峡库区移民子女入学工作的通讯《巴山幼苗扎根黄河口》一文，是年3月16日，《东营日报·黄河口导刊》在头版头条配彩照刊发。

垦利县教委派人来学习办报经验，后来也创办了《垦利教育报》。分管教育的东营市副市长陈胜将《广饶教育报》上的文章向《东营日报》推荐。县委书记周燕明曾向《广饶教育报》推荐文章。分管教育的副县长陈金贤、东营市教学研究室副主任赵增昌等，都曾为《广饶教育报》撰写稿件。

附：门金甲（1945年9月至1948年12月，任广饶县人民政府第一任县长）1988年12月8日给《广饶教育报》编辑部的复信：

县教育局、教改报编辑部：

十一月十四号之来信收到，小报两张亦收到，适逢我在京，月底回哈，在家中看到你们的来信，但因有病入院，未能及时回信，请原谅。

在院中看到十九、廿一两期小报，阅后有感，特告如下：

《广饶教改报》版面虽不大，但内容丰富多彩，印刷技术也不错，很有必要坚持下去。

学校者，培养教育人才之所也。当今盛世，人才是个宝，过去是，现在是，将来更是。一个国家、一个地区、一个部门，有没有文化，有没有人才，是衡量其进步落后的重要标志之一。建议从现在起，为了广饶教育事业的大发展，应该把师资培养放在第一位，尽量满足培养师资之所需，对教师提出期望与要求，请他们要“严”字当头。对己严，严格要求自己，争取做到对学生身教胜于言教（系指不正之风，邪气歪风而言）。评选优秀教师要认真负责，一丝不苟，名誉奖、物资奖同步进行。我认为很有必要。教师在教学方面对学生要

“严”字当头，校规要严格遵守，期考要认真负责，要求学生要勤学，要攻读。我记得陶渊明有一首《勤学诗》很有道理，其诗曰：“勤学如春起之苗，不见其增，日有所长；辍学如磨刀之石，不见其损，日有所亏。”俗话说得好，“严师出巧徒”，虽是一句老话，我总觉得有它一定的道理。

再一个建议是，在教育经费方面，除县自筹外，力争市、省从关照出发，特批一部，借以改善校舍条件，增设教学设备。乡镇自筹资金应列为重要来源之一，多路进财，解决经费问题。

小报虽好，我总觉得“改”字欠妥。你们提出从明年起改为《广饶教育报》，很好，很必要，很现实。

以上所谈，供参考，不妥之处请原谅。

能否定期将小报寄我一份？祝

工作顺利

门金甲在院中

十二月八日

一场研讨会的轰动

尹秀民

1990年4月，为加强对县属企业的领导，县委成立了经委企业党委，组织调我担任企业党委副书记。

对于经济工作，我是门外汉，非常陌生。到经委后，为尽快进入角色，在处理好日常工作的同时，几乎天天深入企业，调查研究，学一学孔夫子的“每事问”，很快把握了脉络。企业职工思想政治工作，是调动职工积极性的总抓手。企业党组织，在抓好党务工作的同时，必须立足各自实际，切实解决职工的各种思想、生活等问题，关心他们的疾苦，做好思想政治工作。通过党员先锋模范作用，带动他们为企业振兴发展，献计出力。

通过调查了解，各个企业已经摸索出了各自行之有效的方法和做法，但参差不齐，发展不一。鉴于此，我便产生一个想法，为了推动企业思想政治工作向更深更高更有效的层次发展，十分有必要召开一次研讨会议，互相学习，取长补短。

此种想法提交党委讨论后，一致赞同，立即着手准备，并分赴企业予以指导。经过十多天的努力，一切就绪，定于7月11日上午召开。

为求得上级领导的支持和重视，我便向中共东营市委组织部、市委宣传部、市经委，以及市各媒体发出电话邀请。

7月11日上午8点，各企业与县经委人员，已在经委会议室就座。此时，市委宣传部部长周士德、副部长兼市社科联主席龙战宇、市委组织部副部长于学顺、市委组织员办公室主任王树立，以及市经委主任，市电视台、电台、市报社记者及县委书记刘连元也准时到会。

市委宣传部部长周士德一进大门，高兴地对我说："老尹，真有你的！你把我的下属都给邀来了。"我说："感谢领导的大力支持！"

会议定名为"广饶县经委企业职工思想政治工作理论研讨会"，这也是此次会议的主题。

会上有十几个企业，就如何结合自己实际，行之有效地做好职工思想政治工作，介绍了经验和做法。尤其是县新华印刷厂党支部、县化肥厂党委以及服装厂党支部的经验和做法，得到了大家的高度赞扬和评价。企业党委做了主题发言。

会议整整开了一天，领导倾听始终。最后，周士德部长作了简短总结发言，充分肯定了各家企业的做法和经验，也充分肯定了此次会议所取得的良好效果。

会后，领导同与会人员合影留念。

研讨会参会人员合影

市领导在离开广饶前，龙战宇副部长向我交代，让各企业的经验材料，进一步整理后，交由《东营企业政工园地》刊载推广。市经委、市各媒体，并向全市及其他县区作了推介。此次会议，在全市产生了一定的轰动效应。

大营乡信用社在任家大营村创办

聂作友

1947 年初至 1948 年 11 月，北海银行渤海分行在广饶纺织社试办信用部和信用社。1951 年 5 月，全国第一届农村金融工作会议结束后，广饶县人民银行在县委、县政府的领导下开展筹备农村信用社工作。1953 年 3 月，惠民地委根据中央《关于互助合作运动决议》和山东分局提出"乡乡建社"要求的指示，要求广饶县委通过整党，推动互助合作运动的同时，由县人行副行长王毅民率 13 人的工作队，开始在广饶一区开展创办农村信用社试点工作。随着农村互助合作运动的深入开展，农村信用合作事业有了较快发展。1954 年，县委、县政府提出"积极、迅速、大量发展"的方针和"训练一批、巩固一批"的方法，由试点阶段转向全面发展。

1953 年，大营乡遵照县委、县政府及县人民银行的安排，成立了农村信用社筹备小组，该小组主持召开社员大会，民主选举产生了乡信用社主任一人，并民主推选了会计一人，王春田任主任，任树棠任会计（后又有任树棠干主任，高本圣干会计，高孟泗干主任，成德泽干会计），当时大营乡信用社就只有两名工作人员，办公地址位于任家大营村张元勋（字庆臣）院内南边的两间北屋，内设一张办公桌、两把木椅。至此，大营乡信用社在任家大营村正式成立了。开业后，任树棠请他在码头高小任教的老师蒋方塘（原广饶师范副校长、中国书协山东分会会员、广饶书协原主席）书写了"大营乡信用社"单位名牌。大营乡信用社是全县最早创办的信用社之一。

信用社成立之初，开始动员全乡社员入社入股工作，坚持“入社自愿、退社自由”的原则，实行一户一股，全乡在入社期间，分片（组）按户一人一股，每股2万元（旧币，折新币2元），对贫困农民允许分期交纳股金，并规定麦、秋两季交清。在社员入社的同时，按照人民银行总行制定的“存款自愿、取款自由、为储户保密”的原则，还动员社员积极存款，又及时向社员发放贷款，让社员得到实惠。至1955年底，入股社员达1500多户，占农户总数的75%以上，农户存款达到3万元，发放贷款2万多元。当时信用社的主要任务是吸收群众存款，向农民发放贷款，打击农村高利贷，解决农民生产生活中的资金困难。

信用社成立后，农民感受到许多好处：一是农民自己创办的信用社，是和高利贷作斗争的最好组织形式，通过提供低利率贷款，减轻了农民的经济负担，乡内的几处“旧当社”自行消亡，多名放高利贷者终止活动，为维护当地金融秩序，发挥了积极作用。二是信用社是农民自己的“小银行”，也是国家银行的助手，为国家经济建设和地方经济发展积聚了资金。信用社实行自主经营、独自核算、自负盈亏。信用社的业务，既便于社员存贷，又便于帮助农民积聚资金，解决生产生活中燃眉之急。三是信用社在开展业务中，一方面存贷，另一方面又能帮助社员做好理财工作。四是信用社是驻在乡村、贴近农民的“小银行”，极大方便广大社员群众办理多种金融业务。

1959年至1963年，大营乡信用社迁至淄河南岸公社管区内办公。1966年，大营乡信用社在任家大队集市的十字路口东南隅盖起了三间砖瓦自主营业平房，时为全惠民地区农村信用社系统独一家自主的砖瓦办公场所，惠民地区信用社系统许多单位前来参观学习，因此声名远播。1967年5月，惠民地区人民银行在沾化县义和公社（今河口区义和镇）召开现场会，推广信用社在经济较好的大村设立信用代办站，极大方便了社员在家门口存取款，至年末，全乡设立信用站5处，信用社存款达到

10 万余元。1972 年春,人民银行惠民地区中心支行行长赵利桐在广饶招待所主持召开为期五天的信用社改革工作会议,信用社进入自主经营和规范化阶段。1974 年底大营乡信用社迁到淄河北岸新公社驻地一排平房办公。1986 年大营乡信用社在原址南边建起了一幢东西向的二层办公楼,时为全县农信系统内最早的办公楼。

我和广饶电视新闻事业

田式祥

解放军这个大熔炉把我锤炼成钢

1976年2月，我从大王公社田门联中民办教师岗位上投笔从戎参军入伍，成为中国人民解放军的一名战士。在火热的军营里，我学知识、学军事，苦练杀敌本领，经过部队的磨炼成长为一名合格的战士。

1978年初，部队的军事院校也同地方院校一样相继恢复考试招生，1978年2月，我考入北京昌平工程兵机械学校，学习工程机械专业。入校之前，我光荣地加入了中国共产党。在军事院校里，我系统地学习了三门基础课：图学、力学、电工学，学习了工程机械的动力源发动机，学习了工程机械挖土机、装载机、推土机、空压机、移动发电机，学习了军事地形学、毛泽东军事理论哲学、政治经济学。简要学习了工程兵的其他专业知识，即地雷、爆破、道路、桥梁、筑城、伪装、给水。因为我们是机械学校，所学内容是以工程机械专业为主，其他专业为辅。整整两年的学习，在专业知识上得到了很大的提升，思想理论得到了升华，为走出学校到部队担任一名基层指挥员奠定了坚实的基础。

1980年2月回到部队后，我被任命为济南军区直属工区修理连一排长，指挥两个汽车修理班、两个工程机械修理班修理机械车辆。

1981年2月，当了整整一年的排长，我又被调到济南军区工程兵教导大队机械教研室当机械教员。在教员这个岗位上，我认真备课、编写教案，通过多次试讲，得到了大队首长和训练处、教研室领导的认可。四年内，我先后给学员系统讲解了发动机的工作原理、维修保养和故障排除，讲解了七四式挖掘机液压传动装置的工作原理及故障排除。1981年10月，我代表济南军区工程兵到厦门工程机械厂对新制造的七四式轮胎推土机进行了技术鉴定。

1984年3月，乍暖还寒。教导大队训练处的潘伟录处长把我叫到他的办公室，他说："为了提高军区各兵种和集团军的宣传手段，济南军区军训部为各大单位配备一批彩色电视新闻采编设备，军训部决定在济南军区陆军学院举办一个电视新闻采访学习班，经过教导大队党委研究，决定让你去陆院参加学习班，系统学习采编业务，为下一步军区工程兵部队的电视新闻宣传打下基础。"听了潘处长的指示，尽管军人的天职就是服从，但是对彩色电视新闻采访业务我还是非常地陌生，担心自己对这项新知识学不好，辜负领导的信任。潘处长鼓励我要树立信心，克服畏难发愁心理，努力把这项新知识学习好。

济南军区陆军学院电视新闻培训班共计我们10位学生，学习班的教员有陆院电教中心的教员，山东电视台新闻部、录制部的记者和工程师。学习班上我们先后学习了摄像机、录像机的工作原理及维护保养，电视画面的拍摄及画面的构图，学习了画面的色调及调整滤色片，学习了电视镜头的组接技巧及电视编辑，学习了电视新闻采访知识，了解了新闻采访的五要素，即时间、地点、人物、事件及为什么，也叫5个"W"。在学院教官和电视台记者、工程师的讲解下，学习班把我带进了一个全新的世界。教员们的授课坚持理论与实践相结合。理论讲完之后，教官们分头带领我们到室外开展外景拍摄，回到教室观摩大家拍摄的镜头，提出画面的缺陷、存在的问题。在教官的指导下，我们的摄像技术提高得很快。教官还组织我们观看电影、电视剧片段，学习影片中的画面构图和蒙太奇组接编辑手段，很快掌握了推拉摇移跟的拍摄技巧，现场调整滤色片，保证了片子的色彩还原。学习班整整3个月，教官们教得仔细，我们大家学得认真，我感觉收获很大。陆军学院的尹主任说："你们10位同志是军区培养的第一代彩色电视摄影人，担负着各大单位的电视新闻宣传任务，希望你们要努力工作，发挥好作用，把各单位的新闻宣传工作做好。"学习班结束后，军区军训部为我们各单位配备了彩色摄录机DXC-1640+VO-4800和电子编辑机VO-5800P+5850P+440，以上设备都是日本索尼公司生产，还有特技信号发生器及黑白摄像机用于制作字幕和画面特技。工程兵部和教导大队领导非常注重对我的培养，又联系了山东电视台新闻部，让我在通联组学习了3个月。在省台看到了记者们的采访过程，编辑们如何编辑新闻，播音员如何为新闻配解说词、录制的同期声如何搭配等。省台的学习又让我拓宽了视野、增长了见识。

教导大队在办公楼西侧的教学楼装修了录像室，成立了电教中心，我的任务有两项：一是配合搞好电化教学；二是做好军区工程兵部队的作战训练及新闻事件的拍摄及采访工作。

1985年之后，参加济南军区工程兵部队的训练，演练活动逐渐多了起来，活动中我认真采写拍摄成电视新闻送给山东电视台。由于和通联组的编辑们熟悉，发稿成功率很高。被聘为山东电视台特约通讯员，1985年、1986年、1988年荣获山东电视台模范通讯员称号。

1987年，帮助长清县委宣传部拍摄的风光片《娄敬洞山》在山东电视台播出，得到了时任山东省委常委、济南市委书记姜春云的好评。

1986年夏天，我随济南军区工程兵部刘永湘副部长率领下的"黄河合练指挥部"赴东明县参加了合练演习。我们电视摄制小组先后拍摄了位于山东省平阴县的舟桥87团和位于河南省孟津县的舟桥91团两个团启程、行进、安营、合练的场面。演习结束把军区首长观摩的场面写成新闻，发往山东电视台播出，尔后又制成电视专题片《黄河合练》，在沈阳军区召开的全军工程兵经验交流会上播放，受到了军委工程兵领导的高

《娄敬洞山》拍摄现场

度评价。

1987 年，为了迎接全军工程兵长沙电化教学观摩会，我们济南军区工程兵教导大队，拍摄了两部电教片《74 式挖掘机一般道路驾驶》和《挖掘机的液压传动》，分别在长沙工程兵电教观摩会上获得二、三等奖，部队给我记三等功 1 次。

1988 年为了迎接济南军区潍坊电教观摩会议，我们又摄制了电教片《导爆索》，该片在潍坊会议上荣获一等奖，部队又给我记三等功 1 次。

在部队这个革命的大熔炉里，我这个从农村走出的青年学生锤炼成了能掌握工程机械专业和电视新闻采访两门技术的合格军人，为尔后到地方工作打下了坚实的基础。

广饶电视新闻宣传事业的起步与发展

为了解决夫妻分居无法照顾家庭的问题，1989 年 10 月我脱下军装，离开了我非常眷恋的部队生活，离别了与我朝夕相处的战友，国庆节前到中共广饶县委宣传部报到上班。

县委常委、宣传部部长吕雪萍在与我的初次谈话中说:“在部队你有多年从事电视新闻宣传的特长,当前我们县在这个方面人才奇缺,希望你发挥在部队掌握电视新闻采编的特长,尽快把广饶的电视新闻宣传做起来。”

1989年的广饶县广播电视局下辖的广饶县人民广播电台、县微波站、县电视台,主要以办广播节目为主,微波站是搞传输,县电视台不定期播放县委宣传部不定期录制的电视新闻节目。

县委宣传部的电视采编设备极其简陋,就是一套日本松下大1/2摄录机、两台日本松下录像机。摄像机由于工作年限长,录制的电视画面抖动,清晰度不好,可以说是一套非常低档次的电视设备,无法摄制正规的电视节目,硬件设备太差。

当时在做电视摄编工作的是社会宣传科科长任从京同志,我到宣传部后就接手了任科长的电视采编工作。围绕电视设备升级改造,我向部领导提出了购置设备的方案,面对20多万元的购置费,吕雪萍部长同我亲自找到县长阎君山,县长说:“县财政很困难,当前主要是保工资、保运转,眼下拿不出这么多资金购置电视采访设备。”为了解决摄录机老化问题,阎县长特批购置一台松下大1/2摄录机,最后总花费1.5万元,阎县长还是让县化肥厂刘忠厂长报销的。

面对县级财政比较困难的实际,我经过认真思考,短期内更新高档次电视设备是不可能的。要想有地位,先得有作为,眼前就是先办起相对较好的电视新闻节目。

县委宣传部有信息灵通的优势,全县的重大活动我都参加采访拍摄,活动中我充分发挥多年在部队工作的经验,精心拍摄,后期认真制作,使推出的广饶新闻节目质量明显提高。1990年我把“广饶新闻节目”制作成15分的长度,周二、周四新闻,每晚19点35分整点播出,广饶人民看自家新闻很感兴趣,也引起了县委、县政府领导的关注。1991

年县政府领导从全县农业开发资金中抽出20万元为我购买了广播级设备：日本索尼DXC-M7摄像机、Vo-8800P录像机。用这套高档摄录机，当年为全县农业开发拍摄了电视专题片《希望的田野》，在山东电视台播出后，在全省引起极好反响。1991年，我不定期地向省卫视台发广饶农业开发的事迹新闻，当年在省电视台发新闻稿件39条，为提高广饶在全国、全省知名度发挥了重要作用。这一年，由于工作成绩突出，被东营市委、市政府给予记功奖励。

为了让高档摄录编配套，在县委常委、宣传部部长孙德祯的支持下，我们召开了一个厂长、经理座谈会，会上厂长经理们纷纷表示积极支持电视新闻宣传工作，都热情伸出援助之手，一个座谈会共向企业筹资20多万元。筹集来的资金我购买了日本索尼、Vo-9800P+9850P+450等配套编辑设备，为制作高质量的电视节目打下了良好的基础。

1991年底，县委成立了副科级的事业单位——中共广饶县委电视宣传教育中心，隶属县委宣传部。先后调进了徐华欣、郭成忠、杨志、石玉4位同志，石玉任专职播音员，这样就为办好广饶电视新闻提供了人才保障。

有了高档次的摄录编设备后，我们对栏目进行了包装，制作了片头、片花、片尾，每条新闻都加上字幕，新闻节目中注重同期声的运用，让新闻增加现场感，广饶新闻节目焕然一新。1992年之后，我们又开办了《乐安风采》专题栏目，对重大事件和新闻人物进行深度报道，新闻和专题互为补充，初步形成了立体宣传阵地。电教中心在短短两年时间就办成了广饶50万人民熟知爱看的重要舆论阵地，各单位都把上广饶新闻当成是件很荣幸的事。我作为电教中心主任，在县委的培养下也成长为一名副科级领导干部。

电视专题作为一种特殊体裁能立体式、全方位地介绍某一件事件而受到广大观众的认可。

1991年，广饶县在全国率先实现了村村通柏油，乡村柏油路建设走在了全国前列，山东省交通厅在广饶举行了通车剪彩庆祝仪式。我围绕这一件事件拍成了电视专题片《条条坦途通明天》，先后在山东卫视台、东营电视台播出，对宣传广饶在修建柏油路中的事迹起到了很好的宣传效果。

20 世纪 90 年代初期，广饶县委、县政府借助国家“两黄”开发的历史机遇，高标准地大搞了农业开发。县五大班子领导走出办公室，到工地上同农民一起挥掀上土，推车拉绳，在县北部的黄灌区各乡镇掀起了大搞农业开发的热潮。我肩扛摄像机转战各个工地，生动记录下了一个个动人的场面。由于开发标准高，开发效果也很好，经过黄河水压碱，秋季的玉米、棉花喜获大丰收。广饶受到了农业部和国家农业开发办的表彰奖励。我拍摄的电视专题《希望的田野》，系统地介绍了广饶经验，片子在省电视台和全国农业开发现场会上播放后，引起了极大的震动。阎君山县长、分管农业的宋金兰副县长在多个场合表扬了我们电教中心。

我们县委电教中心还配合全县初级卫生保健先进县的创建拍摄了《保健金桥通明天》；配合创建精神文明建设先进县，拍摄了《这里充满勃勃生机》等十几部专题片，有力地配合了县委、县政府的中心工作，得到了县领导的充分肯定。

经过努力，购进了高档次的电视采编设备，实现了与中央电视台、山东电视台的设备接轨，我们拍的片子可以直接在上级台播放，我们每年在省电视台发片 30 多条。20 世纪 80 年代省电视台很难见到广饶的消息，有了县委电教中心之后，经常在省电视台联播看到广饶人民战天斗地的身影，广饶在全省乃至全国的知名度得到了极大地提高。

1993 年 10 月 10 日，广饶县机构改革，撤销了县广播电视局，成立了两个正科级的事业单位：广饶县人民广播电台、广饶电视台，隶属县委宣传部领导。在县电视台独立运行的两年多时间里，我先后任电视台副台长、台长。电视台设立了办公室、新闻部、专题部、广告文艺部、有线电视开发部和播出部，即五部一室。人员组成有县委电教中心的全体同志、广播电视局从事广告文艺人员、有线电视从业人员及电视节目播出人员。电视台先后投入50多万元为宣传部室配备了新的采编播设备，办起了《广饶新闻》《乐安风采》《广告文艺》三大栏目。广饶电视台真正成为县委、县政府的重要舆论阵地，为广饶的内外宣传发挥了重要作用。

1995年末，根据上级文件精神，广饶县又恢复了广播电视局，刘普云任局长，我和任明光任副局长兼两台台长。刘普云局长实行了局台合一新体制，我分管全局的广播电视宣传，任明光分管广播电视技术和事业建设。这样我就把工作重心转移到了广播电视新闻宣传上来。工作中，我积极探索搞好县级广播电视宣传工作的路子，在全局确立了“以外宣促内宣，抓精品上水平”的工作思路。由于路子正、方法对，两台的内外宣传都取得了良好成绩。到2003年底，县电台取得了省电台集体记者一等奖，实现了“十八连冠”的奋斗目标。县电视台在山东电视台新闻联播中发稿大幅提升，出现了广饶历史上省电视台发稿的重要突破，受到了省电视台通联部的多次表彰。1993年，我被中共广饶县委授予优秀新闻工作者称号；1995年，我被山东省广播电视厅评为全省广播电视系统先进工作者。

在广播电视新闻宣传中，我还非常重视全县通讯员队伍的建设与培养，每年两次举办全县广播电视通讯员培训班，特别邀请省、市台的名记者编辑到学习班授课，极大地提高了通讯员的培训质量。积极帮助各乡镇、各大企业和县直部门购买电视摄像机。由于有了一支高素质的通讯员队伍，县台有了充足的稿源保障。

从1989年国庆节到广饶县委宣传部上班，再到2003年5月离开县广播电视局的14年里，通过大家一起努力，广饶的电视新闻宣传事业从无到有，从弱到强，广饶电视台发展成为一个正规的、可以担负起全县电视宣传任务的正规县级电视台。培养了一批如徐华欣、郭成忠、杨志、隋强、石玉、田效辉、李连起、栾丽曼等电视宣传骨干力量,他们发展成为一支电视新闻宣传的主力军,为以后电视台的大发展提供了人才支撑。电视节目从开始的单一新闻节目,陆续又开办了《电视专题》《电视文艺》和《电视访谈》,多栏目既各自独立,又互为补充,形成了异彩纷呈的电视宣传局面,为全县政治经济和各项事业发展发挥了重要作用。

经济纵横

广饶轮胎诞生记

赵红卫

西水磨村的商业底色

黄河三角洲,是九曲黄河千里入海的息壤之地,这里既有中国最年轻的城市东营,也有中国第二大油田胜利油田。黄河三角洲南部便是素有千年古县美誉的广饶县,县域南部有条流淌着动人传说的织女河,河边有个村子叫西水磨村。

春秋战国时期,广饶属于齐国后花园,是盐业主产区,军马养殖地,是齐国称霸诸侯的后方经济重镇。古齐文化素有优商重利的传统,织女河便发挥了重要的商品流通功能,河边村庄商品经营意识自古盛行。

西水磨村,从立村伊始,就建在了商品意识的沃土里。明洪武二年(1369),姚、王二姓由山西省洪洞县迁来立村,名姚王庄。先民们依河而居,在河上架起了两盘水磨碾料做香,作为生计,而水磨便成为村庄最显著的标识。永乐二年(1404),村东两里处又立一村,名东水磨村,姚王庄便逐渐改称西水磨村。数百年的时间里,村民们推着水磨,虔诚地生产着各种檀香、松香。至20世纪80年代,织女河变成了季节河,水磨失去了作用,做香的商品经营也随之消失了。

传说清朝中期,河北有一位逃荒的妇女流落到这里来要饭,看到村子人把编苇笠用的蒲草扔掉,便说,你们可以把蒲草编成蒲包,可以盛鱼、果品,还能防汛。接着,她教村民做起了蒲包。从此农作之余,村民们又转向了蒲包经营。20世纪中叶，村民们便是从外面割来蒲草，再用千斤重的青石磙子把蒲草轧得绵软、柔韧，用来编成蒲包。西水磨的手工制作蒲包，一时远近闻名，在青岛、淄博、潍坊等地很是畅销，在那个特殊年代成为西水磨村商品经营的又一抹亮色。

行路难

宋世恩，1940年10月出生于西水磨村。宋世恩5岁那年，家乡战争频仍，为躲避战乱，父亲宋家骏与大王聂友方搭伙到青岛做起织布生意。在青岛时，宋世恩清晰记得他父亲开的厂子在青岛一处叫小村庄的地方，父亲经营有方，生意很好。童年宋世恩在这个灯红酒绿的大城市快乐生活着，其间，他还上了小学。厂子前面是莱阳路，沿路向前便是国民党军队的一处大操场，他经常看到国民党军人在那里出出进进。

1949年青岛解放前夕，许多工厂遭到莫名破坏。3月雾蒙蒙的一天，父亲开的工厂突然起了大火，几年苦心经营的家业毁于一旦，心灰意冷的父亲又突然消失了。多年以后，宋世恩才知道，当时他父亲被国民党军队先是掳掠到了海南，后又坐船运到了台湾。台海一别，40年后他父亲才又一次回到西水磨村。

在1949年那个倒春寒里，颠沛流离的一幕幕影像，深深烙在了宋世恩心中。宋世恩的爷爷用小推车推着9岁的宋世恩、刚出生12天的小妹，踏上了从青岛到西水磨村的漫漫长路。途中，遇上了好几次土匪劫掠。有一晚留宿时，几个土匪砸门而入，吓得爷爷赶紧把宋世恩用席子一包，扔到床底下，躲过了搜查。还有一晚，又有几个地痞来抢劫，爷爷急中生智，忙把土炕掀起一块坯，把宋世恩塞进去，又逃过一劫。600多里的路，好像没有尽头，一家六口跌跌撞撞、磕磕碰碰地走了五天三夜……

行路难，行路难。多崎路，今安在？

当84岁的宋世恩云淡风轻地说起逃难路上的一幕幕惊险场面时，

他心中是否还会波澜起伏……

当84岁的宋世恩平静地诉说着，他父亲在青岛起伏跌宕的生活变故时，是否激发了他的创业因子，为他日后创办工厂，埋下了一粒种子……

橡胶业萌芽

1968年，是西水磨村橡胶业的开端之年。

1968年，也成为广饶橡胶史的开篇之作。

这光辉的第一页，是由西水磨村时任大队党支部书记张虎臣书写的。是年，张虎臣与张炳节到河北省买柴油机，看到河北省大李庄一带普遍生产橡胶制品，收入很是可观。当时的广饶县及周边地区还没有橡胶产业，张虎臣便敏锐地意识到这里有巨大商机。回村后，他又组织村民到河北束鹿县对橡胶生产进行学习考察，然后决定要建橡胶厂。张虎臣从淄河店村、皂户李村各借了1000元，村里也凑了1000元，共筹集了3000元钱，盘了两支火板炉，从河北邢台聘请薛连波、常士军、李秋改为技术员指导生产，办起了广饶县第一家作坊式橡胶厂——西水橡胶杂品厂。

自此，西水磨村开始了工业生产的萌芽。在“割资本主义尾巴”形势下，张虎臣又冒着风险，设法保住了橡胶厂，在此期间，还扩大规模，用上高压电，实现了半自动化生产。当时，西水橡胶厂成为惠民地区第一家以油封、胶垫等产品为主的橡胶厂，产品供不应求。橡胶厂效益好，为集体积累了财富，为社员谋取了福利，1975年西水磨村安装了三台变压器，成为全县第一个照明村。

党的十一届三中全会后，随着村内土地联产承包到户，集体制的橡胶厂最终于1984年解体。改革开放的春风，又把西水磨村村民们创业热情激发出来。1984年后，仿佛一夜间，20多户村民在家里安装了火板炉，生产橡胶水管、胶垫等橡胶制品。当时西水磨村20%以上的家庭从事橡胶生产。周边村庄、寿光县、临淄区等地也纷纷来西水磨村学习橡胶生产，迅速带动了周边地区橡胶业蓬勃发展。

生产队里逞英豪

1968年，也是宋世恩人生中一个重要节点。这一年，宋世恩成为西水磨村四队副队长。此后一直到1978年，宋世恩一直是四队的负责人。

受父亲的影响，在那个特殊年代，宋世恩不知要受多少苦，流多少汗，才能赢得社员们的信任，做到生产队长。提及往事，宋世恩总是说，乡亲们对他一直都很照顾。只有宽广的心胸、双向奔赴的淳朴，才有这份感恩的心！

宋世恩自小心灵手巧，犁耧耘耙是一把好手，写算账目不在话下。关键是，他会盖房儿，怎么铺线，怎么上梁，一瞅就会。闲暇时候，他就干起了给社员打墙盖屋的事儿。那时，为了给房主省工省料省麻烦，他拖着在生产队劳作一天的疲惫身躯，利用早晚和午休时间，带着乡亲们为房主出工出力出主意。宋世恩很乐意为老少爷们儿做这些苦差、难差、累差事儿，社员们也离不了宋世恩。从1978年开始，宋世恩还担任着西水村规划建设领导小组组长的职务，就是村里让他领头儿为村民们盖房子。

为壮大集体经济收入，他组织起10多人的建筑小队，走村串户做起了建筑工程，干了一年多，队里离不开他，就把他又抽回队里来了。

由于宋世恩常年在外帮人盖房，自己的工分却没时间挣，村里负责人心中也不忍，后来队里建氨水池，便让他到青州推石灰，挣工分，晚上推着豆子去交易，然后再买下石灰，一宿儿便要跑个来回，连跑了三趟。

冬天农闲时节，队上便开始搞蒲包副业。当时，西水磨村有5个生产队，每生产队出一个人，由见多识广、头脑灵活的宋世恩负责带队，外出到潍坊北部侯镇等沿海地区采购蒲草。

宋世恩为人厚道，讲义气，重承诺，在采购过程中，他结交了许多外地朋友。1981 年春，听说帮助村里采购蒲草的一位潍坊朋友要盖房，需要到昌乐山上拉石头，队上有辆“二五车”，宋世恩便向队上说明情况，经队里同意后，宋世恩为朋友拉石头，又用五六天的工夫帮朋友盖起了房子。

朋友多了，路更宽了，带领队上采购的活儿，宋世恩办得很顺利，别人采购往往到近处采购，宋世恩却独辟蹊径，要到潍北的北部沿海地区去采购，虽然地荒路远，但是蒲草多，再加上朋友帮忙联络，价格很公道便宜。由于宋世恩采购的蒲草质优、量大、价格低，西水磨村蒲包经营得很有竞争力。

百姓心中有杆秤。宋世恩用行动诠释了自己的善良和仁义。村里人都说，宋世恩是个好小伙，人厚道，让他在队里负责，我们踏实。

最早的联合体

宋世恩说自己是个闲不住的人，年轻时就喜欢四处闯荡，经常利用农闲时候，到外面偷偷跑个小买卖。后来，给集体搞副业，跑市场做销售，宋世恩养成了捕捉经济信息、关心市场动向的快速反应能力。善于对信息进行判断，找准市场定位，是改革开放后第一代创业家们的共同素质。

西水磨村办集体橡胶厂解体后，村民们家家户户做橡胶呈星火燎原之势时，西水磨村委认识到：单打独斗做不大橡胶业，独木小船随时会有大海翻船的风险。

1986 年，村“两委”通过深入分析形势和外出考察学习，大胆提出了“发展经济，共同富裕”的思路，确立了支部成员带头、组织 22 户村民入股、创办橡胶加工联合体，“一起生产、一起销售、一起分红”的思路，这就是后来闻名全市的“西水模式”的雏形。

用最浅显的话讲，就是权利、风险捆绑在一起的合伙经营，员工们既是工人又是股东。这是属于那个时期最原始、最有活力又最有效率的经营模式。

西水磨村委和村民们都知道，属于宋世恩的时代来到了！宋世恩，商品经营意识强，对市场信息敏感，又爱琢磨研究经济，是个搞企业的好材料。

最早的这三个联合体中的其中之一，就是由创立西水磨村第一家橡胶企业、为西水村橡胶产业立下卓越功勋的老书记张虎臣挂帅任厂长，宋世恩任副厂长兼销售员，7位村民股东组成的防水材料厂。

这7位股东是：张虎臣、宋世恩、张寅龙、庆学敏、宋祖华、张金成、张相伦。

1987年10月，是一个值得纪念的日子。7位股东每人投资7000元，贷款2.5万元，办起西水磨村最早联合体企业之一的防水材料厂。工厂建在村西口向东50米路南处，占地2.5亩，2间办公室、8间简陋的草房车间。当时主要生产油毡纸，用一口大锅将沥青熬到二三百度，然后浸透到毡上，再洒到洒布料上。

1988年春节后投产运营，经过半年便已赚回投资，并有盈利。

作为副厂长兼销售员的宋世恩，小试牛刀，便已露锋芒。当时工厂总共生产了10000卷油毡纸，宋世恩一个人就销售了9000卷，另外两个销售员销售了1000卷。宋世恩对市场的分析、对销售的把握，赢得了其他股东的一致认同，成了防水材料厂的主心骨。

由于是高温作业，油毡生产容易有失火的风险。盛夏的一天，生产中油毡突然起火了，好在宋世恩对此早有准备，让技术员将提前备好的滑石粉赶快撒在起火位置上，隔断火势，避免了火苗蔓延。尽管没有造成人员伤亡，但工人们心有余悸，油气味不说，还有火灾风险，不愿再做油毡了，大家又不想解散，还想一起办企业。

可是转产什么，大家又没有头绪。看着股东们信任的目光、迷茫的神情，宋世恩知道，大家要他来做这个决定！

有很多天，宋世恩独自一人，在草房车间里转来转去，没人知道他在琢磨什么。

后来,又很多天,他不见了踪影,厂里村里都找不到他。

路在何方? 这个联合体要驶往哪里?

机器连轴转了六年

消失两个月后,宋世恩突然出现了。1988 年 8 月 18 日,阳光明媚的上午,他把 6 位股东们召集到车间内,庄重地向大家宣布,他决定要上帘布加工厂。

为什么要做帘布加工?

为什么不和其他厂家一样做胶管?

大家充满疑惑,有的沉不住气了,不安地问,我们周边都还没上这样的项目?

上什么项目,宋世恩也焦虑过,彷徨过。多年的跑市场搞销售,使他知晓凡事要放开眼光,向远处看。这段时间,他周边工厂四处转悠,南下临沂、东到胶东多次考察,宋世恩下定决心上帘布加工。

他发现,当时大王、稻庄还有寿光的台头等地,不仅许多大厂还在扩大橡胶管规模,很多个体户也在争相加入生产橡胶管的队伍。大家都挤在一条道上生产橡胶管,长此以往,必然会导致生产过热,竞争过度。

面对大家的不解,宋世恩胸有成竹,继续向大家解释道:

“老话说,人多的地方不能去。可是周围这上百家的橡胶厂的胶管要做帘布压延,却要到三四百里远的平度县带料加工。不但路途远,费用高,关键还耽误时间。周边有这么多的胶管厂,这都是我们的客户啊。邻近又没有帘布加工厂,这就是没有厂家和我们竞争。附近,还有博兴织布厂,为我们提供原材料。只要我们上的项目周边没有,我们就没有对手,产品就不愁卖,没人竞争的帘布生意,一定是个好生意。”

时间就是金钱。项目一旦定了,就抓紧上马。

资金不够怎么办，筹资贷款。再扩大股份，从 7 人再加 6 人，成为 13 个股份。每人融资 1.7 万元。资金还不够，怎么办，贷款。他跑到淄博托他的叔叔担保，贷了 4 万元，一共筹集了 24 万元。为节省资金，宋世恩跑到河南、湖南、江苏等地考察设备，最后买了四辊压延机、整流子电机等旧设备。

没有技术专家，外出请来“诸葛亮”。宋世恩聘请了寒亭橡胶厂的冯济川来厂指导生产。经过一个冬天，昼夜不停地进行安装调试，终于在 1989 年元旦一次性试车成功，投入了运营。帘布加工很快步入大量生产的快车道。

喜讯传开后，不仅稻庄、大王、寿光台头附近的各橡胶管厂家纷纷带料来加工，就连潍坊红旗橡胶厂、寿光橡胶厂、寒亭橡胶厂、安丘的贾戈福利橡胶厂、曲阜橡胶厂、济宁橡胶厂、河南商丘橡胶厂、河北省庆云橡胶厂都带来原料进行加工，产品出现了供不应求的沸腾场面。

那时，厂里的机器设备 24 小时不停。

张金祥说：“那几年是真累，也是真赚钱，大家都是连轴转，有几次晚上干着干着，我累得就差点站着睡了。那时，大王镇有个老板经常来厂里转转，还说，都说这里有个印钞机，我就是来这里看看印钞机怎么转。还有一家大王企业派来了六七个大姑娘来讨教帘布加工，宋总还让我把工艺演示给她们看。”

帘布加工工艺流程并不复杂，大体需要联布、续布、炼胶、卷取四个工序。各工序负责人既是工人又是股东，当时岗位分工如下：宋文新负责联布、接头；张国良、宋文远负责续布；张金祥、宋学刚负责炼胶；张相伦负责卷取；张速负责看锅炉。

宋世恩身兼数职，既是厂长，又是业务员，还是装卸工，有时候还亲自上阵给外地来的客户当厨师、做服务员。

大家每天工作 18 个小时，这样连轴干了 6 年。股东当年就收回了成本，固定资产达到400万元。那时，许多人都想到帘布加工厂打工，工厂远近闻名。

帘布加工厂充分展现了宋世恩不凡的经营思路！

这6年，既是积累资产的6年，又是积累管理经验的6年；这6年，既是积累市场感觉的6年，又是洞察轮胎上下游产业链的6年。

正如宋世恩所言，没有帘布加工厂，就没有后来的轮胎厂。

敢问路在何方

真正的企业家，都是屹立于时代潮头，毫不畏惧，永不停息，奋勇向前的弄潮儿！

1992年邓小平同志南方谈话，在中国大地上又一次掀起了思想震动。平时就很注重研究时势政策的宋世恩敏锐地意识到，中国将迎来一场更大范围更高层次上的经济大潮。

广饶稻庄、大王和寿光台头等地，橡胶加工业经过前期迅猛发展，搭着胜利油田发展快车，在区域内形成了具有较强竞争力的产业。但是，许多工厂还是一哄而起，争先上马橡胶初级加工项目，千军万马挤上独木桥。宋世恩这时已清醒地意识到，橡胶行业表面上看起来红红火火，但在同质化生产、低价格过度竞争下，已经开始走下坡路了。这种一窝蜂上项目的野蛮生长，很难持续。自己的企业要想进一步发展壮大，必须走一条可持续性发展新路。

此时的宋世恩，经过多年的经营，已经羽翼丰满，渴望着迎风飞扬，鹰击长空。

真正的企业家，都有在企业关键发展阶段把握企业方向、找准企业目标的敏锐性！

但他的未来之路在哪里？

其实，在帘布加工的后面几年，宋世恩就一直在琢磨工厂未来的发展方向……

那时，帘布加工厂有几个大客户是轮胎厂，如有名的高唐时风三轮厂、潍坊轮胎厂、安丘轮胎厂、五征三轮厂等。就是在那时，宋世恩与潍坊轮胎厂厂长褚安波、时风三轮厂厂长刘义发、安丘轮胎厂的老周既是合作伙伴，又成了好朋友。

那段时期，宋世恩与这几位日后成为农机界著名企业家朋友交流着，了解到农用车市场的巨大需求。他突然意识到，农业机械化即将成为未来农业的方向，农用车市场正处在大发展前期，相应的农用车配套市场需求也将会非常大，自己作为配套厂家，无论如何也要把握住这千载难逢的机会。

时在料峭寒冬，宋世恩在潍坊轮胎厂与厂长褚安波闲谈中，说起了最近想上新项目，但还没最后拿定主意时。褚安波的叔叔当时也在场，他应声对宋世恩说道："你可以做轮胎啊。"

正如三国煮酒论英雄，这句话实实地砸进了宋世恩心里，一句话点醒了宋世恩！

宋世恩回来后，兴奋地在车间轰鸣的机器声里，激动地向股东们大声宣布，他要转行做轮胎！

工友们好像受到了惊吓，在北风的呼啸中，没有人欢呼，有的在沉默，有的在发呆，有的忐忑不安着。

这时，张金祥想到几年前一件事儿。那时，寒亭橡胶厂司机兼业务员赵清华来到厂里考察帘布加工，商量做配套的业务。当赵清华看完车间的帘布加工生产后，对这里的技术质量很是满意，他从车上拿下一条轮胎，说："这是我顺路给客户要送的轮胎，你们帘布加工后就是给这样的轮胎做配套的，你们看。"赵清华让厂里的张金祥他们围过来一一细说，帘布加工后，要放到轮胎的什么地方，这个轮胎有什么构造。不知什么时候，宋世恩站在赵清华身后，饥渴地倾听着，听着听着，还若有所思地频频点头。

泥腿子也能生产轮胎?

宋世恩,想要投产上轮胎,做轮胎?

泥腿子也能生产轮胎?

尽管西水磨村有了很多橡胶厂,村民们也多数经商办厂,不是股东就是工人,但都是围绕着传统的橡胶管线在做,对于做轮胎,大家想都没有想过。对于广饶县,乃至东营市来讲,当时还没有一家工厂想过要做轮胎,涉足一个从来没做过的陌生领域,前途未卜啊,谁都不敢做第一个吃螃蟹的人!

许多朋友也纷纷规劝宋世恩,要好好想想,风险太大。

在淄博电机厂工作的叔叔,闻讯赶过来劝阻:“我们张店做轮胎的集体厂子很多倒闭了,你胆子太大了,还想做轮胎?”

宋世恩后来说:“那时人们都认为我上轮胎项目风险很高,会倒闭。我却认为很正常。做企业,哪有百分百的把握,我想只要项目成功的概率是 70%,风险是 30%,就可以上!”

1994 年 3 月,宋世恩毅然决定,上轮胎项目。

宋世恩深知,上项目,前期必须先考察好市场。在外考察了两个多月后,夏日炎炎的一早,风尘仆仆的宋世恩出现在车间里,他把股东们召集在一起,拿起一个蒲包,以编蒲包为例,一条一条地梳理着,为什么要转型做农用轮胎,前景怎么样,怎么做斜交胎。大家虽然还有点似懂非懂,但他们看到宋世恩这次铁定了心,跟着干准没错。

8 月,全体股东一致同意后,宋世恩立刻拍板上马农用轮胎项目。

第一条轮胎诞生了

1994 年,宋世恩的父亲从台湾高雄第二次回到广饶。看着年迈病重的父亲,想着父亲坎坷的一生,宋世恩唏嘘不已,因时代的悲剧,父亲的工厂没有办下去,自己却恰逢好时代,要完成父亲的宿愿,自己也要办公司。

1994 年 7 月 1 日,《公司法》正式颁布,一些远见卓识的企业家开始向规范管理进军,纷纷成立公司。上马轮胎项目已定下后,宋世恩决心告别粗放的经营方式,成立一家有现代企业制度的公司。公司起名让他着实又费起脑筋。由于父亲的身份,宋世恩成了台属,在县委统战部的关心下,最后决定将公司起名为台联橡胶公司。1995 年 2 月,广饶县台联橡胶有限公司正式成立了。

宋世恩在原来工厂基础上又扩建了 20 亩地,总共配套了 60 间厂房进行轮胎生产。

项目定下,公司命名,基建完成。

紧跟而来的便是筹措资金和技术准备。

兵马未动,粮草先行。钱不够,怎么办?宋世恩又一次运用娴熟的"西水模式"(群众集资,能人办厂,风险共担,利益共享)进行集资。通过增发股份进行融资,将原有的 13 个股份扩大到 60 个股份,其中工人占了 25 个股份,共融资 186 万元。通过股份,将企业和员工绑在同一辆战车上,他们将一起冲锋陷阵,攻城略地。

在对临沂、聊城等地轮胎市场调研时,宋世恩便对设备同时进行考察。另外,他托在淄博橡胶厂工作的朋友帮忙咨询,最后买到了一整套的硫化机、炼胶机、成型机、变压器。

1995 年春,设备安装后,掌握技术便成了另一个拦路虎。

好在得道多助,有贵人帮忙。上年冬天,一位客户来工厂订货。宋世恩和客户说话间,从车上下来一个约 1.68 米高、胖乎乎、方脸模样的人,年龄 50 多岁,在车间东瞧西看。宋世恩见状迎上去闲聊起来,当宋世恩说起以后有意做轮胎时,那人豪爽地说道,到时候若有技术培训问题需要帮助,可以找他。原来,他就是潍坊轮胎厂的技术员陈德润。宋世恩便请陈德润兼职担任工厂工程师。从试运行到投产成功,陈德润一直负责轮胎项目的指导与培训。后来,还做了好长时间台联公司的工程师。

褚安波厂长和潍坊轮胎厂更是对台联公司新上马的轮胎项目给予了全方位的技术保障。他们对广饶诞生首条轮胎的扶持和帮助,宋世恩不会忘记,广饶轮胎产业也不会忘记。

7 月初期,宋世恩先是把工厂的能工巧匠张金昌,送到潍坊轮胎厂去培训了一周。张金昌回来后,宋世恩又派 4 个人过去学硫化工艺。

7 月中旬,宋世恩把厂里的 40 多名工人全部送到潍坊轮胎厂,对着工序,照着流程,全员培训了整整一天。

经过这段时期的集中培训,工人们对轮胎生产流程基本熟悉了。当时要上的斜胶胎项目,主要有炼胶、压延、成型、钢圈缠绕、胎面挤压五大工序。

宋世恩宣布,斜胶胎项目人员分工如下:张金城任生产经理,张相伦任生产副经理,张学勇、宋文远任业务经理。宋文新、宋玉光负责财务。各工序负责人如下:张金昌负责成型、硫化;王明清负责压胶;张金祥负责压延;张速负责硫化,张广华协助;宋世祥负责挤出;张桂良负责炼胶,张金堂管理设备;张广志负责仓库后勤;张炳增负责维修;张冠成任司机。

这就是制造广饶第一条轮胎的创业元老,他们的名字应当被记录进广饶轮胎史册!

1995 年 7 月 19 日,广饶第一条斜胶胎试产开始。

经过前期准备,前面工序都已完成,下午进行成型、烘干等流程。

就像母亲腹中的胎儿,经历艰辛孕育,一个黑色的婴儿,终于在晚上诞生了。

宋世恩看了看墙上挂表,1995 年 7 月 19 日 21 点 50 分,450-14 型号斜胶胎在台联公司试产成功!

广饶历史上第一条轮胎下线了。

台联公司沸腾了，西水磨村沸腾了，广饶县橡胶界沸腾了！

这是广饶县，也是黄河三角洲上生产的第一条轮胎，开创了东营市轮胎产业发展的新纪元！

这一刻，将永远镌刻在宏宇公司发展史上，也将永远镌刻在广饶轮胎发展史上。

7 月 20 日正式投产运营，宋世恩将轮胎命名为“时风”牌。因多年的业务往来，宋世恩与时风集团总经理刘义发早就成为了好朋友。两人年龄相当，脾气相投，对农用车市场大发展判断一致。早在市场调研时，宋世恩就与刘义发讲好了，以后就给时风集团做配套轮胎。宋世恩将自己生产的轮胎命名为“时风”，成为轮胎厂与整机厂相互成就的一段姻缘。

“时风”轮胎，也成为广饶轮胎史上的第一个品牌。

宋文新拿出当时自己手写的公司销售轮胎的第一页营收票据：第一行，时间为 1995 年 7 月 31 日，销售轮胎 450-14 无内胎、数量 1 套、单价 100 元；第二行，8 月 2 日，销售轮胎 450-14、数量 4 套、单价 125 元；第三行，8 月 4 日，销售轮胎 600-16、数量 200 套、单价 247 元，销售轮胎 450-14、数量 100 套、单价 120 元……本月合计，营收 62.3653 万元。

投产后，“时风”轮胎经质检部门鉴定通过，立即批量生产，成为时风集团农用车定点配套产品，同时还给潍坊的“巨力”、五莲的“五征”配套，销量特别好，利润特别高，不到半年时间，到年底营收就达 700 多万，股东全部收回投资，股东当年分红 30%。

黄河三角洲橡胶化工基地上，诞生了第一家轮胎生产企业台联橡胶有限公司。

宋世恩，也当之无愧成为广饶橡胶轮胎史上生产轮胎的第一人。

1949 年春，从青岛走了五天三夜，累了就由祖父的小推车推着，走回到西水磨村的 9 岁宋世恩，不知在那跋涉困顿之余，是否在心里闪过要造出飞速奔跑的轮胎，让自己快点回家呢？

但46年后的宋世恩做到了，让广大农用车装上了他生产的“时风”轮胎，快速飞驰在全国的乡村大道上。

引领轮胎行业大发展

所谓鲲鹏展翅，正当其时。宋世恩在东营第一个进军轮胎市场，适逢全国农用三轮车急剧扩张，带动农用轮胎配套市场需求巨大，台联公司轮胎销售火爆，一路高歌猛进。

车轮滚滚，创业不息。从台联公司到宏宇集团，宋世恩打造的轮胎产业，不断跨越前行。目前，集团已经成为一家以全钢载重子午胎为主，轮胎模具、轮胎胶囊等轮胎上下游产业链条共同发展的综合性集团公司，成为东营市建厂最早、规模最大、技术力量最雄厚的轮胎生产企业之一。

反观20世纪90年代初那几年纷纷上马的橡胶管厂家，却因产品过剩走进低谷，不少企业处于濒临倒闭的边缘。许多企业找上门来，寻求帮助，宋世恩为本村三家企业协调资金，提供贷款担保，提供市场信息，三家企业当年就取得了良好效益。同时，在某橡胶厂出现滑坡时，宋世恩亲自带领技术人员到外地考察项目，帮助企业走出困境。还有大王镇几家企业想上轮胎，来台联取经，宋世恩都毫无保留地传授着经验。宋世恩说：“轮胎行业足够大，市场也足够广，我愿意看到轮胎在我们这里形成一个产业。我只是个带路人，只要有企业找到我帮忙，我便会竭尽所能。”

在宋世恩的示范带动下，广饶各大橡胶厂纷纷转型做轮胎，广饶的轮胎产业迅猛成长起来。

一花独放不是春，百花盛开春满园。

这就是宋世恩的胸怀，这就是引领者的格局。

宋世恩，这位生于草莽、衔枚疾进的企业家，因时代风云际会，乘改革春风，弄潮于黄河三角洲这片富饶的大地上，在轮胎行业播下了第一粒种子,引领了一个产业。

如今,轮胎产业已成为广饶县、东营市的支柱产业,成为区域民营经济的主力军。

现在的中国轮胎制造,四分天下,广饶居其一。

中国轮胎第一村,中国轮胎之都,属于西水磨村,属于广饶,更属于这些对黄河三角洲轮胎产业做出贡献的企业家。

小清河商号及能人巧匠闯济南

张金科

1904年5月19日，清政府外务部批准济南正式开埠。中国近代开埠史上，由地方巡抚奏请开商埠的城市，济南算是开了先河，也是第一个。开埠商区的设立，不仅加快了济南城市化进程和发展空间，还奠定了济南乃至整个山东经济社会近代化的基础。

当时，航运繁忙的小清河为济南开埠发挥了重要作用，济南也很快成为各种农副产品、煤炭、木材、洋货和食盐集散地，泰安、东昌、兖州、曹州诸府所用食盐都由济南转运，而沿河出产的农副产品高粱、小麦、棉花、大豆、芝麻、小米、瓜果都通过小清河运来济南，再经济南向全国各地集散。

在近代众多内陆城市中，比济南更具开埠条件的也有很多，然而济南却领内陆城市开埠之先，主要原因与山东地方官员的施政方向和积极倡导办理此事有密切的关系，开埠属官府行为，没有山东地方官员的积极推动和全力筹划，济南开埠是不可能这么顺利的。

济南的开埠不但促进了沿小清河畔经济的发展，而且还带动了众多商户、能人前去济南创业，他们沿小清河水路，乘船来到寻找自己梦想和希望的城市济南打拼，谱写了一部五光十色的商道生活变迁史。其成功的魅力在各自事业中迸发出耀眼的火花，谱写着勤奋创业的佳绩，凭着自身的力量，靠自我奋斗，发展壮大成为当时济南城区有名望、深受客户喜欢、口碑极佳的商号。今天就说一说在济南创业的小清河畔人，把他们的创业史呈现在众人面前,以免被渐行渐远的岁月遗忘。

永盛碱庄

在小清河下游有一个傍河而居的村庄叫石辛镇(现石村),济南开埠时期,本镇有很多的商户及能人,从村边的码头登船沿小清河而上到济南创业,本村王学孟家族在济南开设的“永盛碱庄”就是其中的老字号之一。

王学孟 8 岁那年,从镇北的小清河码头,顺便打坐本镇去济南的货船,找在永盛碱庄任经理的父亲,开启自己的求学之路,货船在小清河上逆行 6 天后达到济南的黄台码头。在济南上学的日子里,王学孟老人亲眼目睹了永盛碱庄的发展和经营。

“永盛碱庄”开设在济南馆驿街,是一家以生产销售为一体的制碱、香油、酱菜综合加工厂,取“永盛”为字号,意带财源茂盛之意。这家临街商铺加后院,有 60 多间房子,外面二层楼房上下 10 间门面,里面的房子是加工产品车间,车间基本上都是只有柱子没有墙的开放式建筑,这种房子有利于通风,方便进料生产。当时厂内腌制酱菜的大缸有 500 个之多。在这种结构的房子中能很大地提高工作效率。

馆驿街是当年济南最为繁华的商业街之一,20 世纪初,这条街道有“三多”,即人多、庙多、会馆多。馆驿街北走燕冀,东通齐鲁,为济南咽喉重地。这条街道除了是济南最大的驿站外,客栈、旅馆也在此云集,日趋繁华,每日车水马龙,人来人往。馆驿街在当时不仅仅是济南最早的驿站所在的南北通衢,更是当时济南一条重要的交通要道,永盛碱庄能在这里立住脚,代表着王洪臣老掌柜的“永盛”有着很强大的经济实力。

走南闯北的王洪臣是个有心人,在济南这样的大城市,面对多家同行的竞争,王掌柜讲究信誉,使自己立于不败之地,他坚定商业信念,货真价实,童叟无欺,制定了严格的行业标准和市场准入标准,从原料的进货、过筛、烘炒、榨油、过滤、包装等，直到餐桌，每一步都严格考究。

永盛的油和碱一律不掺假，生产纯正的产品，销售足斤足两，好货好油好产品，加上热情周到的服务和口碑相传，不到两年时间，永盛碱庄在济南成了名副其实的金字招牌，济南泺口、黄台、市区周边的居民，不惜跑上八九里地前来"永盛碱庄"打油购物。

河南、安徽、山西和河北做油、碱生意的客户和商人，都登门订货，特别是从山西来的客户，生怕订不到货，都是先付款、后发货。永盛碱庄年年盈余，后又扩大经营业务，在济南开设了永盛米坊，经营五谷杂粮、地方特产。

发展了，壮大了，王洪臣想到的就是人才，他挑选自己的弟弟王洪猷（王学孟的父亲）担任经理，负责公司全面的生产销售业务。厂内用人都是从本地本村聘用，一开始学徒时，也照发工资待遇，人性化的管理制度，使永盛碱庄十几名技术人员，如王其瑞、陈永兴等人，在永盛碱庄一干就是几十年，他们为永盛碱庄业绩的发展做出了很大的贡献。

发展壮大、腰缠万贯之后，王洪臣掌柜指示二弟王洪猷回家乡石村附近购置了土地 150 多亩，用于本厂原料生产，种植自己厂里所需要农作物，以扩大业务所需。随着永盛碱庄农场的发展，带动了很多本村及邻村农户的种植。种植产业的调整，为当地经济的增产增收和农民生活的提高起到了积极的推动作用。

当年石村创办石村学堂、修桥铺路，王洪臣掌柜都是指派二弟王洪猷带上大洋回村捐款。王洪臣乐善好施，带头捐资修建石村石桥。20 世纪 50 年代前在石村石桥桥头立着的功德碑上，刻着他的名字。他的善举，受到村民的尊崇，成为四里八乡人的典范。

"永盛碱庄"当年在济南这条繁华的街道上，像一盏明亮的灯，侍奉着岁月，滋养着时光。他的商业能量，可照亮一座百万人口的城市，光耀一部小清河畔人在济南奋斗的辉煌历史。

济盛福

当年石村的王氏家族在济南十二马路上，坐南朝北有一家经营食品的大型商铺，店门上面醒目的字号“济盛福”三个大字，做工匠心独特，形神兼备，生意做得风生水起，这家商铺以经营食品、酱菜、调料为主。

当客人进入店铺，环境与商品的陈列给人一种自然朴素的气氛，购物环境很好，让人感觉很舒服，各种食品、酱菜都非常新鲜，服务更是热情周到，加上产品质量所倡导的自然传统理念，所以每天吸引众多客户光顾，给“济盛福”带来了无限发展的生机，生意兴隆，盈利丰厚。

“济盛福”是当年石村人闯济南的老字号之一。

洪刚柳编厂

天桥大槐树东街当年有牟洪刚经营的柳编制品厂，是济南掌柜，发展到拥有资产雄厚的制品厂主。

当年东关村的刘好刚和石村的牟锡福、徐少周等都是柳编厂的小伙计，他们心灵手巧，精工编制，一件件形态不同的器具、篮子、簸箕、柳箱、柳筐等产品结实耐用，美观精巧，早年的柳编制品是盛器的一种必需品，可盛酒、盛油、盛酱菜。

洪刚柳编的那件件实用而精美的制品花样各异，应有尽有，包含了柳编工艺独特精湛的技术，件件美轮美奂的产品，折服了无数客商，其产品远销上海、北京等地。牟洪刚也被众人赞誉为慧眼独具的石村淘金人。

洪刚柳编厂从厂主到员工，对待工作有饱满的热情和责任感，勤劳创新，寄托了对生活美好的希望，展现出强劲的生命力，春夏秋冬，年年岁岁，诉说着老一辈石村人生命不息、发展不止的工匠精神。

西义和庄

济南西义和庄是石村人闯济南居住人员最多的地方。西义和庄旧址位于现在济南天桥区成丰桥附近，向南不远就是在20世纪40年代俗称的四大马路，这里是济南人流密集的地方，也是市民们常常光顾的繁华街道，更是一条散发着浓浓老济南味的重要商业街区。

西义和庄一个四合大院里，是石村人闯济南居住人员最多的地方，牟久生老师小时候就随父亲牟锡祜居住在此。经他的指点，我拜访了当年在济南打拼过的牟锡增老人，见到这位80多岁的街坊长者。老人身体和精神非常地好，思路非常清晰，虽然耳力略有不足，但不影响我们的沟通。他的老伴、女儿和儿子都在家，一家人其乐融融，见到我的到来，老人很开心，当我们聊起以前石村人闯济南的往事，老人十分快乐地回忆着，灿烂的微笑荡漾在老人的脸上，也映入了我的内心深处。

牟锡增老人怀着乐观的态度，慢慢地讲起了承载着历史岁月和他在济南那段难忘的记忆。听着老人的讲述，一幅市井生活画卷同时展开，把我的思绪带入了那历史尘封的一页。

老济南西义和庄，一个四合大院中，住着多家石村人，听牟锡增老人讲述，当年有牟锡祜、牟锡禄、牟锡全、牟锡拥、牟锡康、牟锡银、王顺胜、王宝林、王宝成、吴思义等人在外打拼，众人同住一个院，团结友爱、相互信任、相互尊重、相互鼓励、相互帮助的美德从未消失，所体现的传统道德观念、传统社会伦理意识，以及乡里乡亲远离故乡时情感的升华，形成了一种自豪的大家庭情缘。老乡之间如此深情，无论走到哪里，街坊间都有割不断的乡情，唇齿相依、互为涌泉，善意已成习惯，厚道成为必然。

石村油扁担

初到济南创业，他们大都从事着同一个行业，卖油为生（香油、酱油、醋、食用油)。油扁担是石村人刚起步谋生的重要送货工具,每天早起,靠双肩挑担送货,每到一处,那清脆响亮的拨浪鼓声、吆喝声,“石村香油来啦”,代表着石村油郎的到来。此时打油的人围过来,将当年英俊、潇洒、年轻的石村卖油人围在中间,一边打油说笑,一边谈论质量。石村卖油人要价并不离谱,大家都心知肚明,会做生意的石村人,此时并不着急卖货,而是给围观的打油人讲上一段“玉食村”小磨香油的传承发展历史和邱二斋故事的奇闻趣事,听后大家笑声一片,买卖在欢乐中自然而成。小时候常听奶奶讲一句话叫“和气生财”,这句话在当年闯济南的石村人身上,表现得是淋漓尽致。

石村人在济南艰苦创业的路上,肩膀上总是担负着盛满油的担子,结实稳当地扎在肩上,每天从不轻易地卸下,以此为生。他们向沿途的酒店、村庄、工厂、商铺、行人推销,他们每个人都有自己固定的行走叫卖路线,沿途倒是轻车熟路,见的都是老朋友、老顾客,对于客人的要求,尽最大努力满足。对于刚到济南发展的石村人来说,无疑是一种艰辛,他们踏着崎岖不平的胡同巷子,风里来雨里去,跋涉于磕磕绊绊的路面之间,去收获一年四季春夏秋冬的那份希望,那是一份志向在济南发展壮大的希望,那是一份能为全家带来美好生活、带来生机的希望。刚刚起步时创业不容易,石村人的油扁担,曾经挑起过多少生活的艰辛和无奈,这是他们闯济南起步的生活写照。发展壮大后,他们用积蓄的钱买了独轮车等运输工具,有的开设自己的店铺和批发业务,直到公私合营。

以后牟锡祜、牟锡拥、牟锡全、牟锡禄、王顺圣、王宝林、王宝成、吴思义等人返乡务农。听同学王建祥说过,在计划经济时代,父亲王宝成曾自己在家用小容器制作过酱油、米醋,味道鲜美,供家人食用。牟锡银进路丰纺纱厂工作。牟锡增因当时年轻,留济南学的开车,后在惠民地区汽车运输队二队工作,凭借出色的驾驶技能,荣获当时惠民地区“安全行车百万公里技术能手”金奖勋章等荣誉,直到退休。

石村的油担，见证了济南市发展的轨迹，他们进村区、商铺、酒店，促进了商品的流通，给市民带来了方便。而石村卖油人和老济南市民、商客之间深厚的情感，珍藏在牟锡增老人的脑海里，成为抹不去的乡愁。

志高酱菜店

老济南的北坛地，有家志高酱菜店，前店后厂，自产自销，酱制的、水腌的，品种齐全。大掌柜叫王志高，当初闯济南时以挑担贩卖酱菜为生，后自己开店经营，因理财有道、秉性诚实、待人热忱、货真价实、童叟无欺，用自己的辛勤努力，创建出了自己的品牌。

酱菜的制作遵循传统工艺加自己创新技术，从食材的选购到一道道腌制工序，都是精益求精，翻缸、倒缸、晒缸，经过严格的技术处理后才能对外销售。

王志高自己独创的芝麻辣椒酱，味道又甜、又辣、又香，当年老济南顾客常惦记着的酱制名吃，风味独特浓郁醇香的特产，为济南的老北坛人增添了舌尖上的美味。

优质的产品，离不开精致的包装。王志高在老乡牟洪刚柳编厂定做适合自己产品专用的柳篓子，成品销售时，把标签贴在篓子的中间，那红地黑字的标签实在是招人眼神，再用红线绳打个莲花扣绕篓子一拴，既精致又美观，货真价实的产品被客人购买后提篓走在街上，不但是做了广告，而且还提高了商铺的形象。

张家红炉

济南老城深处有一条局前街，每天的打铁声，从一个红炉门店不时地传出，店铺左上角迎风飘荡着一个字号“张家红炉”的幌旗，可能是年代已久，旗上的红字已经褪去了颜色。

这条街上的人都称呼叫张师傅，他的手工打铁技艺在局前街家喻户晓，手艺可谓是炉火纯青，他就是闯济南以打铁为生的张荣增。

走进张家红炉店铺，那被多年烟灰熏黑的墙壁上，挂满了整齐打造好的器具，一眼望去全是城市居民用的日用物件，铁铲、铁锹、菜刀、炉底、门栓等，挂贴在墙上沉甸甸地，默默无语，等待着为自己量身定做的主人。

当年张荣记就在这里当学徒，据他回忆，打铁时炉火烧旺，放上需要打的铁块，烧红后快速锤打，这就应了那一句老话叫“趁热打铁”。干活前腰间必须系上帆布围裙，以防火星烧坏衣服。那时师父掌小锤，自己抡大锤，当时自己心里明白，在这里学的是以后养家糊口的技术，所以师父的每一个动作，都会深记心中。师父的小锤指到哪，自己打到哪，大小锤交替之间，铁坯火星四溅，自己汗如雨下，锤点准确无误，师徒间的配合非常地默契。小锤是掌握方向和力度的指挥锤，自己从开始的不会干，到以后的动作纯熟，技术炉火纯青，游刃有余，深受师父的喜欢。

老张家人实在、诚恳、吃苦耐劳，把自己千锤百炼的人生及完美的形象留在了老济南人的心中。他们依靠一把锤头、一只铁炉、一个风箱，制作出形形色色令人称奇的用具，用一把铁锤在老济南的前街，锤炼出自己别样人生，那别具匠心的手艺和工匠精神，留在了前街人的心中，永远挥之不去，成为岁月里的独家记忆。新中国成立后，张家红炉合并为济南自行车厂，后更名为济南轻骑集团。

百货商店

在老济南仁丰前街，有一家百货商店，它是爱国商人田希增创办的实业。石村商人田希增怀着远大的志向，走出家乡奋斗，艰苦经营，最初的想法只是为了发家致富、光宗耀祖。在新中国成立后，田希增开始接受革命思想，在国家困难和社会转型的重要关头，他紧跟共和国的脚步，崇尚先进、追赶时代，先天的民族意识，促使他诚心诚意对待自己的国家，满腔热情地投入到拥军优抚和社会主义工商改造等运动中。他把自己多年的积蓄，主动拿出来支援国家建设、抗美援朝，他发动带领工商界人士，响应国家的号召捐献飞机大炮，为国出力，做出了许多感人至深的事迹，先后多次获得政府奖励，并推选为济南首届人大代表。省长谭启龙曾两次到家慰问，一张聘书、一面锦旗，这两样传家宝，代表了一个家庭对国家贡献的见证，这也是田希增留给儿女的唯一财产和纪念。

东元盛染厂

小清河畔桓台县有一个叫张启垣的人，在清光绪二十四年(1898)沿小清河到济南开设了东元盛染厂，该厂最初是一家漂染作坊，染坊的原材料是白布，解决原料白布的运输供应，东元盛就是利用了小清河这条黄金水道。这说起来，在张启垣的老家桓台县农村，农民大多都有家庭织布机，桓台境内的小清河段又有多处码头，这每逢沿河村庄的大集，东元盛就派人用棉纱在大集上换购农民的白布，然后再通过小清河运回济南进行漂染深加工。

后来东元盛逐渐发展成为山东省最大的机器染厂。1929 年，东元盛染厂开始引进机器进行漂染，到了 1933 年东元盛为了扩大生产规模，便在北园边家庄购地建造新厂，大规模购买新式染布机，形成月产千匹的大型机器染织商家。从 1939 年开始，东元盛染厂就拥有了自己的两个名牌产品——名驹青布和双鱼蓝布。

兴顺福

这说完桓台的东元盛，咱再说一下这小清河下游羊口的“兴顺福”。

“兴顺福”是济南开辟商埠后，由小清河逆流而上发展起来的老字号，老板是百年商埠事业有成的风云人物，20 世纪二三十年代做过商埠商会会长、济南商会会长，他就是小清河入海口羊角沟人张采丞。张采丞生于1868年,14岁便开始赶毛驴贩鱼虾、倒煤炭;16岁接手父亲兴顺盛粮栈;23岁在羊角沟镇创办兴顺福酱菜园,因经营有方,服务周到,生意十分火爆,一年后营业收入竟然超过主业粮栈,成为远近闻名的少掌柜。1900年春天,32岁的张采丞望着小清河内扬帆远航的商船,产生了“到济南府创大业”的想法。他把粮栈和酱菜园委托给亲戚打理,怀揣3000银圆来到济南创业。济南开埠初期,他租借商埠地区大片土地,相继建立兴顺福粮栈、兴顺福机器面粉厂、兴顺福机器榨油厂等,后又开办兴顺福机器铁工厂,1921年又创办华庆面粉厂,1926年张采丞开设的“兴顺福”酱园开业。张老板实属做生意的行家里手,店铺选址在此不但是独家经营,而且门面的招牌装饰更是耀眼、醒目。

张采丞一户兼营数业,并在泺口、羊角沟设立分号,专营粮业货栈。他善于经营,注重商号信誉,没过几年已成为济南工商界的富翁,1925年被推举为商埠商会会长,后任首届济南商业研究会会长兼红十字会会长。后来他看到搞工业有前途,便集中力量,向机械制造业发展,扩大了原有铁工厂的生产规模,雇用工人达400多人,除制造锅炉、水泵、吊车和矿山用的机件外,还曾研究试制小型轮船,在小清河试航;又仿制汽车,在市内试用;还制造过蒸汽引擎等。

济南开埠,使得这座古老的城市走上了近代化的大道,商埠很火,商贾云集,买卖兴隆,一大批民族企业应运而生,也成就了一大批沿小清河畔来济南创业的能工巧匠和民族企业家。

“老字号”焕发新活力

宋炳竺

半球面粉公司是一家有60多年历史的老企业，也是东营市获得山东省老字号荣誉的唯一企业。“合抱之木，生于毫末”。每一个老字号品牌的背后，都有一段不寻常的历史。半球面粉有限公司刚成立时也只是几家小作坊，如今已经发展到一年的生产能力至少能消耗完广饶县一年小麦的生产量。半球面粉发展到现在，做良心产品是一直坚守的信念，对产品品质的严格要求是企业长远发展的根本。凭着这份对品质的坚守，2011年“半球”面粉被山东省商务厅认定为“山东老字号”，这是对半球面粉公司追求品质最好的褒奖。

从小磨坊到“山东老字号”

半球面粉公司门口有两棵大杨树，直径近一米，粗壮的树干和繁茂的枝叶显示出勃勃生机。这两棵杨树是从老厂旧址移植而来，已经有60年的历史，它们见证了公司从小到大从弱到强的发展历程。每每有客人来了解半球面粉的故事，负责接待的公司领导总喜欢从门口的两棵大杨树讲起。“周虽旧邦，其命维新。如将不尽，与古为新。”用这句话可以形象地表达半球面粉公司的发展过程和半球人的思想境界和目标追求。

1947年，家住济南长清的焦绍斌、焦绍泉、焦绍梅三兄弟，因生活所迫，为谋生举家搬到济南后宰门进行创业。起初，三兄弟在济南后宰门小学旁，租赁门面房三间，搞小型印刷业务，主要印刷革命宣传资料。

1948 年 9 月，济南解放后，生活物资紧缺，为支持济南经济建设，经三兄弟商议，将印刷业务转为面粉加工。1949 年，利用三间门面房，三兄弟成立了“济南后宰门三星磨坊”，因此追溯为半球面粉有限公司的历史起源。

据三星磨坊创始人焦绍斌之妻和部分老同志后人口述回忆，并查阅《广饶县志》和《广饶县粮食志》史料记载：1956 年 3 月，为支持打渔张工程建设，根据山东省政府、山东省水利厅、山东省引黄灌溉指挥部统一部署安排，由济南后宰门三星磨坊焦绍斌带领济南当地的杜宗文、张志绪、纪军周 4 家磨坊整体搬迁：包括机械设备及伙计，以及蒋玉宏、丁子玉、周木匠、何金普、宋广英 5 家（提供设备或伙计），共 9 家股东，迁址于今广饶县石村镇小清河以北（原石村老粮所），成立了“公私合营广饶粮食联合加工厂”，以解决打渔张工程昌潍专区寿光和淄博专区博兴、广饶三县民工的吃饭问题。当时，公私合营广饶粮食联合加工厂成立后，公方委派代表为高登来，私方选举代表为焦绍斌、杜宗文。这些小面粉作坊合并成了半球面粉公司的前身。

广饶县粮食加工厂迁址南三里

1964 年，小清河决口，公私合营广饶县粮食加工厂遭受水淹，迁址到了广饶南三里新建，也就是现在半球面粉公司所在地。1966 年 5 月 1 日投产，是年更名为广饶县面粉厂。

1992 年 9 月，广饶县面粉厂改称为东营市广饶面粉厂。2000 年 11 月，国有粮食企业改制为有限责任公司，即现今山东半球面粉有限公司。国有资产全部撤出，原职工全员参股，共有股东 629 名，领导班子集体控股。

1956 年，公私合营广饶县联合粮食加工厂主要设备有中岛式小钢磨 9 部。1966 年更名为广饶县面粉厂后，淘汰原有的中岛式小钢磨，安装了 5 台辊式 125 型磨粉机，日加工量达到 10 吨。1974 年，广饶县面粉厂又进行设备更新，原有的 5 台 125 型磨粉机淘汰，更换为 6 台 350 型磨粉机，将小罗改为大罗，日产能力提高到 30 吨。1982 年，增设食品车间，主要设备有红外线烤箱 2 台，月产各种食品 13 吨。

1989 年，厂新建等级粉生产车间一处，主要生产设备为无锡布勒制粉设备，采用了机械化和半自动化的生产技术，利用 2 渣 2 心 2 尾的生产技艺，设备技术等级和工艺技术水平达到同期国内先进水平，实现了真正意义上的生产流水线。

1993 年，公司投资 1400 万元新建专用粉车间一处，建设深圳布勒生产线一条，职工 380 余人，固定资产 4600 万元，年加工面粉 80435 吨，产值 5518 万元，利润 368 万元。

2000 年，公司投资 4000 万元新建专用粉车间一处，主体设备从意大利引进，采用 PLC 电气化自动控制技术，利用德国中长路制粉工艺，并实现了配麦和配粉的生产技艺，设备技术等级及工艺技术水平达到国际先进水平，日新增产能 500 吨，日综合产能达到 950 吨。

2005 年 1 月，公司以 3350 万元收购东营市面粉厂，年新增生产能力 10 万吨，成功迈出了同业兼并扩张的步伐，公司年产能达到 40 万吨。

2006 年 9 月，公司筹资 1200 万元，收购了花园、大营、颜徐、丁庄四个规模最大的县级粮所，扩大了生产经营规模，培植了新的经济增长点，迈出了同业兼并、跨越式发展的新步伐。

2007 年后，公司紧盯面粉行业前沿技术，平均每年一小改，每三年一次大的技术改造，共投入技术改造资金 1.6 亿元，使公司设备技术等级及工艺技术水平保持国内面粉行业领先水平。2023 年底，公司拥有固定资产 3.05 亿元，占地面积 150 余亩，员工 343 人。公司生产的“半球”牌小麦粉发展到了高、中、低筋 20 多个品种，产品结构趋于优化。公司相继荣膺“全国文明经营先进单位称号”，2005 年跨入全国十大面粉企业行列。先后荣获省粮办工业先进企业，“全省优秀企业党组织”“富民兴鲁”劳动奖状、山东省企业文化建设优秀企业和市级双文明单位称号。“半球”牌面粉连续被评为山东名牌产品，连续多年保持了山东省著名商标荣誉，先后被评定为全国绿色食品、放心面、免检产品。2007 年“半球”牌小麦粉获得中国品牌最高荣誉——中国名牌，实现了广饶县中国名牌产品零的突破。2011 年“半球”商标被认定全国驰名商标；2016 年成功获得马德里商标国际注册，这是继通过“中国驰名商标”之后，公司在品牌建设上又一新的突破，实现了商标品牌发展的战略跨越。

创新市场营销永葆活力

走进厂区内，“诚信铸就品牌，创新赢得未来”几个大字首先映入眼帘，10 多个大型小麦储藏罐高高耸立，收购小麦的车辆进出不断，清洗、制粉、配粉设备马力十足地运行着，各式各样的面粉和挂面从生产线上下来，被冠以不同的包装。一圈走下来，你会发现车间里都是斥资上千万购买的新设备，研发部门想的都是新产品、新工艺，销售部门思考的都是新思路新办法。探究“半球”面粉的发展历史，就会看到“半球”面粉创新市场营销的朵朵亮丽花絮。

1998年6月8日，投资1250万元的等级粉车间技术改造项目竣工投产了。在简朴的剪彩仪式上，聚焦了这样一个镜头：走到主席台前剪彩的不是前来祝贺的上级领导，而是8名来自全国各地的经销商代表。剪刀嚓嚓，大红绸花落玉盘。这时台上台下领导群众纷纷起立，全场爆发出了长时间的热烈掌声。

长期以来，半球面粉公司坚持以市场为导向，以销售为龙头，走出了一条生产经营的新路子。一是转变观念。把生产经营模式由原来的产、供、销变为销、供、产，使广大干部职工牢固树立了"思想围着市场变，产品跟着市场转，工作绕着市场干"的意识。二是调整营销策略。在坚持"以城市市场和省外市场为主"的原则下，结合企业实际，制定了"高档面粉下江南，中档面粉闯关东，大众面粉上西北"的营销策略，在打破行业区域界线向省内周边地市扩散的同时，大力开辟省外市场，建立销售根据地。到目前已建立省外经销办事处30多个，厂内常驻省外营销人员30多个，使省外销售量占全厂总销量的80%以上。三是改善营销方式。公司在坚持"让利不让市场"的基础上，变以往的赊销为直销，常驻在外省的经销办事机构，租赁仓库搞大批发，现款现货，不仅避免了因赊销可能造成的损失，还解决了客商有钱无货和量少难进货的问题，培植了一批销售大户。四是建立新型工商关系。按照"用户利益至上，让利不让市场"的原则，采取帮助客户开辟市场，扩大宣传，互惠互利，风险共担等措施，在长期业务交往中，厂商互相信任理解，精诚合作，在市场价格发生变化时，互通情况，采取切实有效措施，共同面向市场，从而建立了长期稳定的新型工商关系。

厂家搭台，客商唱戏。这次剪彩仪式共邀请了50多名省内外客商，全部安排在前排就座，仪式结束后，广大客商畅所欲言，对产品质量、新产品技术开发、市场营销、改善服务等提出了一些好建议、好意见，公司领导当场向销售大户授了锦旗。剪彩，不请领导请客商，创建了市场经济一道新的风景线。

1999年3月16日上午，由广饶县人大常委会、县粮食局、县面粉厂领导组成的拜访省外客户、调研市场行情工作小组，分乘两辆小汽车，又踏上了千里迢迢的东北之行。几年来，春节后请贤出征开拓市场，在半球面粉公司已成为惯例。

长期以来，公司立足企业实际，遵循市场规律，采取三条措施，加强与销售客户的沟通联系，与之建立了长期稳固密切的新型工商关系。一是经济利益上互惠互利。长期以来，公司对客户推行了稳定毛利的政策，因市场价格波动造成的经济损失由厂方负担；年销量大的老客户，在价格上实行优惠政策；对新客户采取灵活有效的结算方式，从而夯实了市场根基。二是工作中互相支持。公司挑选精兵强将，常年驻守在省外销售办事处。厂内营销人员积极协助经销商了解分析行情信息，联系代销户，帮助建立销售点，巩固扩大市场。当市场行情发生变化时，双方及时通报。在销售价格调整时提前通知联系，风险共担，利益共享。三是感情上经常联络。在经销商生日和家中发生重大事情时，及时发出贺电、生日卡和慰问信。春节刚过，又邀请县领导和粮食局主要负责人亲临东北到重点销售客户家中登门拜访，给他们授锦旗，并对年销量在6000吨以上的销售大户每人发放5000元奖金。

1999年腊月二十三，过小年的爆竹已经稀稀疏疏地响起，人们正携带着大包小裹的节日用品，挤车搭船，急匆匆地赶着回家过春节。但是，在半球面粉公司的办公楼前，党总支书记许钦光带领一行人员，登上了一辆面包车，踏上了千里征程。他们是去东北接回常年驻在省外的营销人员，陪着仍坚守工作岗位的营销员过春节的。

企业发展关键在于有一支甘愿吃苦耐劳、勇于创业奉献的营销队伍。工作中，把营销工作推崇为企业最崇尚的职业，使营销员成为全厂备受敬慕的人，并制定落实了一系列优惠政策。每逢重大节日，厂领导亲自携带节日用品，到在省外搞营销者家中逐户走访慰问。年初出征时送行，年底归来时隆重迎接，并邀请其妻子、孩子参加。对春节期间仍驻扎省外、坚守工作岗位的销售人员，派专车将其家属和孩子送到千里之外的办事处，让其亲人团聚，共度新春佳节。长期以来，公司积极巩固扩展省内市场，奋力开拓省外市场，挑选精兵强将，在东北三省建立了销售点 42 个，使驻省外销售人员扩大到 60 多人，年销售量 5 万余吨，产销量和货款回笼率均达到 100%。

先进企业文化助推永续发展

半球面粉公司始终遵循“为耕者谋利，为食者造福”的宗旨，不断加强企业文化建设，坚持用企业文化发展传统产业，用企业文化凝聚员工，用企业文化提升企业生产、经营、管理的能力，逐步形成了具有自身鲜明特色的“粮食文化、根本文化、感恩文化”，努力把全体员工的群力凝聚为企业发展的合力，形成了“订单农民增收、居民放心消费”的和谐社会关系，建立了“公司关爱职工，职工关心公司”的和谐劳动关系，构建了一个与农民和谐、与消费者和谐、与员工和谐、与社会和谐的企业文化和谐环境，推动了企业的健康快速持续发展，使企业呈现出政通人和、生机勃勃的景象。

“好人做好米”，大力打造“粮食”文化。做企业和做人一样，要把企业当人来看待。面粉企业是传统行业，面粉是关系到千家万户生命健康和切身利益的日常消费品，面粉质量是一个面粉企业重中之重的问题。“粮食”两个字拆开就是“好人做好米”，先有好人才有好米。一个企业必须先有健康的体魄，先做一个健康的人，才能有更好的发展。因此，首先强化企业基础，壮大企业规模，增强企业实力，牢牢抓住质量安全这条主线，夯实企业发展的根基。

“为耕者谋利，为食者造福”，全力推进“根本”文化。文化是企业发展的灵魂和动力，以文化作为传家宝，企业方能生生而不息。“为耕者谋利，为食者造福”，就是半球面粉公司发展的灵魂和动力，就是市场竞争的法宝。在长期的实践中认识到：广大农民是企业原料的生产商和供应商，是企业发展的“根”；广大消费者是企业产品的接受者和使用者，是企业发展的“本”。只有实实在在“为耕者谋利，为食者造福”，抓住“根本”，企业之树才能生长繁茂，半球面粉基业才能稳如磐石。发展订单农业，实现农企双赢。长期以来，公司根植“三农”，大力发展订单农业，强化基地规范管理，走出了一条“公司 + 协会 + 基地，基地连农户，农工商贸一条龙”的产业化发展路子。目前，已建设优质专用小麦基地 45 万亩，自 1999 年至今已合同收购优质小麦 120 多万吨，累计为农民增收 1.5 亿元，促进了农民增收，实现了“为耕者谋利”的目标。做大放心市场，满足居民需求。公司紧紧围绕“放心粮油、健康消费”这根主线，通过开展放心粮油进城下乡活动，在全国各地城市建立直销店、专营店、加盟店 267 家；在本地及周边地区构建城乡放心粮油连锁服务体系，建设放心粮油示范店达到 52 家，极大地方便了当地广大群众的日常生活，满足城乡居民追求放心粮油产品的需要，保障了人民身体健康，促进了社会稳定，实现了“为食者造福”的目标，。

“小胜靠智，大胜靠德”，精心构建“感恩”文化。企业是员工的第二个“家”，在这个大“家”里，公司坚持以人为本，从心入手，教育员工“用爱心做事，用感恩的心做人”，全力营造“感恩心”这种全新的企业文化，形成企业和员工之间的“双向感恩”、企业和员工的“社会感恩”。公司积极开展感恩教育，教育员工弘扬社会公德和家庭美德，建立良好的人际关系，促进了企业的发展。公司在元旦、春节等重大节日期间举行丰富多彩活动，增强了企业凝聚力和向心力。2009 年，一名员工上高中的儿子身患白血病，家庭困难，处境艰难，全体员工慷慨解囊，短短几天，捐款 10 万余元，使员工深深感受到了生活在大家庭里的温暖。公司视常年在外的营销员为“功臣”，把他们的工作、生活困难当成企业的大事，尽力帮助解决，在重大节日，因任务繁重不能返家的，公司领导亲自赴外地与他们共度佳节。担当社会责任，树立爱的形象。2003年，在“非典”期间，为保证重点疫区的面粉市场供应，公司先后紧急调拨7万余吨优质面粉平价供应疫区市场，支持疫区生产建设。2008年，在汶川大地震刚刚发生后不几天，组织全体党员和职工慷慨解囊，在短时间内共交纳特殊党费1.2万元，职工捐款4.33万元，并迅速生产专用挂面40吨，总经理亲自带队，千里跋涉，成功送达灾区。公司被国家粮食局评为全国粮食系统抗震救灾先进单位，公司党总支先后被山东省委组织部、东营市委组织部评为抗震救灾先进基层党组织。

从1972年起，公司志愿者每月7日风雨无阻，雷打不动，义务为军队离退休老干部送粮油。到现在已累计为老干部义务送粮油活动370多次，总计170多万公斤。先后4次为我县3名白血病病人和1名癌症患者组织捐款32.6万元。2015年至2017年，政府实行精准扶贫工作以来，公司结合自身实际，通过产业帮扶、生活帮扶、创业资金帮扶等多种方式为28户国家级贫困户建档立卡，精准扶贫，其间，共扶持资金32万元。

“半球”的蓬勃发展，凝聚着“半球”人的心血和智慧，靠的是“半球”人自强不息的精神和无私奉献的韧劲，老字号“半球”面粉持续焕发出新的生机活力。

周庄村企业发展史

周玉敬　周永安等口述　韩晓东整理

周庄村位于大王镇北部，阳河北岸。1995 年村内大街拓宽后成为镇内主要道路泰山路的一部分，经过近几年的鼓励发展，周庄大街两侧店铺林立，商贸繁荣，民营企业更是发展迅猛。

一

1948 年前后，周庄村完成土改，村民以务农为主，种植小麦、玉米、地瓜；经济作物为辅，种植棉花、烟叶、蔬菜等，其他作物也有种植。村里木匠较多，有 40 余家木匠铺子（多数为棺材铺子）。解放战争时期，在延集村野战医院故去的战士多是用从周庄购买的棺材装殓，举行仪式后葬到延集村东公墓。农闲时节他们经常结伴外出找活，打零工。村里有卷烟作坊十几家，本村及周边村庄很多户都参与了卷烟的每个环节，有烤烟的、切丝的、卷烟的、刷纸的、制纸匣子的、推销外销的等。1950 年政府实行制烟政控，推广印花税，卷烟作坊逐渐绝迹。建有油坊一处，每天用大牲口运送成品油、豆饼、收购豆子。另外还有小店铺、馒头房等。

1953 年，在党组织的领导下逐渐成立互助组。当时村里有好几个互助组。在土地独立耕作情况下，互助组起了很好的作用，保证了劳动力少的家庭尤其是烈军属家庭农业生产的正常进行。

1955 年成立三个初级农业合作社。前街一个称为前进社一社，后街和李桥东村各成立一个。土地由社里统一安排，集中进行农业生产。

1956 年转为高级农业合作社(与李桥东村分开建立),周培烈任社长。1956 年和 1957 年,社员的生产积极性很高,锄地都不会漏下草。1957 年麦收后,社员分到了更多的麦子,高兴得合不上嘴。

1958 年 5 月,周庄村称为田门营(营部设在田门村得名)12 连(含李桥东村),后称周庄大队,前街和后街两个自然村组建为两个小队。1958 年 9 月大王人民公社成立,田门管理区相继建立,周庄大队两个小队又分成四个生产小队,后街(一、二队)、前街(三、四队)。每个生产队除种植小麦、玉米、地瓜外,还集中种植了棉花、黄烟、蔬菜、苘麻等作物。个人经营逐渐停止,只有部分木匠铺子(棺材铺子)还在经营。1964 年、1965 年推行火葬后,木匠铺子全部停办。其间,个别铺子因为木材价格的上涨,还打造了价格较低的水泥棺材。

1963 年,大队组织人工打井一眼,购进 1140 柴油机 2 部。前街和后街各购买一台粉碎机,建设了磨坊,加工粉碎小麦、玉米等粮食,偶尔也粉碎草料。粉碎机用 1140 柴油机作动力,解决了家家户户每天推磨、箩面等的繁重劳动。粉碎机生产的面粉因为将小麦的麦麸全部粉碎进面粉里而称为“全面粉”,混合上一定比例的玉米或豆类等其他杂面一起蒸食,虽然看上去黑了些,老百姓感觉已经了不得了。也有很多户仍坚持推磨磨面多年,直到 1983 年生产队解体,石磨才真正退出历史舞台。同时创办的还有前街(三、四队)的 2 个捞纸坊,捞纸技术是在韩桥村学的,经营了两三年即停办了。

二

1964 年,周庄大队建起全县第一家也是唯一一家麻袋厂。之前,当地各村都有利用湾塘种植苘麻的习惯,苘麻经过沤制后都被外地收购走了,村民只留有很少部分纺织成绳自用或变卖。1964 年,本村人刘金升从青州某麻袋厂退休后回村,周庄大队(时任书记朱太兴、副书记李作文、副业主任李英武）凭借刘金升掌握的技术做指导，创办了麻袋厂。麻袋厂每个工序都是人工完成，最多时能达到40余人。参与麻袋厂生产的人员除正常记入工分外还根据工作量享受一定额度的补贴。1973年前后，因效益下滑原因逐渐停办。

1967年前后，四个小队相继建设了挂面房，一、二队创办了一处粉坊，一队的李永富还创办了豆腐坊一处。另外，一队组织社员到广北的海边建设了一处盐场，一直经营到20世纪90年代，由县盐务局统一整合时撤回。

1970年初，周庄大队面粉厂在村东创建。面粉厂建立后，剔除了一定比例的麦麸而称为“八零面粉”“八五面粉”，蒸出来的馒头那个白呀，看着就馋人。同时创建的还有一处木工组（木业社）。组织十几个木匠生产大车盘子、小推车盘子，以及耧、耙、叉等农业用具。生产品变卖或自用。20世纪80年代停办。

1974年，兴办养猪场一处。大队在阳河南侧紧挨试验田划出一块土地，建设猪舍400间，养猪260头，达到标准后售给国家，猪圈肥料经沤制后供农田使用。1978年，实行联产承包责任制后，养猪场解散。

1975年前后，二队队长李清秀组织二三十人到孤岛利用苇草打苇簿赚取加工费一段时间。之后购买苇草在村加工苇簿多年，二队各户都有参与，实行计件报酬。

1977年5月，三队的周学明在淄河店的副业组学习了火板炉，回村后与周建强（负责联系业务和销售）创办了第一个火板炉副业组，聘请了淄河店的徐国卿当老师指导了安装和生产。稍后周玉祥、周志文（队长）、周永顺（小队保管）、周长兰（小队会计）等先后参加副业组生产、销售、日常管理等工作，创建了大王镇第一家火板炉橡胶制件厂。橡胶制件厂建设火板炉两只，生产油封等小型橡胶制件，成为大王民营企业发展的开端。之后，支部书记朱太兴开会要求各小队都要创办火板炉橡胶厂，寻找适合销售人才进入副业队伍。其他小队经过开会研究后先后上马了火板炉橡胶制件厂。其中,1977 年 10 月,一队的李平吉、刘子明、李义成(小队副业主任)创建了第二处火板炉,建设火板炉两只。1977 年底前,二队的李家生、刘尊一,四队的徐洪昌、周学孟先后创办了第三、第四处火板炉。火板炉橡胶厂负责人同时也是销售业务员,普通农民开始做起了走南闯北搞供销的"大买卖",进入了真正现代意义上的产品加工和规模生产的工业时代。火板炉橡胶厂推动了全镇民营企业的大发展。"1977 年底,第三小队分配了 8000 元现金,这在当时的确是一笔巨款"。

1978 年,在油田做木匠活的李俊福(外出人员执行以资代劳,按每天 1 元交队购买工分)被大队负责人(时任书记朱太兴、副业主任朱长松)抽调回村创办周庄橡胶厂,任厂长。当时建成橡胶炉子 4 只,生产油田橡胶配件、拖拉机橡胶配件,如油封、垫子、机器胶带、橡胶水管等。厂内设有成品生产车间,负责人为周永安,1979 年周玉敬接任;销售业务员有李俊福(兼任)、朱长松(副业主任)、周建云、周学强,刘占一后期加入销售队伍。1979 年后,新上胶车组建压胶车间,周永安调任为胶车车间负责人,负责压胶等原材料加工(之前为从外地购买)。

至此,周庄村逐渐发展为大队和四个小队共计 5 处火板炉橡胶厂,从业人员达到 100 余人,周庄村在他们的带领下走上了致富路。1978 年,李俊福开拓油田市场取得成功,周庄橡胶厂取得较大的发展,当年家家户户都分到了钱。1979 年,周庄村建设了大型商店一处,一次购进 30 余台黑白、彩色电视,轰动了整个广饶县。1981 年,一次购进海燕牌自行车 100 余辆、缝纫机 150 余台。直至 1983 年生产队解体前夕,周庄村一直是整个惠民地区乃至全省的典范。

三

1980 年,周庄村在农业生产上开始实施联产计酬、联产承包。一户承包几个垄,完成生产活计以后有了大量的时间开始从事家庭副业生产。从1981年开始,周庄村几乎家家户户支起了火板炉,生产橡胶管远销国内各大城市。每天到胶厂拉胶的、销售胶管的各种车辆络绎不绝。1983年生产队解体至20世纪90年代,分田到户的农民对土地投入了无限感情,农业生产得到大的发展,剩余的劳动力开始走向工业企业。直到1987年前后,随着硫化罐的逐渐发展胶管逐渐实现机械操作,又加人工费的增加等原因,大量的火板炉停办,农民开始进到厂子上班成为新型工人,头脑先进灵活的村民开始走向商业、服务业、创办民营企业等领域。

在工业方面,周庄村在1983年开始实施承包经营。大队和小队的橡胶厂(车间、炉子、设备)、木业组、门市部、面粉厂、2台车辆、链轨拖拉机、面包车、炼胶机、塑料机等全部收归村集体所有,由村集体向村民分别发包,承包者向村集体缴纳一定数量的承包费。村集体对承包者有监督和审计的责任权利。但在后期实施中因为管理、市场、体制改革等原因,承包经营逐渐失去其优越性、先进性,集体经营逐渐停止,直到联营、个体经营的出现。

1983年,李俊福承包火板炉2只、塑料机经营一年。1984年,李俊福到后屯村开办了刹车片厂,先后创办石棉厂、信义公司、信义集团,建立博士工作站,逐渐成为镇办企业支柱。主要产品有刹车片等摩擦材料,产品为世界知名车辆指定产品。后期在东营创办玉昊龙集团,主营太阳能光伏板等。

刘占一承包炼胶机、汽车经营一段时间之后,于1986年到桥西村创办永丰胶厂,之后先后创办化工厂(1990年在村内与李桥东村交界处)、永盛胶厂、三泰集团(县开发区)等;2002年在阳河南侧创办永盛集团。2018年兼并恒宇集团,主营橡胶制品等全钢、半钢、子午胎、大型工程胎等,从业人员5000余人。

1984年,在周庄桥南东侧创建大王再生胶厂(硫化罐),大王再生胶厂（习惯称为南厂）为联合办厂，参股人员有李平德、周玉祥、李俊杰、周永安、周长祥、周学强、李平吉等。李俊杰、周永安任厂长，职工 150 余人，生产再生胶胶管等产品。1996 年，李平吉继续接手经营，其他人全部撤出。周建云、周学强分别继续经营橡胶、火板炉等多年，后期参加信义公司。

1986 年底，大王橡胶厂（习惯称为北厂）在村东组建，参股人员有周玉亭、周学明、周永军、周祥然、李殿成、李瑞龙、李平和、李平德、李志信、李龙华、李殿忠、李殿华、李作华、李作祥、李作文等 15 人。周玉亭任厂长，职工 200 余人，招工经过了考评并收取了保证金，男工 1000 元、女工 500 元。1987 年初开业时，时任大王镇工业办公室主任的李培义和田门管区领导到场祝贺并剪彩。

1988 年，周庄配件厂创建。创建人为李俊明、李平德、李平和、李俊国、李平顺、李孟庆、韩克楚（韩桥村）、韩永清（韩桥村）等，李俊明、李俊杰任厂长。主要是利用车床生产油田油井配件等，1995 年停办。之后，李俊明承包后利用机床加工摩托车配件一段时间；李孟杰承包后熬火碱和徐洪顺加工黄油等。2001 年，李法源建猪场养殖至今。

1990 年，周庄福利再生胶厂（习惯称西厂）在周庄桥北侧创建，周玉祥（村委会主任）任厂长，工人 100 余人。西厂为全民入股，融资 300 余万元，争取银行贷款共计投资 800 余万元。同时，鲁东实业集团总公司创立，李平德（村支部书记）任总经理，辖西厂、南厂、北厂等村办企业。至 1994 年时，出于各种原因经营出现问题，西厂逐渐停产倒闭，同时连带“南厂”和“北厂”等一起停产。1995 年，镇政府派驻工作组与周庄村党员群众一起进行了重组处理。1998 年前后，银行对西厂进行了收购，群众股进行了清退。西厂厂房出租给李志信、李平和、李作祥使用，生产挤出管等，2003 年后租给永盛集团改造仓库至今。

1995 年后，李平吉接管大王再生胶厂（南厂）经营多年。1997 年，李相海接管北厂生产黄油润滑油摩托车机油等一二年后，创办方兴公司生产工程胎等,2010 年在镇开发区创建方兴集团,生产全钢、半钢子午胎等,从业人员 2000 余人。

1998 年,李祝华在周庄桥北建厂生产黄油三四年,之后创办大王橡胶一厂经营再生胶、斜交胎胶布至今。

1998 年,周玉亭兄弟四人与周学明在桥南东侧创办万丰公司,主要生产氧气管、乙炔管等产品至今。2002 年后,周学明在厂子西半部独立建厂,生产造纸厂制浆等环节使用的消泡剂。2015 年后转让给李相海使用。

2002 年,周祥然、周永军、周永安等创办信联有限公司,主营工程胎胶囊、轮胎内胎等附属产品等至今。李龙华创办再生胶厂,后期扩大规模在延集村建厂。2002 年周庄村在阳河南侧建设工业区,刘占一创办永盛集团,李作堂创办天通公司,李洪起创办宏宇公司。

截至 2022 年,周庄村共有民营企业 20 余家、商业网点 40 余家。

李桥西村企业发展史

李光强等口述　韩晓东整理

李桥西村位于大王镇政府驻地北4公里。明洪武四年(1371),李姓由直隶枣强县迁于阳河西岸定居,后子孙繁衍众多,部分在河东岸居住,一水之隔,遂架木板桥相通,称为“李家板桥”。后以桥名村李家桥。1937年,以阳河为界,分成李桥西和李桥东两个行政村。

一

新中国成立后,人民当家作主,开展了土地改革、公私合营。李桥西村从组织互助组、初级社、高级社,到成立人民公社,一步一个脚印,紧跟党走,在社会主义现代化建设中,做出了应有的贡献。

李桥西村民心灵手巧、踏实能干,一直就有靠手艺、做小买卖、打零工贴补家用的习惯。1953年以前,村里就有了很多手工作坊式经营户。其中,后街的村民以打绳子的居多;村东南角较多的户做豆腐、包豆腐干、压豆腐饼,李大钦和李圣法家就做过多年豆腐。另外还有上鞋铺子、纸烟加工、刷纸坊、油坊等。上鞋铺子就是将客人带来的鞋底和鞋帮根据要求缝制成鞋。纸烟加工,就是用烟匣子将烟丝擀成长条烟,剪成一定规格的卷烟,略施香味,包装成盒。刷纸的分别为刷颜色纸和刷卷烟纸,刷颜色纸直接按加工要求颜色兑色涂刷,晒干成型;刷卷烟纸的大概是刷涂某种氢钙原料(粉状),纸张仍是白色,但能保证卷烟整齐燃烧。参加卷烟和刷纸的户很多,包括其中的各个环节。油坊是于巷(当时属李桥西村）相对富裕的李某创办的，纯手工古法榨油。一些村民在油坊里打工，做运输、蒸煮、压榨等工作。1953 年初级社、高级社兴办后，村民以专事农业为主，油坊断断续续开工生产，后期逐渐停办。

1953 年 7 月，成立红光社和建华社。1955 年 1 月，与北辛、曲江、于巷合并成立红星二分社，隶属延集乡管辖。1958 年 9 月，广饶县成立东风人民公社，大王为东风四社；10 月，改称大王人民公社，在李家桥创建公社铁木厂和全县第一个敬老院。李桥西按前中后街组建三个大队（连），称九连、十连、十一连，隶属田门管区（营）管辖。1966 年春，三个连合建为李桥南、李桥北两个生产大队，属田门管区管辖。1983 年春，生产队解散。1985 年 1 月，李桥北分建北辛、曲江、于巷三个行政村，李桥南更名为李桥西村。

这一时期，李桥西人民群众与当地其他地方一样，在党组织的带领下，进行了轰轰烈烈的社会主义建设。农业生产以种植小麦、高粱、地瓜、玉米为主，另外种植烤烟几年，每个生产队都建有烤烟房，分级后售卖给公社烟站。大队副业生产有染坊、磨坊、粉坊和打绳子；各小队办有挂面房、回笼窑、刷色纸、上鞋铺子等。1980 年大队创办“火板炉”，1981 年部分小队创办“火板炉”。

染坊是一队的李志法、李明法于 1964 年在位于大街口的李德贵院内创办的，收布染布。李明发负责颜料配比和煮染等技术工作。1968 至 1970 年，李占福、李占同、李德平（李志法之子）、李宗营、李全发、李德胜、李全志、李希英（女）先后加入队伍。染坊工艺相对简单，采取的是用一口“双十印”大锅煮颜料染布的做法加工，一次能煮染十几匹布。用煤加热，到村西泥河子用流水漂洗，晾干烫平后送回客户手中，一般谁收来布谁主持染制，其他人帮忙。颜色为黑、蓝、青三种，后期也做过印花染。晾布架子一般有 4 米高，一匹布多在丈六长（大约 6 米），染完的布靠人力抛到晾布架的横梁上进行晾晒。收布时大多在周边公社的村，为便于巩固市场，他们每人负责一个大致区域，最远的向北能到大营、辛庄子，向西能到博兴的店子、兴福一带。他们骑着小队里配备的自行车早出晚归，当天往返。他们靠手摇拨浪鼓招揽生意，靠诚信和质量保持信誉，在回去送布时继续收布宣传、扩大客源。小队里规定出门 1 天记 1 个工分，补助 5 毛(角)生活费。染坊人员专事副业，可以不出夫。1971 年，染坊被升级为大队所有，并扩大了规模。20 世纪 90 年代后，因人们生活质量的提高，染布相对落伍而逐渐淘汰、停办。

1972 年大队新上地瓜粉坊一处。1971 年村副业队的果园(种植苹果)开辟为大队试验田培育玉米种子(只培育一季)。参加人员有从各小队抽调的李江营、李庆玲、李宗军、李德功、李司功等共 6 人。大队里种植用玉米种子一般是选择上季收获玉米中个头较大的玉米棒子，去掉两头只留中间饱满部分备用，种子逐年退化造成减产。大队试验田培育玉米种子实验没有成功，之后仍然是购买上级推广的种子。1972 年后，试验田全部种植了地瓜，重新从各小队抽调组织了六七个老人生产地瓜粉皮、粉条，一直生产到 20 世纪 80 年代。之后断断续续结束。

磨坊是 1976 年在大街东首新上的，有粉碎机、辊子机，服务和方便村民加工粮食(之前为家家户户推磨加工)。生产 88 面粉、89 面粉、90 面粉。负责人有李江营、李圣法、李桂荣、李秋梅等 4 人。每年能结余 1000 余元。1978 年后逐渐停办。

各小队也办有自己的队办副业。从事人员专职搞副业，记工分。

第一生产小队(简称一队)组织了挂面房，购买机器手工压制挂面晾干后出售，也做来料加工。1979 年至 1981 年办了刷色纸来料加工。

第二生产小队(简称二队)组织了挂面房。李会东等 4 人负责和面、压制、晾晒、切段、包装等。李永玲、李兰祥负责销售，他们用手推车下乡串村用麦子交换，后期也用现金交易。向北一般到西刘桥、码头沿线，向南能到寿光、青州阳河、临淄敬仲卧石一带。

第三生产小队（简称三队）建设了土窑（回笼窑）烧制脊瓦、蓝砖等。烧制前，社员靠人工挖坯制作坯体，晾晒定型后再靠人扛肩抬装窑。烧制时，一般用麦秸做燃料连烧一天一夜。饮窑定色后起窑出售。整个过程沿袭土法，全部用人工，非常繁累。

第四生产小队（简称四队）以打绳子为主，也有刷色纸来料加工。

第五生产小队（简称五队）以打绳子为主，也有刷色纸来料加工。

第六生产小队（简称六队）也以打绳子为主，还有上鞋铺子，也有刷色纸来料加工等。20 世纪 80 年代李其超带头新上砖窑（转烧窑）一座，为小队所有，李孔章等 3 人为业务推销员。1985 年停办转产。

二

党的十一届三中全会以后，李桥西村率先实行生产责任制，农业连年丰收，生产力空前解放，为民营企业发展创造了条件。按照上级要求，1979 年队里实行了大包干办法，即有劳动力的户可以承包小队土地，向小队缴纳一定量的粮食，剩余的归自己。大包干办法进一步激发了群众的积极性，恰逢当年风调雨顺，秋季大丰收。到 1982 年底，大队和小队的土地、副业等全部实现了承包。1983 年春，生产队解散。民营企业实现了快速发展。

1977 年，周庄村首先创办大王公社第一个火板炉，加工机械油封、再生胶输水管。受他启发带动，李桥西大队于 1980 年创办火板炉作坊加工橡胶管，作坊建有 2 个火板炉。创办人和负责人有李志法、李宗营、李公坡、李唐法等。设备从河北购入，火板炉当年就有了很好的收益。1981 年至 1982 年，一、二、三、四队集体创办了火板炉（五、六队没有办）。1983 年春生产队解散时，集体创办的火板炉和其他生产工具、用具、房屋等资料全部作价分给了村民。

在他们的影响和带动下，1983 年至 1984 年间，很多户开始加入。

1984年至1986年间，实现了爆发式增长，几乎户户搞起了火板炉。当时全村有400余户，火板炉能有700余只，有的户一家就有三五个炉子，从业人员十余人（三班倒，计件报酬）。当时李桥西村的每条街、每条小巷、每个角落一天到晚都在传出“哐当、哐当、哐当”压制橡胶管的声音。很多外村的人都来这里找活、务工。

在李桥西村以及周庄村的带动下，周边村很多户加入了火板炉加工橡胶管行列，还有更多的户从事撕胶布、运输、务工、销售贸易等环节工作，小小“火板炉”带动了全镇的经济发展。为便于各作坊户销售款的资金回笼、打款、汇兑，各小队都有一位较早入行的人自行成立了名义上的橡胶厂，他们对外统称第几（按一至六队）橡胶厂厂长，实际上是服务村民、团结村民、抱团经营的带路人。其中，第一橡胶厂（一队）厂长为李志法；第二橡胶厂（二队）厂长为李圣法；第三橡胶厂（三队）厂长为李公坡；第四橡胶厂（四队）厂长为李江营；第五橡胶厂（五队）厂长为李效德；第六橡胶厂（六队）厂长为李云章。大队（村委）账户也经常用于村民打款、兑款，时任会计为李国光。

1985年前后，李圣法、李迪生、李民安在村西合伙创建第一个硫化罐制作胶管。1986年李安武、李振恒创建第二个硫化罐。之后又新上几处硫化罐厂，其中李云章与李景乐合办一处，李永玲、李公坡各创办一处，刘占一（周庄村人）创办一处。村里最多时达到6处，从业人员达到200余人，旺季能达到400余人。硫化罐是火板炉的升级版，既降低了成本、节省了人工，又实现了批量生产、提高了效能。

李桥西村这些“泥腿子”创业者非常注重学习先进经验、研究市场规律，不断完善自我，实现创新。他们在认真做好市场调查的基础上按照客户要求创新工艺生产过胶布管、钢丝管、乙炔管等多个品种；为降低工人劳动强度，他们引进三辊成型机；为解决“毛管”品相相对粗糙的问题，购进挤出机，一次成型。他们虽然没有学过什么叫“技术创新”，但他们不怕困难、研究问题、解决问题的思维做法不输任何标准企业，也为民营企业在国民经济中占有一席之地贡献了智慧和力量。

1985年，刘占一（周庄村人）在李桥西村西建设一处再生胶厂，建有生产线一条，包括切割、破料、粉碎（磨子）、筛选（大小箩细选）、蒸制（脱硫罐）、压制等环节。务工人员达到几十人，每天生产十几吨。1990年因土地制约等，先后搬迁至张庄村、周庄村继续经营多年。后期创建三泰集团生产汽车轮胎。

1987年，李云章、李庆吉、李秀恒、李司修、王玉荣联合上蒸罐一处，生产氧气管。

1988年，李圣法、李唐法、李效荣、李公坡、李长发、朱安全、李秀恒、李迪生、李效梅等13人在李桥西创建大王第一再生胶厂，管理采取股份制方式。13人最初为“3-3-3-4”人分别组合，设想是建设四家虽然挨着但互不影响的硫化罐厂子，前三家已完成了部分土建工程，第四家已清理了地基准备建设。记不清是李圣法还是李公坡或是其他人，忽然提出一起合办、联办的想法。经过沟通后，13人走到了一起，创建了大王第一再生胶厂。之后又新上了硫化罐车间，生产橡胶钢丝管、橡胶输水管。再生胶厂鼎盛时期从业人员达到200余人，日产再生胶70余吨。1996年后，再生胶厂由李迪生承包，其他人退出。1998年前后，再生胶厂转产其他产品。13个创建人中，李公坡先后创建恒泰橡胶厂、恒达胶厂，李圣法先后创建恒丰胶厂、恒丰电厂、恒丰轮胎厂、恒丰集团等，朱安全在东营与油田某单位创建联营胶管厂，李长发、李秀恒、李效梅、李德全等在稻庄创建卫生纸厂。其他人员有继续在上述企业工作的、有自己发展贸易的，他们都走在了时代的前列。

1989年，村民李云章成立华侨橡胶厂，任厂长、经理。之后创建沃森集团生产轮胎，任总经理、董事长。2016年前后并入恒丰集团。

三

1992年初邓小平南方谈话和中共十四次全国代表大会的召开，让群众解除了思想顾虑和政治担忧，开始纷纷建立民营企业。截至2022年，李桥西村有民营企业22家、商贸公司18家。其中，恒丰集团为规模以上企业，务工人员1万余人。

1992年，李庆吉创建五环橡塑厂，生产橡塑管。因为之前曾依托华侨橡胶厂和自家自留地用大锅等简易设施生产过黄油等润滑油，1994年转产润滑油，创建红星化工厂，任厂长、总经理、董事长。从初创开始的大锅熬黄油逐步发展为设备先进、管理现代的大型润滑油厂。

1993年，李其超创建顺达橡塑厂，2015年整体转让给李成均，生产氧气管、乙炔管。

2003年后，先后有李司修创建华隆橡塑公司，生产摩托车轮胎、汽车轮胎；李庆林创建东营瑞升橡胶公司，生产橡塑钢丝管、蛇皮管，后期转让李国峰，转产轮胎；李司金创建东营浦江工贸有限公司，主营轮胎；李其营、李广银创建志恒橡塑厂，生产氧气管、乙炔管；李效德创办亚泰橡塑厂，生产轮胎等。

2007年后，李铁峰创建山东实业有限公司，主营轮胎，2021年因市场和新冠疫情停产。李江淮创建振民橡塑公司，主营橡塑管，2020年并入瑞升橡胶公司。李连科创建蒙泽橡塑厂，主营钢丝管。李建华创建泰宏新材料科技公司，主营化工新材料；2009年创建誉恒模具公司，生产车用模具。李登举创建盛达橡塑厂，生产氧气管、乙炔管。李广庆创建庆达化工有限公司，生产油井专用化工产品，2020年整体转让恒丰集团。朱海杰（李桥东人）创建惠源化工有限公司，生产橡胶材料等。另有贸易公司8家。

1990年前后，因硫化罐逐渐兴起、人工费上涨，火板炉加工逐渐减少。1998 年前后,橡塑管、PVC 管等逐渐成为市场流行产品,火板炉加工和硫化罐加工逐渐减产、停产。原从业者中一部分坚持适应市场逐渐转产橡塑管、PVC 管、摩托轮胎、汽车轮胎、润滑油脂等,成为现在民营企业的中坚力量;一部分逐渐转型商贸,继续与原客户将本地产品销往全国各地。在他们的影响带动下,一批年轻创业者审视市场果断出击,成为新时代的弄潮儿。

李桥西村民营企业经历了从手工作坊到工厂化再到逐渐转型的变化,他们在荒芜中诞生,在逆境中成长,在改革中嬗变。他们是大王镇企业发展的缩影,是改革开放时期的典型代表。

田门村油坊的岁月变迁

田式祥

深秋时节，田门村的油坊里，两匹肥壮的红色大马拉着巨大的压豆子石碾，发出清脆的马蹄声。在重压的油垛下，油滴清亮而透明，股股豆油伴着清香流入油缸。油坊外，北部县区的农民推着丰收后饱满的大豆，一辆辆大豆车排起了长龙。大王周边地区的油贩子，买上豆油装满小推车，欢声笑语走出油坊。油坊内外，人声鼎沸，车马欢腾，围绕油坊勾出了一幅豆油交易的“清明上河图”。

新中国成立以前，田门村油坊的主人叫田曰信，是田门一队人。20世纪30年代，田曰信已是当地小有名气的大户人家。他家有40多亩（指市亩）耕地、三四匹骡马，车犁锄耙等大型农具一应俱全，几十亩的土地在他的精心经营管理下，五谷杂粮年年获得大丰收。但他不满足于地里来地里去，于是他去田辛村的个体银行贷款，在自家的东边建设了油坊。因为他知道，食用豆油是人们生活的必需品，生产用的原料大豆，当地及周边地区生产丰富，油坊的原料供应和产品销售不是问题。

田门村是一个有着近3000口人、八九百户人家的大村，自古以来农民的经商意识都比较浓厚。油坊位于村西南方的田门一队，油坊西边是田曰信的住宅。大门沿路朝西开，进门北边是个有南门的独立四合院，5间大北屋，有东西厢房，住着田曰信一家老小。正对的南院，有小北屋和东屋、西屋，住着为油坊和种地的打工者。往东进二门是油坊，北屋4间分里外屋，西边的外屋有石碾，石碾很大，直径近2米，两个大马拉着石碾将晒干的豆子压碎,压碎的豆子被倒到东边支起的铁锅炒,炒后的碎豆子再上三口大铁锅蒸,蒸后装垛,尔后再对豆垛进行重压,豆油即可从重压的垛中流出。剩下的渣子称为麻膳。以上程序都在东边的里屋完成。油坊有压油垛 6 个,每个垛能压 180 斤左右的豆子,这样 6 个垛每天压豆子 1080 多斤,每斤豆子出 1.1 两油,每年可加工豆子近 40 万斤,出豆油 4 万多斤。麻膳和豆油为产品,麻膳成垛,豆油装桶,都放在院西南角的成品库中。库两侧房间是账房,账房先生在这里和保管员一起将麻膳和豆油对外销售。油坊院的东边 4 间屋有马圈和马饲料库,东南角的房子是原料库,盛豆子。

我们山东中部地区的广饶、青州、临朐、寿光等地盛产黄烟,烟叶畅销不产烟的黄河以北沾化、利津、垦利等地。广饶以北的惠民地区盛产大豆。这样黄河以北的商贩用车推着豆子到广饶卖给油坊,在油坊买上豆油,到南部县份销售,销完后再在东南部县份买上烟叶到北方卖,这样南方的烟叶、广饶的豆油、北部的大豆就形成了一个产业链。油坊的麻膳是种烟的最佳肥料,麻膳销售在广饶以南县份,每年都呈现出供不应求的局面。田门油坊的豆油畅销潍坊、临沂、淄博、惠民等地区,也是新中国成立前当地较大规模的油坊之一,名气享誉鲁中地区。田门村的田曰石、田曰贵、田曰龙、田曰习、田心连、田家宗、田淑松等老人都长期在油坊工作,他们以全身心的投入、精湛的榨油技术,为油坊的发展做出了重要贡献。

新中国成立以后,田曰信被划分为地主家庭,他的油坊也就被划归集体所有,归口供销社管理,供销社派出在供销社工作的田门村人士田曰凡出任油坊的厂长。油坊经营也就按计划经济体制运行,实行了统购统销。油坊用的大豆,人民公社统一调拨,生产出的豆油划拨到各村供销社对外销售,产成品价格由供销社确定。新中国成立后油坊的生产经营又呈现出平稳发展的好形势。

20世纪60年代初,我国遭遇了“三年困难时期”,油坊的原料大豆供应出现了断流现象。这个筹建在20世纪30年代的油坊,经历了30多年的风风雨雨,不得已在1965年停工停产,结束了为人们提供食用油的使命。

广饶齐笔发展考述

郭明昌　朱长春等口述　韩晓东整理

一

齐笔传统制作工艺发源于广饶县南部地区，张淡、北卧石一带是齐笔的主产地。因该地区属古齐国，故所产毛笔称为“齐笔”。在历代先辈传承发展下，“齐笔”已成为全国著名品牌，为广饶县赢得了“齐笔之乡”的美誉。

据制笔匠人世代传说，毛笔的发明具有浓烈的偶然性和趣味性。相传很久很久以前，齐国国王有一次带领王公大臣外出青丘狩猎，在途经女水（位于大王镇淄河、阳河之间的一条河流，也称凤水、织女河）扎营休息的时候，有位将军随手从猎物黄羊身上采下一撮毛，蘸着口水在手臂上画来画去，看到手臂上的痕迹后突然得到启发。他将细柳枝的一头分成几片，将黄羊毛夹在它的中间，然后用细线缠住，饱沾了一些颜料在木牍上书写成字而制成了第一支“毛笔”，也称“柳枝羊毫”。毛笔的发明、完善和逐渐定型，改变了之前手握木棍（甲骨文中“聿”指笔，手握木棍的意思）沾颜料或用刀刻木牍的书写方式。为纪念发明“毛笔”的将军，齐国制笔匠人尊其为“毛笔神”，世代供飨。秦国名将蒙恬，祖居齐国，曾对毛笔进行过重大改进。先后将制作方法带到秦国和传播到全国各地。《史记》《博物志》载，蒙氏选用兔毫、竹管制笔。制笔人为纪念他的功绩，尊奉蒙恬为制笔祖师，称为“笔祖”。

从全国毛笔的制作工艺和文物出土分布地区看，毛笔最早出现在新石器时代，作为书写工具在战国时期已被广泛使用，只是没有统一的名称。东汉许慎《说文解字》中有“楚谓之聿，吴谓之不律，燕谓之拂”，秦统一六国后，统一称之为“笔”。齐地（泛指山东）称之为“写管”。直到现在，上年纪的山东人仍称毛笔为“写管”。

“管”者，官也，故“写管”也作“写官”。自仓颉造字开始，文字就作为专用工具为统治阶层所独有，书写文字、记录史料的官员被称为“刀笔吏”、史官、“写官”。史官自己制作毛笔使用，因为政权更迭、社会动荡，史官离开王庭避难乡间，同时也将制笔手艺带到了民间。毛笔逐渐成为人们的主要书写工具，毛笔生产也越来越专业化。制笔匠人为世人尊重，区别于铁、木、窑、石“匠人”的称呼而被称为“先生”。

按照制笔匠人口口相传，

齐笔制作

山东毛笔经过长期发展逐渐形成了“四大产地”,也称“四大流派”,即青州府帮(张淡、卧石一带)、登州府帮(蓬莱一带)、济南府帮(章丘一带)、东昌府帮(聊城一带)。清雍正时期,郑板桥出任潍县知县,潍县逐渐成为毛笔交易基地。随后,青州、济南、泰安等城市成为毛笔交易中心。全国各地的制笔作坊都来山东的城市设置堂号、铺面进行交易交流,从山东走出去的师傅一度成为全国各地制笔作坊争相聘请的对象。20世纪90年代后,“四大流派”均逐渐没落。2000年后,“齐笔”在传承人们的坚持、坚守下正在走向逐渐壮大。2013年,“齐笔制作技艺”被认定为省级非物质文化遗产。

二

广饶县的制笔技艺为古法制作,传统技艺世代相传,兴盛于清雍正时期。至清道光年间,这一带的大张淡、北张淡、北卧石以及李璩、黄璩、贾庄、封庙、韩庄、吕道口、东营等村的毛笔制作户已达数百家。至清末民初,制作毛笔的手工作坊已有30余处。

民国时期,制作齐笔的工匠中涌现出了一批手艺高超的名手。如郭凤采(大张淡村)、傅义三(李璩村)、傅学仁(李璩村)、韩干臣(韩庄村)、黄化京(北卧石村)、魏守先(大张淡村)、郭乐银(大张淡村)等。其中韩干臣制作的“十八学士登瀛洲”笔,刚柔适中,经久耐用,颇受欢迎。

齐笔的销售工作大多为制笔匠人自己完成。笔匠用扁担肩挑笔箱或背包袱串书馆(或称创书馆)、跑商号发销毛笔;也有赶集、赶市场摆地摊销售的,较大的作坊会在省内城市开设笔店,自立商号经营销售毛笔(也叫“写管铺子”)。也有虽不从事毛笔生产,但专门经营毛笔生意的商人开设笔店、笔庄,经营销售毛笔,他们为齐笔的销售推广、发展壮大起到了很好的推动作用。20世纪30年代前后,齐笔生产、销售生意兴盛一时。其中,济南的“成文堂”“俊兴笔庄”、北京的“西山堂”、天津的“笔艺山庄”“育兴笔庄”“聚文堂”“德艺笔庄”“津门笔庄”、泰安的“文山堂”、潍县的“三和堂”、周村的“三元堂”、青州的“同文堂”等商号、商铺非常出名。

“成文堂”，北张淡村于光祖创办。20 世纪 30 年代，于光祖收购毛笔在潍县、青州、济南一线挑担子售卖，笔杆雕刻“光祖毛笔”。因为他收购毛笔时特别注重毛笔质量，所以在销售时虽然较别人略贵，但用户依然只认“光祖毛笔”。稍后，于光祖在北张淡村创办“成文堂”笔庄，要求行内高手专门为其定制高端毛笔，同时也开始学习制笔，“成文堂”笔庄名气大增。1941 年日伪“大扫荡”，将北张淡村全部民宅烧毁，于光祖等全部村民都在临时攒成的高粱秸垛内栖身。之后，于光祖携全家到济南开办商铺，仍称“成文堂”笔庄，本村及周边村很多制笔工匠纷纷前来投靠。“成文堂”因为经营有方、信誉较好，被称为“世界笔庄”，“成文堂”匾额就是由民国著名书法家于右任所题。20 世纪 50 年代公私合营时期，老板于光祖病故，其子于文吉兄弟改行，“成文堂”改为济南毛笔厂（后称济南文具厂），再后合并为济南文教用品厂，成为济南市早期的企业之一。“成文堂”职工大部分就地转为毛笔厂工人，部分从老家同去的制笔匠人离开“成文堂”后，大多直接回到了老家继续从事毛笔制作和经营，也有分散到其他城市工作几年后又回村的。有这种经历的制笔匠人很多，他们都成了 60 年代各村成立的毛笔社的管理骨干、技术人才或带徒师傅。

“西山堂”，大张淡村郭其端在北京创办，是较早出外创办的堂号之一。儿子郭松亭（2021 年去世，时年 92 岁）在京经营多年，20 世纪 50 年代停办后回村。制笔技术传给三个儿子春亮、春明、春晓，收徒郭明亮。后代已不再从事齐笔制作。

“津门笔庄”，大张淡村郭风同、郭守田、李东海、魏守忠在天津创办。“津门笔庄”从业人员达到 50 余人，50 年代解散。

“德艺笔庄”，郭乐德、魏守先在天津创办。1945 年，14 岁的魏守先成为制笔大师郭乐德徒弟。1955年，魏守先和郭松亭、郭道智三人由天津进京加盟北京第一制笔厂，成为该厂技术骨干。所产毛笔畅销京津、沪杭，远销海内外。其间，周恩来总理为西藏达赖喇嘛祝寿用的特制礼品笔就是由北京第一制笔厂安排魏守先制作完成的，礼品笔受到了周总理和社会各界人士的赞誉。北京第一制笔厂转行后，魏守先成为北京市宣武区电机厂工人，1962年回村，制作技艺传承给了女儿魏玉芬。

"育兴笔庄"，北张淡村郭其温在天津创办。受祖上制笔的熏陶，郭其温、郭其亮兄弟们都从事齐笔制作。郭其温负责生产，郭其亮（郭安田父亲）负责外销，挑扁担在利津、沾化、无棣、滨县、惠民一带销售。1940年鬼子侵广，不堪日伪所扰的郭其温携全家及侄子郭谋田（郭安田大哥）举家迁天津经营，同去的有本村笔匠十余人。郭其亮为早期中共党员，坚持在家务农持家和开展抗日工作。1953年笔庄解散后，郭其温改行为废旧品收购公司工人，稍后携全家回到北张淡村。

"聚文堂"，大张淡村郭乐银在天津创办，较为有名，商号匾额是冯玉祥将军亲笔所书。"聚文堂"兴盛有年，仅本村及周边村自愿前往的从业人员就达100余人。20世纪50年代解散后，郭乐银成为天津无线电原件三厂工人，制作技艺传承给了儿子郭明昌、郭明信。1958年郭乐银回村后曾任村副业队毛笔社负责人。

"文山堂"为北卧石村的王文禄兄弟在泰安开设，较为有名，商号匾额是冯玉祥将军亲笔所书。20世纪50年代，文山堂老板病故，女儿出嫁，不再进行齐笔制作。

"三和堂"为李璩村付音三（排行老九）在潍县创办，产销一体。村民回忆说，付老九是靠毛笔发家的代表人物。民国初期时局动乱，付老九关闭"三和堂"后回李璩村生活，以授徒为主。付老九的第一代徒弟有付学义（全国制笔名师）以及"付家四干将"付春明、付春湘（创办"三元堂"）、付春清、付春花等，都非常有成就。退伍军人付春暖师承付春清，曾任李璩村毛笔社负责人(西营毛笔厂车间主任)。

“三元堂”为李璩村的付春湘在周村创办,收南卧石村崔某等人为徒。生意逐渐稳定后,开博山分号、济南分号两地(济南分号在开业前夕,毁于日寇轰炸济南战火,楼产修葺后出租他用)。抗日战争时期,“三元堂”成为我党的地下交通站,负责新泰—博山之间的信息交通。新中国成立后,付春湘在新泰定居,济南“三元堂”楼产于1984年前后拆迁改建为济南化工站。

“黄泗清笔庄”为卧石西村黄泗清在潍县创办。门头建有小楼一处,成为城中该区域的唯一制高点,1947年解放潍县时为敌我双方争夺被毁,黄泗清回村。

“同文堂”笔庄为卧石西村黄英俊(马克玖岳父黄金泰的父亲)在青州创办。黄英俊家传制笔手艺,为制笔世家,黄英俊父亲在晚清时期即在本村收徒教授制笔技艺。黄英俊之子黄金泰同样为卧石西村制笔匠人中的佼佼者,1964年后曾在卧石西村毛笔社教授徒弟多人。“同文堂”笔庄在青州经营有方,远近闻名,曾在青州市电视台做过专访并连播七天。2000年后,“同文堂”笔庄在青州古街改建为商品房逐渐转为其他经营。

三

新中国成立后,学校教育沿袭设置了书法课,群众生产生活中仍以毛笔书写为主,虽然有供销体制的改变、新式书写用具的推广普及,但对齐笔制造业影响相对较小。制笔匠人仍旧沿袭了原来的手工制作、师徒传承,农闲加工、外跑销售的经营模式,坚守着这一传统技艺。

“泗斋笔庄”为卧石西村黄泗斋在本村创办,经营多年。1954年改建为全县第一家毛笔社,社长黄泗清、会计魏金相、销售王景斌,股东有黄泗斋等30余人。1957年毛笔社解散后,魏金相等去了济南毛笔厂,曾任济南文化联谊社工会主席。王景斌到淄博创办“北卧石毛笔联社”，前店后厂的方式进行经营毛笔多年。

1963年，按照上级“大搞社办、队办副业”指示，各村（时称“大队”）先后成立副业队，动员和组织社员开办了各种副业社。其中，大张淡村、北张淡村、卧石西村、卧石东村、李璩村、前贾村等6个村副业队创办了毛笔社。其他村制笔匠人大部分不再从事齐笔制作而是专务农事，但也有一部分制笔匠人偶尔在农闲时间继续坚持着齐笔的制作。

大张淡村副业队于1963年成立了大张淡毛笔社，郭立业（大队党支部书记）为负责人（负责人要求是村干部担任，并经上级审批），魏守先（1962年底由北京回村）为会计，郭乐银（1962年夏末由天津回村）、郭道南为推销员。制笔工人一度达到50余人，推销队伍达到十几人。大张淡村队办副业还有桃酥饼干厂、翻砂厂、弓房等。

北张淡村副业队于1963年成立北张淡毛笔社，马永清（大队党支部副书记）为负责人，景曰先等为推销员。景长发负责采购，跑上海供销社按计划指标调拨笔杆、毛发等物资。毛笔社制笔工人一度达到60余人，推销队伍达到十几人。同时成立的副业社还有铁业社（打剪子）、木业社、服务社（打火烧和卖香油的）。

卧石西村副业队于1963年成立卧石毛笔社，朱长春（副大队长兼会计，1964年为大队长）为负责人，黄克吉为会计，黄功新（黄旭春父亲）为保管，推销员有刘文年、张尊礼、刘文生（后任村党支部书记、西营毛笔厂厂长），制笔工人达到30余人。同时成立的还有染坊、吕剧戏班等。

卧石东村副业队于1966年成立卧石东村毛笔社，负责人为卞中华（转业军人、村党支部副书记），工人达到60余人。

李璩村副业队于1966年成立李璩村毛笔社，负责人为付春喜，后为付春暖直至解散，李德绪为会计，徐立芳为外跑推销员，工人达到40余人。

前贾村副业队于1966年成立前贾村毛笔社，负责人为韩其年（大队长兼任)，会计韩东升，保管韩克胜，销售员吴光仁，工人达到 30 余人。

毛笔社是集体所有，生产方式采取按计划调拨物资、计件记工分生产、供销社调拨销售办法管理。农忙时间先做农事，晚上加班，有时加班至深夜十一二点。新学员由老职工(原制笔匠人)带着学习，仍按“三年出徒”规矩办事。两者不再是原来的师徒关系，变成了“师生”关系，但很多学生(学徒)私下里仍按师徒之礼对待老师。学徒分为主攻“笔头”和“杆子”两类。“三年学徒”期间，学生掌握技术后可以上岗操作，根据学生对工艺的掌握情况安排相关工作岗位，计件计入老师账上，出徒上岗后自己计件记工分。这一时期，在老手艺人的传承教授下培养了一大批年轻的技艺传承人。其中，郭安田(1964 年入社学徒，1968 年出徒)、马克玖(1977 年出徒)等就是这一时期的代表人物。

1969 年，西营公社成立西营毛笔厂。借用公社工交办(工业和交通)办公室办公，工办主任黄龙明(黄店村人)兼任厂长，会计为黄龙江、后为吕勤元，供销员景长发。6 个村原有的毛笔社成为属下车间(或称分厂)，施行统一账号、统一发票、统一公章名称、出具统一介绍信(外跑推销必备)等管理办法。财务上执行为各车间(或称分厂)打款、回账服务，无服务费用；采购上争取协调供应指标、集中批量购置原材料。

四

1978 年 12 月 18 日至 22 日，中国共产党第十一届中央委员会第三次全体会议在北京召开，作出了把党和国家的工作重点转移到社会主义现代化建设上来和实行改革开放的战略决策。以供销为主要特点的市场供应体制出现改革后，各村毛笔社生产模式、销售模式出现了第一次扩张。原材料的供应具有了自主性，生产规模、物资不再受限，人们只嫌时间不够用；销售工作更具备灵活性，任何人都可以从毛笔社赊货外跑、推销，毛笔社按出厂价回收本金，多卖的归推销员所有。一时间，有能力的村民，甚至外地的生意人也主动参与到了销售工作中来，产品远销到东北三省及周边省市。

1978年，西营毛笔厂在张淡联中正式建厂(1979年迁公社驻地新建厂区)，抽调各村制笔高手30余人组成生产车间。县齐笔行业政协委员魏金相为负责人任厂长兼技术总指导，景长发任副厂长，朱长顺任会计，推销员由各村销售员兼任。西营毛笔厂的建立，揭开了齐笔发展的新篇章。1996年后体制改革，西营毛笔厂施行承包管理，因为魏金相身体有病原因，北卧石西村黄振林开始承包经营。1999年，先后有刘文生、黄公园(口头协议)、黄友忠承包。2000年，黄旭春负责留守工作。2001年乡镇合并后，西营毛笔厂资产重组，转让给黄旭春经营。黄旭春迁入租用的原供销社办公室，继续使用“西营毛笔厂”字号。原西营毛笔厂厂址先后为计生办、派出所等政府机关使用。2010年后，黄旭春将“西营毛笔厂”迁入在潍高路北侧一处自购商品房内经营至今。

1981年，退伍回村任职的郭明昌开始从事齐笔销售和制作并创办“齐文斋”，一直坚持传承至今。同时期，卧石西村黄绍祥开始从事齐笔制作销售并创办“祥宝斋”，1999年迁居泰安后继续生产和销售至今。

1981年，朱长春创办西营毛笔厂销售中心，1984年到淄博开铺经营毛笔。1991年被省老年书法研究会邀请到济南千佛山下成立“澄怀堂”毛笔厂。

1982年前后，退伍军人郭安田成立西营公社安田笔料店，专门从事制笔行业原材料的后勤供应服务工作。经过自己多方努力，直接找到了笔杆和毛料的原产地，彻底解决了各村毛笔社和单干匠人制笔成本居高不下的问题，带动了1000余人参与毛笔的制作、销售。

1984年生产队解散，队办副业以及毛笔社全部转为个体经营。制笔匠人在县工商局注册营业执照后开始自行组织生产、销售。西营毛笔厂同时转型，实行承包经营。大王镇制笔行业迎来了又一次辉煌。

1986年，中共东营市委副书记高昌礼到西营毛笔厂视察，提出建设毛笔厂，发展外贸贸易；传承保护齐笔制作技艺，倡导推进市场化；实现规模生产、深度发展等要求。

1992年后，随着市场经济体制改革逐渐走向深入，乡镇企业异军突起，大棚种植等现代农业得到广泛推广，学校停办书法课，制笔匠人开始出现大量转行现象。同时，南方开放和先进的商业思路、商品意识，比如高端笔杆的替代、产品包装和精包装的提升等都严重冲击了齐笔的生产、销售各个环节，大王镇制笔业日渐式微。

之后，制笔企业开始向南方学习，积极参加各种交流会、现场参观调研会开阔眼界、提升境界。开发单镶杆（笔顶单向封头）、双镶杆（笔顶和笔杆头双向封头）等提高笔杆档次；又引进牛角、高档木杆、仿象牙杆、景泰蓝杆等高端笔杆。制作使用绢制、布制、木制、竹制外包装盒。盒内笔的数量从单支逐渐改革为型号多样的多支套装。各制笔企业外包装盒封面也出现了粘贴、打印、烙印、雕刻的字号封面，有直接报号“某某毛笔厂”的，有报号“齐笔”“高档礼品笔”的，有报号“某某斋齐笔”“某某牌齐笔”的。逐渐地，包装高端、制作精良的齐笔在全国范围的展览会、博览会中重拾信心，有了一席之地。“齐笔”成为了政府、单位、企业、书法爱好者交流和馈赠亲朋好友的家乡礼品代表。

2003年6月，在镇党委书记李培义倡议和推动下，大王镇成立山东齐笔文化有限公司。公司实行股份制，注册资金1000万元，法人黄友强（镇政府派驻）、总经理郭安田（北张淡村）、副总经理景洪福（北张淡村，保管）、郭明昌（大张淡村，会计）、黄旭春（卧石西村）、景曰先（北张淡村）。公司员工35人。当年底，在国家工商局注册了“齐笔”商标。“齐笔”生产开始逐渐为社会关注。

出于各种原因，公司于2005年秋后第一次解散。郭明昌、黄旭春、景曰先又联合干了三年，2007年底再次解散分家。因为年检费的问题，公司被工商部门登报注销，“齐笔”商标同时期注销。2008年，郭明昌注册东营市齐文毛笔有限公司，同年在其他人的建议下重新注册了“齐笔”商标。郭安田注册东营中齐文化用品有限公司，同年注册“中齐”商标。之后，其他笔业同人先后成立了“齐笔研发基地”“克玖笔庄”“仁和笔庄”（2010年前后成立“东营市齐笔文化发展有限公司”，并注册“齐艺”商标）、“丰功笔庄”“西营毛笔厂”“东营中齐文化用品有限公司”“中华齐笔”、山东齐文笔业传承发展有限公司、山东齐笔联合文化有限公司、广饶齐笔文化研发协会等。

2008年，经郭明昌、郭安田两位传承人的不懈努力，“齐笔”先后被审批为县、市级非遗项目；2013年被审批为省级非遗项目。从此，“齐笔”作为一种民间非遗传统工艺开始大放异彩，成了大王镇、广饶县、东营市的一张文化名片。

人物春秋

刘明玉丹心永辉为革命

刘同祥

刘明玉

父亲刘明玉，1909 年出生于刘集后村。母亲赵俊英，1920 年出生于菜园村。因家境贫寒，父亲只读了四年小学，13 岁就去益都缫丝厂学徒，18 岁回乡务农、兼做木工活。父亲和刘集村早期的共产党员刘考文和刘百禄（父亲的入党介绍人）私交甚好，他们经常试探着向他宣传共产主义思想和对中国共产党的认识，有意识地引导他走革命的道路。父亲 1936 年起就跟随王学文、刘百禄秘密参加革命活动，七七事变后和本村兄弟刘百贞一起参加延春城领导的八路军鲁东抗日游击队九支队的抗日斗争。1938 年经刘百禄介绍正式加入中国共产党。1939 年任广饶二区（现在的大王镇）区长，1941 年起任清河地区四边县财粮科科长，1949 年后任齐东县县长兼独立营营长。1949 年进山东行政学院学习，在山东省交通厅工作直到离休，离休时享受厅级待遇。父亲于 1987 年 11 月 4 日在济南病故。

《共产党宣言》指引他走上革命道路

刘集村是接受共产主义思想比较早的村子。对父亲献身革命影响最大的两个人,就是共产党员刘考文和刘百禄。

刘考文也是刘集村人,按辈分是父亲的祖父辈。刘百禄、刘百贞(刘百贞行三,刘百禄行四)与父亲同辈。因家境贫寒又年龄相仿,他们是父亲最谈得来且交情深厚的兄弟中的两个。父亲回到刘集村后,刘考文经常找他聊天,启发他对共产主义思想和改变贫穷现状的认识,父亲慢慢地对共产主义和共产党有了初步的认识,翻身和解放的愿望不断增强。

1932 年秋,父亲正在地里干农活,忽然看到远处跑来一个人,等跑近了才看出是刘考文。他跑到父亲面前气喘吁吁地说:"我可能被捕,赶快给我家里送个信。"说完就匆匆地跑了。过了一会儿就看到几个国民党警察追了过来,大声地问父亲:"看到有一个人跑过来了吗?"父亲朝另一个方向指了指,含含糊糊地说:"好像看见有一个人往那儿跑了。"几个警察就急忙地追过去了。过了十几分钟,远远地看到警察把刘考文按倒在地抓走了。父亲感到一阵悲痛和恐惧,撂下地里的活,慌慌张张地去刘考文家报信去了。刘考文靠坚定的信念和坚强的意志,始终没有承认他的中共党员的身份和参加的革命活动,无计可施的国民党政府只好以"政治犯"的罪名判了他五年监禁,直到七七事变后国共合作时,他的牢狱之苦才结束。父亲作为刘考文被捕时的唯一目击证人,一直关注着他。其间,刘考文在狱中为革命英勇不屈的精神给父亲极大的教育和鼓舞,也使他更加向往美好的共产主义社会。

继刘集党支部成立后,刘子久的弟弟刘英才又按党的指示在菜园村发展党员组建党支部,党支部书记是老党员王学文,王学文的弟弟王学武(王学文行四,王学武行五)也是菜园村老党员。王学文的大女婿刘百禄在刘集的革命先驱和他的影响下也加入了共产党。父亲自 1936 年开始跟随这些老党员参加革命活动,到菜园村参加革命活动时经常到王学文和外祖父赵芝荣家躲藏,也就有了后来刘百禄介绍父亲入党的佳话,同时也成就了父亲和母亲的姻缘,他们于 1937 年结为终身伴侣。

自此，父亲走上了革命道路，跟着中国共产党开始了他新的人生，为共产主义事业贡献了他的一生。

在济南工作和生活期间，父亲和杨国夫、刘考文、马保三、延春城、马巨涛（省物资厅厅长）、黄启民（省人事局局长）、王寿春（济南市委政治部主任）、刘景和（李荆和的警卫员，济南铁路局处长）等老首长、老战友有机会就聚一聚，回忆中国共产党的恩情和艰苦的战争历程。

智夺金口机枪

日本在侵略中国的战场上使用的机枪主要有两种：昭和 11 式轻机枪和 92 式重机枪。92 式重机枪也就是传说中的“金口机枪”，当年父亲和战友们夺的就是下图这种机枪。

92 式重机枪采用了光学瞄准器，射击精度极高，说是枪响人倒也不夸张；92 式重机枪较好地解决了枪筒的散热（空气散热）和重机枪过于笨重的缺点，能够长时间持续射击；还加装了枪口消焰器，以免影响枪手瞄准的准确性。

说到夺枪就要先说说参与了这件事的两个人：房德仁和李棠林。房德仁，祖籍广饶县城关七村，公开身份是商人，是四边县党组织的地下交

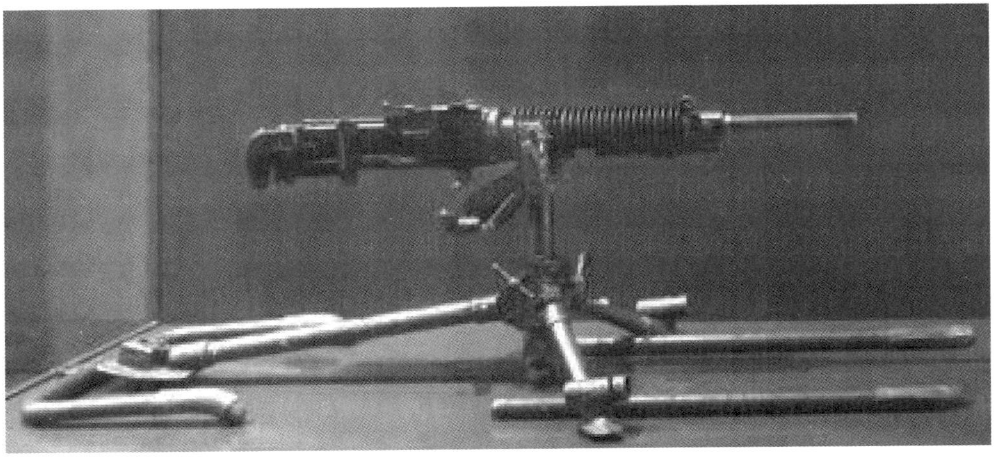

金口机枪

通员，为抗日斗争搜集、传递情报做出了很大贡献。李棠林，中李村人，当时担任驻广饶日军的翻译，同时也是我党的内线，以其特殊的身份为共产党的抗日组织提供有价值的情报，对当时抗日斗争起到了很大的作用。后被国民党十六旅李青山部杀害。

日军在渤海地区范围内共配备了两挺92式重机枪，其中广饶驻军坂田部队一挺。由于92式重机枪命中率高、杀伤力大，给抗日武装造成了很大的威胁。四边县政府给二区下达了命令：想尽办法也要干掉这挺机枪。父亲和二区的战友们也发誓要夺下这挺机枪。同时，他们也清楚地认识到敌我力量悬殊，完成任务艰巨又困难，也就是只能智取不可强夺。经过缜密的观察和研究，终于找到了战机。这挺重机枪除了用于作战外还经常被日军抬着四处游行示威，用来炫耀武力，震慑抗日武装。父亲盘算着，借日军抬枪示威机会夺枪，成功的可能性很大。于是二区党组织给房德仁和李棠林下达了任务：要求他们及时搜集情报，寻找夺枪的战机，而这机会也真的就来了。

1940年夏季的一天，李棠林悄悄地找到房德仁，告诉他日军明天就要抬着机枪到庄子、军屯一带活动，这期间会路过一片西瓜地，瓜地旁边有一棵大柳树，日军路过时经常在树荫下吃瓜休息，瓜地紧挨着一片高粱地，高粱地后面就是一条大沟（那时的四边县水脉浅挖地道很困难，杨国夫司令员提出挖抗日沟，和原有的大沟形成网，有利于开展抗日武装活动），此地易于隐蔽和快速转移，是个打伏击抢枪的理想地点。房德仁以最快的速度把消息传到了二区政府。父亲马上和区中队副队长郭钦一起召集战友们紧急商量，决定利用好这个机会夺枪。参战人员分成两个战斗组：一个组夺枪，一个组掩护。同时约定行动信号由李棠林择机发出："摘下苇笠（遮阳用，类似草帽）扇三扇"。如果日军不在瓜地休息，行动取消，再寻找合适的机会。同时强调，主要目的是夺机枪，夺到枪后就撤，不能恋战。安排就绪，房德仁连忙赶回广饶城把计划告知李棠林，万事俱备，静候日军吃瓜。

参加这次抢枪的还有父亲的老战友郭钦（原名郭东海，大王北郭村人，徐州坦克师政委），父亲是他的入党介绍人。他和父亲的另一个战友郭清海是同村，也是父亲介绍入党的。“文革”期间，郭钦所在部队曾来人调查他的入党情况，由于时间久远，父亲把他和郭清海两个战友弄混了，外调人员一连来了多次始终对不上，气得父亲大发脾气，双方不欢而散。他们走后父亲连晚饭也没吃，我和母亲也就大气也不敢出了。晚上10点多，父亲急忙把我叫到他的房间说：“我记错了，我把郭清海和郭东海记反了，郭东海是个大个子，郭东海就是郭钦，我说着你再写一遍吧。”这个问题才真正地说清楚了。后来，郭钦来济南看望老父亲，老战友见面相对哈哈大笑。其间，他俩不免谈起了战斗的往事，说到夺枪时仍旧是异常兴奋，也让我又一次倾听了夺枪的过程。

第二天日军如期出动，趾高气扬地直奔庄子、军屯而来，那气势根本没把八路军当回事。父亲和参加夺枪的战友们也分散出发，陆续进入伏击地点，在烈日下的高粱地里忍受高温静静地埋伏下来。当时正值夏季酷热难当，日军果然要到柳树下吃瓜休息，李棠林连忙安排。这时的日军又热又渴，巴不得赶紧歇歇，放下机枪、攒起步枪，毫无顾忌地忙着吃瓜去了。可他们怎么也想不到就要大祸临头了。夺枪勇士早已神不知鬼不觉地埋伏在了高粱地里，盯着日军的一举一动。李棠林看准时机发出信号，父亲和战友们像猛虎下山般地冲出高粱地，扑向那挺日思夜想的重机枪。夺枪组抬起机枪、抓住一支步枪就跑，日军也发现有人抢枪，气得哇哇大叫，掩护组的战友马上开枪射击，随即扔出手榴弹掩护抢枪的战友们迅速撤退。一个日军当即中枪倒地，其余的日军也被打蒙了。缓过神来的日军连忙扔掉西瓜抢枪还击，可这时抗日勇士们早已消失在青纱帐里，顺着大沟飞一般地转移了。等到气急败坏的日军追到大沟时，抢枪的勇士们早已不见了踪影。

父亲和同志们深知这挺机枪是日军的命根儿，绝不会善罢甘休，在躲过日军的追击后连夜送往广北（清河军区司令部驻地），把这挺冒着生命危险抢来的机枪亲自交给了杨国夫司令员。杨司令被这意外的惊喜感动了，高兴地说："你们给我送来了一个宝贝，我感谢你们！"并请父亲和战友们喝了庆功酒。饭后，杨司令问："你们有什么要求？"父亲想了想说："我们需要短家伙。"说着还比画了个匣枪（枪套是皮木匣，装到枪上可当作枪托用）的手势。杨司令当即说："答应你们！"说着让他的警卫员把两支德国 20 响匣枪交给了父亲。当时父亲和战友们高兴得都合不拢嘴了，连声感谢杨司令的关怀。晚饭后，夺枪的勇士们别过杨司令就匆匆地往回赶。走到半路，父亲忽然觉得有点不对劲，保卫首长的枪我们怎么能要呢，几个人一商量，连忙用手电筒照着写了个检查，就又踏上了回司令部还枪的路。杨司令对同志们的觉悟给予了高度评价，但他又说："你们有功，就奖励你们一支吧。"父亲这才高兴地接过了这支匣枪。之后，这挺重机枪在抗日战争中发挥了巨大的作用。恼羞成怒的日军也觉得丢枪是奇耻大辱，要不惜代价夺回机枪，只要听到哪里有消息就会疯狂地扑过去，但始终未能如愿。"金口机枪"智取也就成为抗日佳话被广为传颂。

父亲在战争年代一直用着两支匣枪，号称"双枪将"。一支就是杨司令奖的这支，另一支是通过我二姑父李三江（大王桥村人）利用同村关系暗地里从李延年的部队用银圆买的。这两支枪直到 1950 年才上交。后来山东省交通厅又按规定给父亲配了一支手枪，同时发了《持枪证》，这支枪一直到 1966 年才按要求上交，《持枪证》我们一直保留至今。

遭遇"刘集惨案"

"刘集惨案"是震惊四边县乃至清河地区的著名事件，是日寇惨无人道的血腥暴行的铁证。

1941 年 1 月 16 日(农历腊月十九),驻广饶的日寇坂田部到范家和周围几个村抢了不少财物,因东西太多来不及带走,顺便存放在刘集村东南面的土地庙里。第二天赶着马车来取回时路过刘集村北门,被在刘集村附近活动的三个游击战士发现,领头的姓陈(刘堡人),三人觉得这是个伏击日军的好机会,就以北门外围子沟为掩护开枪射击,一个日军应声倒地毙命,其他的日军马上组织反击。由于寡不敌众,三名战士只好边打边往村里撤,日军也拼命地追杀,姓陈的战士不幸中弹牺牲,另两人逃脱。这一下惹怒了士气正旺的日寇,密谋组织了 1941 年 1 月 18 日血洗刘集的报复行动。

1941 年 1 月 17 日傍晚,四边县县长杜振东带领父亲(时任四边县财粮科科长)和四边县政府的几个同志路过刘集,父亲就顺便回家看了看,还特意取了母亲刚给他做好的新大袄,随后就准备转移。当晚,母亲就带着姐姐去了菜园村娘家。这时,父亲看到四边大队一中队王品三队长带领队伍来到刘集,准备驻防。还有清东独立团的一个排和益北大队的部分同志执行任务也路过刘集,他们看到一中队在刘集驻防感觉比较安全,又加上天色已晚,也就留了下来。看到这情况父亲觉得有点冒险,立即向杜县长作了汇报并征得同意后找到王品三队长,建议他不要在刘集驻防。当时刘集号称“红都”“小莫斯科”,目标太大,敌人特别注意,何况一中队刚整编完不久,不少战士缺乏实战经验,在这儿驻防不太安全。王品三队长考虑后说,一中队是傍晚才到刘集,保密工作做得也比较好,再说在村四周都布了岗哨,应该没什么大问题,何况同志们也很累了,需要尽快休息。看到这种情况杜县长决定留下来,万一有情况也可以帮一下,可也就是这一留,真的就赶上了“刘集惨案”。

1941 年 1 月 17 日,也就是农历腊月二十,阴沉沉的天空飘着雪花,也就在这天夜里,广饶的日伪军纠集了益都、朱良和临淄的日军和伪军 1000 多人突袭刘集复仇来了。第二天拂晓到达刘集村村南(当时人们称“南坡”)。刘集村的墓地大都在这儿,墓地的前面是300多米的开阔地,大多是耕地,而且为准备春耕刚刚灌过水,又加上下雪,地里很是泥泞(广饶话叫“泥窝”)。

当时,村南的哨兵及时发现了来犯之敌,可他不知道日军也同时看到了他,哨兵没有立即鸣枪报警而是扭头跑回村子报信。日军看到这情况就知道村里有部队,放过哨兵,马上悄悄地从四面把村子包围起来,并在村南墓地里布置了大量的兵力,架起了轻重机枪。很快,敌人从东、西、北三面对村子发起进攻。

王队长接到哨兵的报告后,马上组织部队应战。战斗打响了,东、西、北三面打得很是激烈,只有南面枪声较弱。于是王队长决定向南突围,杀出一条血路,掩护同志们沿大沟向邓家方向转移。可这正中了日军的诡计,战士们突围到开阔地时行进已非常困难。这时埋伏在墓地的敌人轻重武器同时开火,战士们成片成片地被击中,倒在血泊里再也没有站起来,仅在这片开阔地就牺牲了40多名战士。王队长一看硬突不行就马上带队撤回村里,以院子为掩护顽强抵抗,消灭了不少敌人。这时天已渐渐亮了,王队长在墙头观察敌情时不幸被击中壮烈牺牲。不久村子被攻陷,疯狂的敌人冲进村子,见人就杀,见房子就烧,见财物就抢,整个村子顿时变成了一片火海,尸体和鲜血随处可见,哭泣和哀号不绝于耳,令人惨不忍睹。

父亲一看突围无望,灵机一动,连忙带着杜县长和同志们撤进了刘端玉家院子里。为了迷惑敌人,自己又把门楼子和临街的西屋点着了火,很快整个院子烟雾弥漫,炝得人睁不开眼,父亲和同志们全都悄悄地躲进了屋里隐藏起来。搜索的敌人看到门楼和房子都着了火,以为他们的人已搜过了就没再进去。杜县长和同志们不到10个人就这样躲过了这场劫难,只是有几个同志被烧伤,父亲的新大袄也烧坏了。敌人烧杀抢掠一直折腾到过了中午才逐渐离去。

敌人走了后，杜县长马上组织军民救灾，抢救伤员，收殓烈士遗体。母亲在姥姥家听到刘集方向枪声激烈，隐隐约约看到烟火冲天，就感觉到大事不妙，急急忙忙地往刘集赶。回到村子一看，她顿时被眼前的一幕惊呆了。唯一得到的些许安慰就是父亲已安全脱险。两人相见热泪盈眶却一句话也说不出来。她连忙参加了收殓、安葬烈士的工作。母亲强忍着悲痛和恐惧，细心地给烈士们擦手擦脸，送他们干干净净地上路。烈士中还有一位女战士，头一天我的母亲还为她缝补过袜子，两人边做边唠，好像是分别了很久的亲姊妹，可她第二天就牺牲了。母亲在收殓烈士遗体时看到了她，再也无法控制自己的情绪，顿时失声痛哭起来。忽然，一阵风刮来吹动了烈士遗体的衣角，由于过度劳累，悲痛而年轻的母亲被吓得晕了过去。醒来后，劳累、恐惧和悲痛伴随着她，但她仍然坚持和大家一起做完全部收殓工作。从此母亲落下了阵发性的精神分裂症疾病，这病伴随了她大半生，虽经多方求医诊治始终未能治愈。疾病发作时就喊“打鬼子”“打土匪”，有时还会上墙爬屋，受尽了痛苦的折磨和煎熬。

我家当时是做棺材生意的。当时为了安葬烈士，把我家和刘集村木匠铺所有的棺材都用上了还不够，还把四里八乡的棺材都买光了，有些都是现打的。当时，共安葬烈士近 80 人，每名烈士都有棺材，收殓好后埋葬在刘集西门外阳河涯东面的高地上。1957 年（可能不太准确，但有据可查），烈士灵柩全部迁到广饶烈士陵园。烈士中级别最高的是营长，在他的灵柩里还发现了一个铜哨子。四边县（特别是刘集）广大的抗日军民为安葬烈士做出了很大的贡献。

在这场惨绝人寰的浩劫中，刘集村惨遭血洗，干部、战士和村民死伤近百人，绝大多数房屋被烧毁，只有 17 家幸免于难，数不清的财物被抢，消灭敌人 30 多个。这就是令人永远铭记的“刘集惨案”。

1964 年刘百贞大叔来济南看望父亲时，他们一起去拜访了时任济南军区副司令员的杨国夫同志，老战友回忆起那些艰苦的岁月，难免相对而泣，说到“刘集惨案”时更是数度哽咽。杨司令的夫人（只记得姓张）也陪着流泪。

战略转移河海间

1941 年春，抗日战争逐渐进入最艰苦的时期。日寇实施疯狂的“三光”政策，反复残酷地“扫荡”“蚕食”清河抗日根据地。清河区的国民党顽固派组成“剿共联军”，不断围攻、袭击抗日根据地，使清河区的抗日斗争形势更加紧张复杂。小清河以南根据地大部遭敌“蚕食”，日伪军对清河区进行了 20 余次 5000 人以上的大“扫荡”，使根据地遭受了重大损失。到 1942 年下半年，小清河南几块根据地基本上变为了游击区，抗日力量遭受到日寇空前绝有的剿杀。清河区党政军民英勇顽强地坚持对敌斗争，实施的战术是“翻边战术”和暗杀“锄奸”。白天敌人“铁壁合围”，晚上抗日武装就穿插到敌人包围圈外，这就叫“翻边战术”。“锄奸”就是将铁杆汉奸划入“黑名单”，行军期间有机会就对“黑名单”汉奸“动手”，以绝后患。每次行军路过在册汉奸村庄时，父亲就会提醒：“这村还有个事来。”于是派人悄悄进村杀了就走。暗杀“锄奸”让那些铁杆汉奸整天提心吊胆，有的开始转变，秘密给抗日武装提供情报。

面对严峻的斗争形势，四边县政府为了保存革命实力，决定组织战略转移。时任四边县政府财粮科科长的父亲按照组织安排带领战友们转移到了小清河入海口羊角沟（现寿光羊口）一带，隐匿于渔民中间，转战于河、海、陆间，继续开展抗日斗争。跟随父亲一起转移的有他的通信员杨纯信（后任 26 军 5 师政委）、黄启民（大王镇黄璩村人，后任山东省人事局局长）和郭清海（广饶北郭东村人，在济南战役中牺牲）等 30 多名战友。

羊角沟一带环境条件更加艰苦。父亲和战友们吃的是粗粮和野菜，只是比陆地上多了虾酱，偶尔也能吃到小鱼做的鱼汤，饥一顿饱一顿的生活使父亲和战士们都落下了胃病。再就是在海上遇到的最大困难是晕船，特别是风大浪急时更是痛苦不堪。还有就是淡水问题，在海上躲的时间长了，会几天喝不上淡水。更难预料和防备的是日寇的突袭，而且几乎每天都会发生。日军动不动地就向可疑的船只开火，日军的“三八大盖”射程超过一公里，躲避不及就会有人牺牲。

父亲带领战友们面对异常艰苦复杂的环境，一方面，以捕鱼捞虾为掩护，灵活机动地打击敌人。日军从南岸来他们就往北岸转移，从北岸来就转往南岸，遇到日军大范围夹击，就避其锋芒开船驶入大海。一有机会就上岸骚扰敌人，能杀就杀，能炸就炸，能烧就烧，打完就跑，搞得敌人防不胜防、不得安宁。有时也会长途奔袭，深入敌人腹地出其不意地袭击日军，消耗了敌人，壮大了自己。在艰苦的环境中，闲暇之余传播抗日思想，发展党员，动员渔民加入老百姓自己的队伍，不断壮大抗日武装力量。这样自实施战略转移到返回广饶这段时间，父亲带领的队伍已壮大到了近 50 人，还为抗大输送了不少优秀学生。

潜伏广饶城与麻风病人同住一室

与麻风病人同住，这话听起来就令人毛骨悚然，可这真是父亲在抗日战争期间真实的亲身经历。1942 年是抗日战争最残酷的一年，日寇展开疯狂的“铁壁合围”大“扫荡”，对抗日根据地进行分割“蚕食”，为了粉碎敌人的如意算盘，四边县军民进行了针锋相对的斗争。对策之一就是在敌人的心脏广饶城开展武装斗争，伺机消灭日军，破坏军事设施和物资，最大限度地牵制敌人对抗日根据地的“围剿”。1942 年下半年，父亲奉命潜回广饶城执行这个任务。在选择隐藏地点时，父亲想到了一个日军想不到的比较安全的地方——城内一个麻风病人的家作为藏匿和联络的地点。这个人是房德仁家族的，孤身一人，独门独院。房德仁出于心地善良和家族观念，经常送衣送饭接济他，所以在给八路军送饭时也不会引起日军和外人的注意，食宿问题就有了着落。再说人们对麻风病唯恐避之不及，日军更是惧怕传染就不敢靠近这里，这样的地方就成了最理想的隐藏地点。这个院子有北屋4间、堂屋3间，一明两暗，用起来比较方便，同时，还能在最短时间内得到房德仁、李棠林和其他线人提供的情报。

就这样，父亲带着一个小组三个人在这里隐藏下来，与在城外战斗的战友们内外呼应、配合开展斗争。黄启民就是其中的一个成员。他们白天在屋里藏匿，研究敌情，策划活动，为四边县政府获取并提供情报；夜幕降临时出来搞袭击，进行暗杀，破坏敌人的武装，采用尽可能多的手段打击消耗日军的有生力量。这个麻风病人也很支持抗日，一有风吹草动他先出来应对，不过这种情况很少发生。于是，这儿就成了四边县政府最安全可靠的常设联络点和打击日军的据点，对度过最艰苦最困难的岁月和当时对日军的斗争起到了很大的作用。每天，房德仁借送饭的机会（大多是晚上）把得到的情报交给父亲，这些日军“围剿”根据地的情报又会被及时地传给四边县政府，对抗日军民粉碎或避开日军的“扫荡”，准确地消灭日军起到了非常重要的作用。黄启民胆大心细、才思敏捷、成熟稳重、说话细声细语，战友们都亲切地叫他“黄大娘”，他是给父亲出谋划策的助手。还有一个“大个子卜”（吴家村人），身强力壮，有一身好功夫，三五人近不得身，枪法也很好。他们在广饶县城杀鬼子、炸设施，烧物资的破坏活动，沉重地打击了日军的嚣张气焰，有效地牵制了日军对抗日根据地的“围剿”，日军做梦也没想到八路军就藏在他们身边。1942年至1943年近一年的时间里，父亲和战友们时而在城外，时而潜回城里，灵活机动地打击日军。他们的英勇战斗极大地鼓舞了抗日军民反“围剿”的斗志，为粉碎日军的“铁壁合围”做出了应有的贡献。

烈士杜方中

赵新民

杜方中，广饶县前大张村人。杜方中接受的教育是旧式的私塾教育。私塾毕业后，杜方中先在实业家杜长法设在本村的企业里做账房先生，后在杜长法设在临淄县辛店的煤炭公司做账房先生。在此期间，他接触了共产主义思想，结识了李人凤等多名进步人士。

1937 年 1 月，杜方中加入了中国共产党。他大力宣传党的抗日主张，积极组织抗日活动。

1939 年 1 月，日军占领广饶县城，打通了临淄县辛店至广饶县石村的公路，并在沿途安插据点，抗战形势越来越严峻。1939 年 9 月，为赶跑日军，保家卫国，杜方中决定到临淄投奔好友李人凤，参加李人凤领导的八路军队伍。此时，李人凤的队伍已改编为八路军山东纵队第三支队基干二营。杜方中在三支队基干二营任连政治指导员。

1939 年 11 月，杜方中所在部队基干二营从鲁中山区淄河流域的池上出发，向小清河入海口南的清水泊进军。八路军战士冲破日军的阻截，从张店东侧跨过铁路，穿插于敌人的据点之间，于 11 月底胜利到达寿光的牛头镇。从此，杜方中和战友们一起开展了清河平原抗日游击战。八路军三支队既要抗击日军、汉奸，又要对顽军的摩擦和挑衅时刻保持警惕。一年多的时间里，杜方中参加了大大小小几十次战斗。

在游击战中，杜方中所在的部队几乎是一天驻一个地方，即使是群众基础好的地方，最多住两天就要转移。战士们夜晚行军，白天睡觉，时刻保持警惕，睡觉都要抱着枪。

当时的清河区，到处都有日军、汉奸的据点。1940 年 11 月，三支队主力奉命改编为八路军山东纵队第三旅，杜方中先任教导员，后任营长。在旅长许世友指挥下，参加了“三打毛王”的战斗。

在艰难的抗战环境中，要想取得胜利、消灭敌人，就必须在党的领导下，发展党员，壮大组织，发动群众，积极参军，并依靠人民群众，同敌人作斗争。1941 年 1 月，为发展壮大八路军队伍，杜方中接受了新的任务——奉命回家乡到广饶、临淄交界地区号召家乡子弟参加八路军。

杜方中回到家乡，和党组织取得了联系，向地方党组织传达了部队首长关于扩军的指示精神，听取了地方党组织的意见和建议。在地方党组织的协助下，积极开展扩军工作。通过地下党员的联络，组织水王庄、黄丘、贾庄、封庙、璩高、王庄、赵庄、大张、二张、郝家、段家、李鹊等二十几个村的进步青年分批次进行集会。在集会上宣讲抗日主张，号召广大青年不做亡国奴，勇敢地拿起枪杆子，赶走日本强盗。

当时，广饶、临淄交界地区还是敌占区，日军和汉奸的据点林立，大张村东就有炮楼。在这样紧张的势态下，杜方中扩军招兵引起了日军和汉奸的注意。敌人派出特务队、便衣队，明里暗里搜集情报、打探消息，随时准备对杜方中和协助其进行征兵工作的地下党员进行抓捕。

自从杜方中回乡以来，他从来没有在家里住过一夜，为了安全，他很少回家看望父亲和妻子、孩子。每一次回家，他都是悄悄地来，匆匆见个面就走。党组织提醒他注意安全，尽快带队返回部队。杜方中说，还没有圆满完成扩军任务，他想利用春节期间尽可能多地动员优秀青年参军入伍，过完年后就回部队。

寒冬腊月，年关将近。为了能深入群众，便于联系更多的青年参军，杜方中加入了本村的高跷队。在高跷队里，他化装扮演一个叫“金大力”的丑角，袒胸露乳，叼着烟袋，扛着扁担。这个角色不用天天跟着排练，演出时间灵活，方便躲避日军、汉奸到排练场和演出现场抓人。春节前后，根据工作需要，杜方中跟着高跷队到周边村庄巡回演出，利用演出间隙，秘密联络各村党组织和进步青年，最后确定入伍人员名单和回部队时间。

临淄县冯家庄的冯棋也在这次入伍之列，杜方中决定利用春节后到冯家庄探望姑姑、姑父的机会，当面和冯棋确定奔赴部队时间。

由于杜方中这次回乡扩军有时是公开进行的，他的行踪被日军和汉奸安插在各村的情报人员所掌握，敌人开始了一系列抓捕行动。

1941 年 1 月 31 日（农历辛巳年正月初五），天还没亮，杜方中秘密回到大张村的家中。一进门，他将一个包袱交给妻子焦英中。他说："这是我在部队的文件资料，还有征兵的资料，你把它藏好，千万别被敌人抢了去，你要把它看得比生命更重要，宁可丢了性命，也要保护好它。"焦英中也是地下党员，在党组织的领导下，是大张村妇救会会长，在村里做妇女抗日救亡的工作。她问："什么时候带走？"杜方中说："我从冯家庄回来就带走，带着新兵回部队。""放心吧，就是死，我也不能把它交给日军汉奸。"焦英中说。杜方中还从腰里解下手枪和子弹一并交给妻子。

吃罢早饭，杜方中的弟弟杜正中来找他，他们约好一起去冯家庄。

杜方中没有想到此次和妻子的分别，即是永别。

当天临近午时，兄弟俩到了冯家庄北的树林里，他俩潜伏下来，观察村里的动静。春节期间，除去有走亲访友的村民出入，没有发现特别的情况，二人就进了村。兄弟俩给姑姑、姑父拜了年，行了礼。刚吃了几个饺子，弟弟杜正中突然发现院门口有个人鬼鬼祟祟地往屋里窥探。他起身一看，认出是同村汉奸。等兄弟俩赶出门去，汉奸已经跑得没影了。

杜方中认为即使汉奸跑去呈羔据点报告日军，日军也不会立马就到，就又坐下吃饭。没想到几分钟之后，一队汉奸冲了进来，将杜方中堵在屋里。

杜正中正在院子里上厕所，见状翻墙进了邻居家，躲过了一劫。

十几个汉奸一拥而上，把杜方中五花大绑，押着向呈羔据点而去。杜方中被带到据点以后，日军下令把他绑到树上，让他说出八路军在哪里，谁是共产党员，并让他交出参加八路的名单和他的枪。杜方中一句话也不说，闭上眼睛，看都不看狰狞的日军。日军见状便用皮鞭和钢条抽，打累了，就放开狼狗，让狼狗咬。狼狗疯了一样扑到杜方中身上，将他咬得鲜血淋漓。杜方中一度昏迷了过去。但任凭日军严刑拷打，任凭狼狗撕咬，杜方中坚决不出卖部队，坚决不背叛组织。

杜方中决定和敌人同归于尽。

第二天，也就是正月初六，日军、汉奸又对杜方中用刑。杜方中咬着牙告诉他们，他的枪藏在大张村外的一口井里。十几个日军、汉奸牵着狼狗，押着杜方中前往大张村。

正月的天气非常寒冷，汉奸、日军轮番钻进水里找枪，可最终啥也没摸到。杜方中望了望大张村，又看了看在远处围观的村民，趁日军不备，一下子跳进井里，砸到快爬到井口的两个日军身上，和日军一起掉进了井里。

气急败坏的日军看杜方中耍心眼儿，把杜方中从井底捞上来后，十几个人一起动手打，杜方中被打得站都站不住了。

日军又将杜方中带回了据点。杜方中看到与敌人同归于尽未能成功，只求速死。他对日军汉奸破口大骂，横眉怒目高呼“打倒日本帝国主义”“中国共产党万岁”。日军、汉奸恼羞成怒，用刺刀撬开杜方中的嘴，用刀子割下了他的舌头，用刺刀把杜方中活活刺死，杜方中就这样牺牲在了敌人的屠刀之下。

杜方中被杀害之后一个多月，八路军山东纵队三旅派人来到大张村，焦英中把杜方中整整一包袱的文件资料以及手枪、子弹交给了部队上的同志。

张荣五的革命人生

武英颂

张荣五

张荣五(1920—2011),原名武世仁,别名武庆三,男,中共党员,今广饶县稻庄镇南塔村人。1939年7月加入中国共产党,曾任广饶县第七区区委书记、第九区区委书记,山东渤海军区教导营警卫连政治指导员、山东渤海军区教导团特务连政治指导员、山东渤海军区司令部警卫连政治指导员、山东渤海军区炮兵营一连政治指导员,华东野战军渤海纵队炮兵营副政治教导员、华东野战军渤海纵队炮兵营协理员,志愿军第27军81师炮兵团政治处副主任、司令部直工科副科长。1955年,被授予少校军衔,荣获三级独立自由勋章1枚、三级解放勋章1枚。曾任云南省地质局机关党委书记(正处级),云南省地质局疗养院工业卫生处处长兼疗养院院长。1982年12月从云南省地矿局离休(行政14级,享受13级生活待遇),2011年6月去世。

家国迭变,砺志革命

1920年10月,张荣五出生在一个相对殷实的农民家庭。张荣五9

岁的时候，在本村私塾读书。但1929年，家里发生了一件大事，深刻影响并改变了整个家庭的命运。那年张荣五的母亲带着他三弟住在南塔村北约五里路的杨家庄娘家（张荣五姥姥家）。姥姥家比较富裕，一天土匪来杨家村洗劫，姥姥家的人都吓跑了，只剩下张荣五的母亲和张荣五的三弟。土匪见张家的人都跑光了，没有收获，就恼羞成怒，抢走了张荣五的三弟当人质，并限期用钱赎回。于是张荣五家四处借债，好不容易凑齐了土匪所要的钱款，赎回了张荣五的三弟，但家中从此元气大伤。因此在1930年前后，一年多的时间，家中就没有能力供给张荣五上学，他只能辍学在家，直到1931年才得以重新入学。在本村读完私塾后，1935年考上了县内稻庄完小，经过两年半学习毕业后，于1937年8月到县初级中学上学，后因全面抗战爆发，遂辍学在家务农，直至1940年离家参加革命。

三弟被土匪绑架事件以及在稻庄完小和县初级中学上学的经历，使张荣五的思想受到深刻变化，对当时黑暗的社会逐渐产生了不满和反抗意识。在县初级中学时，他的年级主任刘博泉老师、孙贻琦老师等，经常跟他讲一些革命的道理。他还目睹了一个叫王昭津的同学，因参加进步活动被逮捕入狱，出狱后大闹校长室。这些事情使张荣五由一个具有一定反抗意识的农家子弟逐渐认识到了国民党反动派对有进步思想教师的排斥打压，对呼喊正义光明的学生的残酷迫害，从而激发了对黑暗社会的不满和愤恨。而七七事变后，在广饶的国民党势力南撤，张荣五家乡的政权主要由封建势力、土匪等相互勾结组成，他们到处组织所谓的保安队、游击队、训练督导团等，名目层出不穷；地痞流氓等各种坏恶势力也趁机鱼目混珠、鱼肉百姓、敲诈勒索、无恶不作，致使老百姓生活在水深火热之中，人身安全也难以保证。因此，初中肄业回家后的大概两年的时间内，张荣五一直处于异常苦闷的状态中，他一方面帮助家里种地，另一方面残酷黑暗的社会现实又使他不能安心于劳作。穷人的出路究竟在哪里？经过反复的思想斗争，陷入极端不满、痛恨之中的他，终于站出来选择了反抗。1939 年 7 月，在本村党员武洪宝的介绍下，秘密加入了中国共产党。同年 11 月，担任本村党支部组织委员。1940 年 3 月，担任四区辛刘乡（由四区的北辛村和东流桥村组成）支部组织委员，10 月调广北县第七区任分委会组织科长。1941 年 1 月任七区区委书记（今丁庄街道一带）。

勇保主力，智脱虎口

担任七区书记后不久，抗日战争也进入了艰苦的相持阶段，日伪对我根据地不断进行“扫荡”“蚕食”。1941 年 7 月 1 日，日伪纠集惠民、潍县、广饶的 5000 余兵力对我清水泊抗日根据地开展了铁壁合围式的大“扫荡”。反“扫荡”中，担任七区区委书记的张荣五为保全主力部队做出了积极贡献，自己也智免罹难。

当时，根据情报分析，敌人“扫荡”的重点是小清河北，因此张荣五提前率七区机关干部转移到三岔村。该村南邻小清河，地形好，当时的计划是：如果敌人“扫荡”小清河北，他们就由此渡河到小清河南；如果敌人“扫荡”小清河南，他们就在此监视敌情。后来发现敌人是分两路从北边来的，其中日军一队、伪军一队，是来“扫荡”小清河北的。张荣五他们就渡过小清河，到达小清河南的高家港村。谁知道，不久敌人也渡过小清河，驻扎在高家港村。这样张荣五所率的七区区委、区中队及广北县委机关主要成员等就都被围困在高家港村南一带。当时我方作战的力量只有区中队的一个班，明显敌强我弱。根据敌情，他们判断东北方向为土匪改编的伪军，相对容易击破。当天下午，经与县委主要领导张力群等研究后，计划从高家港村东北方向突围。就在着手准备突围时，我主力部队的一个教导营（负责人张继光）派人找到张荣五他们。原来，教导营也被围困在高家港村，同时被围的还有寿光县大队、一个骑兵连等。为更好地掩护教导营突围，鉴于区中队地形熟悉，经研究后，当晚由区中队的这个班为主力部队带路，从高家港村西北方向突围。尽管突围方向与下午商定的方向不同，但是张荣五坚决服从决定，迅速调整了区中队所属班的部署，全面做好了突围前的准备工作。

晚上，张荣五及七区工作人员和县委的主要领导等也随着部队有序突围。快到小堤口村南时，埋伏在这里的敌人轻重火力突然开火，突围的人群一下乱开，纷纷四散躲避。夜色之中，张荣五跑进一块高粱地。天快亮时，高粱地里又来了两个人，一个是区中队的董 ××，带一支步枪，已经受伤；一个是教导营的学员荣立东，他俩也是打散后迷了路。三人经过商量，认为敌情不明，贸然出去很有可能掉进敌人的包围圈，于是商定先隐藏在高粱地里，等天明看情况后再说。但不久，张荣五他们就听到"哇啦、哇啦"的声音，随即发现有一个班左右的日军正端着枪成战斗队形向他们这里搜索过来，而高粱地东南角高处的土埂上，敌人也在向张荣五他们所在的地方射击。这时张荣五三人才发现，他们所在的高粱地很小，根本无路可逃、无处可退。他们决定分散隐蔽突围，能跑出一个算一个。他们迅速把枪支与文件埋藏好，随即分散隐蔽突围。

很不幸的是，突围过程中张荣五被日军翻译发现，被抓住了。日军翻译一边持枪喝问张荣五是干什么的，一边抓起张荣五的手反复察看。张荣五知道自己的手比较软，脸又比较白，说自己是老百姓肯定骗不了日军，于是就说自己是教书的。然后，翻译问他在哪里教书，张荣五说在常家寨。这时，刚才在高粱地东南角高处土埂上射击的日军也跑了过来，倒过枪柄冲着张荣五的额头狠狠捣了一下，张荣五的额头立马被顶去一块皮。由于回答机智，又符合张荣五当时的形象，日军认为张荣五没有撒谎，因此就把他当作一般苦力押着赶到屋子村。到达屋子村后，恰逢曾经认识张荣五的一名汉奸也在那里。为避免汉奸发现自己，张荣五迅速将头顶的苇笠压了压，借以遮挡面部。但由于张荣五与那名汉奸很熟，还是被他发现并向日军告了密，说："他是八路头子！"日军听罢立即用绳子把张荣五五花大绑起来，然后押着他和一群人向广饶县城进发。为摧毁张荣五的意志，路上日军一直用刀背砍打张荣五。7月2日中午到达西燕村后，日军计划在该村休整一夜，先把张荣五关押到一处场院里，后又转移到一个四合院内，将张荣五暴晒在烈日下，并专门设了一个岗哨，时不时拿柴禾棵抽打他，继续用一些非人的手段摧毁他的意志。但毒打、暴晒、饥渴并没有打倒张荣五，相反更加激起了他脱逃的斗志。他设想了4个方案：一是翻过院子西边的矮墙跑到野外；二是如果跑不到野外，就到老百姓家藏起来；三是躲在这间大屋的草堆里；四是天亮后在去广饶县城的路上趁敌人不备跑掉。经过反复比较后，最终决定在敌人黎明出发前整理队伍时趁混乱跑掉，并暗中观察好了地形，他所在的院子在西燕村的最西边，院子外不远处就是坡地，院墙也不高，很容易翻过去。

当日晚饭后，经过两天的折腾，敌人也十分困乏，他们就把抓来的老百姓和张荣五一起赶进西屋，并用绳子将张荣五绑到窗户棂子上，四合院内除留了一个岗哨外，其他人就地休息。为防止人们跑掉，日军还专门在西屋门口插上了一些木棒。但由于关着的人比较多，夜里大家出来解手，一来二去，木棒不久就被拿掉了。这时，趁敌人不注意，日军抓来当苦力的燕中明（张荣五同学）偷偷给张荣五解开了拴在窗棂上的绳子，因时间紧，怕被日军发现，他没敢给张荣五解开身上的绳子。

大概半夜多的时候，张荣五听到院子里一阵吵嚷声，看到放哨的日军走到了院子东南角的大车门附近与在那里生火做饭的日军聊起天来，于是趁机溜到屋外顺着墙根跑到院子西南角的露天厕所里，一个急劲儿翻过了厕所墙，穿过一个农家院子，往西南小跑了一阵，跑到了野外，后越过淄河迅速跑到乌河庄和杨家村村后之间的洼地里，确认安全后躲在一个沟里稍事休息。3日早饭前后，恰好张荣五的一个远房亲戚来坡里割草，发现了躺在沟里五花大绑的张荣五，就用镰刀给他割断了绳子。

随即，张荣五向东北方向走去，中午12点左右到达小堤口村，在该村党支部书记李龙田家吃了一点东西后回到被俘地方，取出埋藏在高粱地内的文件和枪支迅速回到区里。事后得知，由于突围前准备充分、化装得力，教导营等主力部队和广北县委主要成员均突围成功，主力部队有效保全。

带头参军，扬名广北

1944年2月，张荣五调任广饶县九区区委书记。当年12月，冬季反“扫荡”刚刚结束，“查减”斗争取得初步胜利。为保卫胜利果实、扩大主力部队、迎接抗日大反攻，中共渤海区党委召开会议，传达贯彻中央军委于同年10月12日做出的《关于加强全军练兵与部队大整训的决定》，确定了“扩军、练兵、大反攻”的任务，并于1945年春在渤海区抗日根据地开展第一次动员大参军运动。

为保障大参军成效和自愿参军，按照上级指示，结合区内实际，1945年1月20日左右，张荣五召开九区联席会议，对拥参工作作出全面部署，提出所有动参工作必须在“四喜”（即家庭喜、父母喜、有对象的对象喜、个人喜）的基础上进行，着重要求：一是各村检查拥军公约，反复进行拥军教育；二是开展热火朝天的文娱工作；三是确定参军积极分子、培育参军骨干，并将区干部分派到区内各村负责开展动员参军工作。

会议召开后，在春节期间，广九区迅速掀起了一场轰轰烈烈的拥参宣传教育活动：一是除夕给军属送年礼。先送“六大光荣”（即光荣匾、光荣灯、光荣旗、光荣牌、光荣花、光荣对联），再送过年食品，一般是10斤猪肉、40斤白面、20斤白菜、3斤粉条、大葱、豆腐，还有政府的慰问信和优待粮100斤至150斤。抗属们收到礼品后，特别是接到渤海行署李人凤主任和县政府门金甲县长亲手签字的慰问信后，都感到无上光荣和由衷的感激，不少抗属当即激动地高呼：“毛主席万岁！”“首长们健康！”“坚决抗战到底！”二是给抗属拜年。组织各村老少锣鼓秧歌开道，分别给抗属拜年，请抗属到村公所召开新年茶话会，献演文娱节目。三是开展农村闹节。紧密灵活地结合拥参活动，组织各村成立了秧歌队、高跷队、龙灯队等上街串演，进行参军宣传鼓动，开展了形式新颖活泼、内容丰富多彩的闹节活动。四是召开参军积极分子会议。正月初十，在区里召开了参军积极分子会议，着力发挥典型带动作用。张荣五也身先士卒、带头参军，为此，九区的群众也给他编写了“张荣五指导员，带头把军参，好青年跟他走，比武台上露一手”的顺口溜儿并四处传唱，进一步推进了大参军的深入开展。

由于领导重视、部署到位、宣传教育环环相扣，工作细致周密，大大激发了群众报名参军的热情，很快形成了轰轰烈烈的大参军高潮。要求参军的挑战书、应战书、决心书纷纷送到九区区委，涌现出许许多多父送子、娘送儿、妻送郎、爷爷奶奶送孙子、未婚妻送未婚夫、兄弟相争上战场的热烈场面。尤其是商家村、周家村，两村提出各参军一个连展开竞赛。在群众拥参高潮的正月十五、十六、十七日三天内，广饶九区中的一个区就有1000余名人员应征入伍，占整个广北县应征入伍人数的1/3。其中，仅有300户人家、1000多口人的商家村一次就有120名入伍新兵，组建了单独的“商家连”；周家村也送出100多人，组建了单独的“周家连”。正月十六日，在区里举行了隆重的万人拥参大会，渤海军区司令员杨国夫、参议长李植庭、行署主任李人凤、区党委部长陈放、县农委会主任宋立言等领导亲临会议，并为参军人员披红、挂花，《渤海日报》以《广九区万人拥参大会，千名青年报名参军》为题进行了大篇幅报道。张荣五与广北区28名区干部一同参军，广九区参军事迹名震渤海区。拥参大会结束后，张荣五任周家连指导员，于正月十九日带领周家连到八大组（现垦利区永安镇）整训，开赴抗日前线。

渤海上海，战火淬炼

抗战胜利后，人民渴望和平、民主，但蒋介石集团在美国的积极支持下阴谋发动内战。1946 年 6 月，国民党悍然单方面撕毁了《双十协定》，首先向中原解放区发动大举进攻，全面内战由此爆发。张荣五所在部队随即转入解放战争。针对当时我军普遍缺少重武器的情况，在济阳战斗中歼灭国民党军新编 36 师 106 团及配属的两个炮兵连后，1946 年 8 月 15 日，渤海军区以军区警卫连和行署警卫营的两个连为基础，在惠民县组建了渤海军区炮兵营，张荣五任炮兵营一连政治指导员。

随后的日子里，张荣五随所在炮兵营带领一门炮参加了冀鲁豫系列的大小寨战役：1947 年 1 月，配合渤海一分区 18 团、津浦支队、海防大队攻克黄骅县王徐庄据点；7 月，随渤海军区廖容标副司令员指挥的特务 1、2 团和三分区 16 团南下胶济线，配合南麻、临朐战役，先后参加了寿光城南奔袭冯家庄战斗和弥河西岸配合主力部队炮击临朐守敌战斗；9 月底，炮兵营随新 11 师和两广纵队 2 团南渡黄河，攻克黄河南岸国民党军 12 军某部盘踞的高家据点。

同年 10 月 5 日，渤海军区第 7 师、第 11 师组建华东野战军（第三野战军）渤海纵队，原渤海军区炮兵营改编成为纵队炮兵营，下辖 5 个连：1 连是日式一零五榴弹炮和美式山炮，2、3 连是日式山炮，4 连是野炮；5 连是九二步兵炮。张荣五仍任一连政治指导员，并随所在部队先后参加了解放寿光战斗，在西关一带配合新 11 师 18 团担负摧毁城楼、地堡及纵深压制射击任务，发挥了火炮的威力，沉重打击了敌人。

1948 年 3 月，胶济路西段战役（即周张战役）打响，炮兵营配合新 11 师 18 团、渤海三分区 15、16 团攻克桓台城。战斗中，炮兵营 1 门榴弹炮、5 门山炮和 3 门野炮全部参战，40 分钟打开缺口，压制和封锁了敌人的大部火力点，掩护步兵进行爆破、架桥和架梯，为后续部队开辟了前进道路。4月，胶济路中段战役打响（即昌潍战役），在潍县外围战斗中，炮兵营支援步兵进攻擂鼓山和南大营；在攻打县城战斗中，炮兵营射击78发炮弹，命中68发，在城墙上层轰开6公尺宽、2公尺高的缺口，保障了新11师部队架梯攻城。

9月，在济南战役中，渤海纵队编入攻城东集团序列，张荣五时任炮兵营副政治指导员，与所在的炮兵营首先在济南东郊参加了王舍人庄战斗；随后2连、3连配合新11师17团在济南城内进行巷战，一连和四连留在王舍人庄配合新7师1团和渤海军区24团继续围困守敌，经八昼夜的激烈攻坚作战，全歼守敌10.4万余人（包括起义一个军2万人），济南宣告解放。在解放国民党军重兵守备、坚固设防的中心城市的决战性、大规模的攻坚战中，张荣武所带炮兵部队发挥了极其重要的作用。

1948年冬淮海战役打响，张荣五时任炮兵营协理员，直接参加营指挥所工作。12月1日，炮兵营随渤海纵队主力进入徐州市区，在城内担任了一周时间的警备任务后，配属新11师南下蚌埠以北、固镇以西的陈集、崔庄一带参加蚌西北阻击战，为保障兄弟部队围歼黄维兵团提供有力支持。1949年1月6日，炮兵营以10门山炮配属新7师参加何庄战斗，为围歼杜聿明集团做出了积极贡献。战后，渤海纵队政治部组织部部长符浩带着慰问品到炮兵营慰问，给部队以极大鼓舞。张荣五因战绩突出，被授予淮海战役纪念勋章一枚。

1949年2月16日，渤海纵队在安徽灵璧县芦庄集和淮海战役中起义的国民党第59军38师、180师合编为中国人民解放军第33军，编入第三野战军第九兵团战斗序列。炮兵营与起义的原国民党军59军山炮营合编为三野九兵团第33军炮兵团，下辖三个炮兵营，张荣五任一营教导员。

1949年4月渡江战役打响，炮兵团随第99师划归作为渡江第一梯队的27军指挥。渡江前夕，张荣五所在的一营在副团长兼参谋长徐勤英率领下配合30军88师一举消灭了长江北岸桥头堡之敌，为顺利渡江扫清了屏障。过江后，炮兵团沿繁昌、南陵一线以每天八九十里的速度追击逃敌，并取得了炮兵团一个班俘敌一个营辉煌战绩。张荣五本人也荣获渡江胜利纪念章一枚。

1949年5月，张荣五随所在的炮团又参加了上海战役。期间，炮兵团一个营配合29军参加了月浦战斗；另一个营与28军共同担负了攻击杨行守敌任务，为解放上海做出了积极贡献。

抗美援朝，保家卫国

1950年6月，朝鲜战争爆发，美国以联合国名义纠集16国加入朝鲜地面战争，并将战火烧到我国东北鸭绿江边境。8月中旬，张荣五随淞沪警备司令部炮兵团奉命拨归第九兵团，并于9月5日从上海出发到山东泰安集结整训，准备赴朝作战。11月，炮兵团在安东调归第27军81师，张荣五任炮兵团政治处副主任。入朝后，张荣五随所在炮兵团参加了第二、第五次等战役，特别是参加了第二次战役中极其惨烈的长津湖战役，配合主力部队在零下40摄氏度左右的极其恶劣的天气下，全歼了号称"北极熊团"的美步兵第7师31步兵团，击毙了团长麦克莱恩中校和继任团长费思中校，缴获了"北极熊团"团旗，创造了志愿军全歼美军团级建制的事迹。缴获的"北极熊团"团旗现已成为国家一级保护文物。

1950年11月27日晚，早已隐蔽进入长津湖东西两侧的志愿军第九兵团第20军和第27军，以8个师的兵力突然向美军发起攻击，经一夜激战，将美七师和美陆战一师各一部分割包围于下碣隅里、柳潭里、新兴里和古土里地区。根据第九兵团司令部的部署，张荣五所在的炮团在第27军军长彭德清指挥下，与本军的80师和81师共4个团攻击新兴里的美七师31团战斗群。美七师曾参加过太平洋战争中的夸贾林岛、菲律宾莱特岛和冲绳岛之战，有"滴漏器师"之誉，意为完成任务精确准时，是个能打硬仗的部队。与拥有战车与重火器等优势火力和丰富装备的美军相比,我军缺少重炮,轻型火炮又缺乏炮弹;不仅火力薄弱,而且缺乏必需的御寒装备,张荣五他们是紧急从南方奉调入朝参战,很多战士只穿单薄的军装。当时,长津湖地区的温度已降到零下30多摄氏度,10月下旬就早已迎来凛凛寒冬,而且此时该地区又突降大雪,创下了当地有气象观测以来的低温纪录——零下40摄氏度。战斗还未打响就出现了大量的冻伤减员。在这样严峻的形势下,为抓住歼敌战机,我志愿军仍奋勇出击,将81师全部投入,动用80师和81师共6个步兵团及2个师的炮兵部队,于11月30日夜再次向新兴里发起猛攻,在四面八方响起令美军心惊胆战的军号和哨子声。12月1日天明,部队继续勇猛追杀,一直打到长津湖边,全歼美步兵第7师31团,歼敌3191人,击毁缴获坦克及各种车辆300余辆、火炮137门及大量枪械。

长津湖战役虽然获得了最终胜利,但九兵团也就此元气大伤。休整了5个月后,张荣五所在的第27军又继续随第九兵团参加了规模宏大的第五次战役。第27军在兵团指挥部指挥下勇猛攻击,一举突破了美24师的防线,直逼三八线。其后又向南猛插20余公里,与兄弟部队一起击溃了韩国第3军团,缴获大量武器装备,取得了第五次战役第二阶段东线作战的大胜。

第五次战役后,1951年6月,时任师政治部敌工科副科长的张荣五作为师指挥所工作组人员,随所在的第20军81师参加了金城地区防御作战,先后歼敌11000余人。当防线稳定后,第27军奉志愿军总部命令后撤担负东海岸守备任务。1952年10月,张荣五随所在的第27军奉命回国休整。

入朝参战两年多,张荣五积极参战,在长津湖战役、咸南、五次战役、金城阻击战中带病坚持工作,每次都圆满完成了承担的任务,其中咸南战役中脚都被冻伤,仍坚持不下火线。在一次战斗中,为避免白天行军遭敌空中打击，他率部夜间行军，天亮时部队到达森林旁边，张荣五一改常令，没有让部队按照常规躲进树林隐藏，而是命令部队原地隐蔽。果然，不久敌机来后，投下许多燃烧弹，整个树林燃起熊熊大火，战士们逃脱了被烧死的噩运。由于战绩突出，1951 年张荣五荣获抗美援朝勋章一枚；1954 年 2 月，全国人民慰问人民解放军代表团又赠送张荣五勋章一枚。

惨烈的朝鲜战争让张荣五终生难忘，以至于晚年还想再渡过鸭绿江，回到他曾战斗过的地方，去看一看长眠在异国他乡的战友，但终未如愿。

解甲从政，参建三线

1955 年，我军实行军衔制，张荣五被授予少校军衔（准团级）。授衔仪式上，张荣五胸佩抗战以来荣获的 7 枚勋章，英姿勃发，留下了光辉的一页。1957 年，为支援地方建设，张荣五主动请缨退伍转业到地方工作，同时级别也由准团级晋升为副团级。

20 世纪 60 年代，中苏关系恶化，边界冲突不断。为加强战备，1964 年 8 月，国家建委召开一、二线搬迁会议，提出要大分散、小集中，少数国防尖端项目要“靠山、分散、隐蔽”（简称“山、散、洞”），有的还要进洞，在我国中西部地区的 13 个省、自治区进行了一场以战备为指导思想的大规模国防、科技、工业和交通基础设施建设。

当时，张荣五任江苏省地质局第二地质大队党委书记，家就在南京市；岳父家在上海，距离很近，非常便于走动和相互照顾；同时，南京军区公安军司令部（兼南京警备司令部）和上海警备区机关也是以原华东公安部队领导机关为主体组成的，是张荣五原来所在的部队，有许多战友在那里任职，也非常利于工作沟通和照应。但张荣五积极响应“备战备荒为人民”的号召，于 1964 年奉命率领由 1000 余名人员组成的江苏省地质局第二地质队成建制迁入云南，到云南的罗茨组建了云南省地质局第十三地质队。与南京相比，云南的生活工作条件极差，按照江苏省地质局原来的任务安排，带队送下相关人员组建起云南省地质局第十三地质队后，张荣五即可回原单位工作，但考虑到国家建设“三线”所需，张荣五毅然放弃了在南京优渥便利的工作生活条件，最终留在云南工作。1966 年，又动员全家迁入云南。

从少年军医到人民好大夫

李婷婷

1929年11月9日，杨录华出生在今广饶县东雷埠村。8岁那年父母双亲相继离世。1940年6月，一位早年参加革命的老乡回家探亲，看到他可怜，就将他带到部队，卫生队长杨士安是一位老革命，认养成义子，取名杨录华。

在义父的帮助指导下，杨录华开始自学医学知识。白天他紧盯着军医诊疗的每一个细节，晚上在煤油灯下将学到的一笔一画记下来。那时的渤海军区医院医护人员都知道在他们队伍里有一个勤奋好学的少年同事。功夫不负有心人，没几年杨录华就成长为一名合格的急救护理员，被调到渤海军区特务团担任卫生员。1946年3月，还未满17周岁的杨录华光荣加入了中国共产党。杨录华先后参与著名的泰安、孟良崮、济南、徐州、南京、上海和厦门战役，任中国人民解放军29师85团卫生队卫生员，28军医院医助、护士长，福建军区新兵2团1营助理医生、军医。一个乡村孤儿从11岁就走上革命的道路，在战火中锻炼成长，自渤海岸边一路向南直至闽南沿海，历经数十次战斗，抢救伤员数百人之多，获得的军功章：泰安战役二等功1次，济南战役二等功1次，孟良崮、徐州、厦门等战役荣立三等功3次。

杨录华1952年转业回到离别7年的家乡，进入惠民专区第一人民医院工作。杨录华自知在部队学到的只是一些急救护理知识，到地方为百姓治病还必须掌握更多本领，于是他又投入到紧张的学习中去。1955

年春天，杨录华进入山东医学院攻读。在济南的两年时间里，他竟然没有去过近在咫尺的趵突泉。凭着扎实的医学基础和丰富的临床经验，1958年杨录华晋升为主治医师，多次获得表彰奖励。1960年4月，位于鲁北盐碱滩上的埕口盐场医院急需医务人才，好多人都因盐场生活太苦不愿报名，杨录华主动请缨赴任。在这个被人戏称"兔子不拉屎"的地方，他一干就是两年多。烈日炎炎下的盐池边、暴风雪中的荒野小路、深夜摇摆的渔船上，都曾留下这位年轻医生的足迹，盐场职工和当地渔民都知道有一个姓杨的好大夫。

1963年3月，杨录华调回广饶担任县人民医院副院长，后任院长、卫生防疫站站长、卫生学校校长等。他倍加珍惜组织给了他一个施展才华、为民服务的平台，全身心投入到医疗事业中去，他兢兢业业、甘于奉献，用一腔热血在广饶大地上书写出一片人间大爱。

广饶县人民医院是由一家药店转建而来的，20世纪60年代初还是几排破旧的平房，医护人员不足50人，日均诊疗也就几十人，为病人实施手术得用汽灯照明。那时"三年困难时期"刚刚过去，医院来的病号特别多，作为业务院长的杨录华看到寒风中排队的病人心急如焚，他下决心改善医院医疗条件，让老百姓都能看上病。在他力主下，医院引进了十几名医疗人才，设立了内科、外科、五官科、妇产科，使诊疗效率大大提升。杨录华深知人才是医疗事业的关键，面对医院缺少高水平医师而又不能大量引进的问题，他就把心思放在了培养年轻骨干上，而且一直坚持了20多年。根据医院各专科需求，杨录华指导每一名青年医生制订了自己的学习提升计划，常常拖着疲倦的身躯在冰冷的屋子里为他们辅导到深夜，节假日在家里答疑解惑则是常有的事。那时的县医院职工宿舍紧缺，杨录华就将自己住房腾出来让给年轻人，一家老少租住到医院附近的民房里。在杨录华和他的同事们共同努力下，广饶县人民医院快速发展壮大，至20世纪80年代初，县人民医院占地面积4.5万平方米，建有 17 个诊疗科室，医护人员 200 余人，日均门诊量 300 余人，医疗资源短缺与看病难的矛盾大为缓解。

20 世纪六七十年代，广饶县城关公社六、七、八村是距县医院最近的三个村，好多人都喜欢去找杨录华看病，每遇大病小灾第一反应就是：赶紧去找杨院长。杨录华都是随叫随到，俨然成了医院周边居民的家庭医生。对几个年老体弱的长期病号，杨录华时常会登门看望，先问问病情再调调药方，走之前都要握着病人的手说上几句鼓励的话。行医就是行善，在杨录华心里，能为病人治好病，能给别人帮点忙，自己的人生就有价值。

11 岁就开始勤奋学医，10 年战场救护的磨炼、两次 3 年多的高校深造、长期的一线实践，使杨录华成为精通中、西医和内、外科兼并的全科医生，找他看病的患者几乎天天排满。他对每一位病号都如亲人般呵护，以真心、热心和细心为他们解除病痛，赢得了人们由衷的钦佩和感激，好多人说他是广饶的“白求恩”。

1984 年 4 月 23 日，杨录华因病去世，去世后遵其遗愿，将遗体捐献给滨州医学院。

我的父亲英秀先生

赵德兴

赵英秀

父亲赵英秀(1936—2019),笔名忆华,曾用过赵秧、沁华等笔名。称父亲为先生,是因为他做人做事做学问严谨细致、躬身实践的精神值得我们永远铭记和学习。他是我生活中的父亲,更是我人生的导师。

父亲出生于广饶县城西关三铺街,历任政协第四、五、六届广饶县委员会副主席,政协第六、七届山东省委员会委员;广饶县文学艺术界联合会原主席、国家高级作家;民盟广饶支部第一任主任委员。生前系中国鲁迅研究学会会员、中国孙子与齐文化研究会会员、山东省作家协会会员、山东省散文学会会员,中国《杂文报》特约记者,《人民政协报》《团结报》《文史杂志》《春秋》《联合日报》等文史副刊特邀撰稿人,《中国作家报》首席编辑等。

文学生涯的发轫

1956年父亲读高二时，即有诗作见诸报端。当时，适遇我国农村社会主义建设高潮勃兴，应运而生的农业生产合作社，不仅增强了农民抵御自然灾害的能力，而且还为他们的生活带来了极大便利。有感于时代的变迁，兴奋之余，父亲便写下了《社里有了缝纫机》一诗，投寄《广饶大众》报，没想到很快变成了铅字。“咱社里有了缝纫机，做套衣裳真容易，娘亲见了眉眼笑，心里美得甜如蜜……”就是这只有区区十余行的处女作小诗，点燃了父亲文学之途的火花，并且这火花愈燃愈旺，这也许就是父亲文学生涯的发轫与伊始，从而铸就了父亲青春时代的“作家梦”。

1957年，父亲考入南开大学中国语言文学系学习。在诗文濡沫的南开园里，几度春秋，并开始以文艺杂文小震天津文坛。1958年暑期始，父亲参加了著名鲁迅研究专家李何林先生组建的中国现代文学研究会，同年8月13日受到毛泽东主席的亲切接见。1959年5月28日，周恩来总理回母校讲演，父亲有幸聆听其教诲，终生难忘；是年，父亲与人合著的第一本书《热与冷》（杂文集）由人民出版社出版发行，在南开园引起不少震动，正如导师李霁野在父亲的论文《论中国现代文学的思潮与走向》的“评语”栏里所写：“文思泉涌，饶有藏针，善于论辩，望再努力。”师长的激励给予父亲无穷的鞭策和力量。

父亲出生在一个富有文化素养的家庭，从小奶奶就给他讲勤俭持家、艰苦奋斗的故事。而他在孩提时代，目睹奶奶白天耕种田地、夜晚努力纺织的情景，他铭记于心，后来满含深情写作了散文《母亲的纺车》。生活中的耳濡目染、点点滴滴，给父亲提供了源源不断的创作源泉。

常言说“读万卷书，行万里路”。1983年秋，父亲有幸旅居祖国北疆黑龙江省漠河市。北国的山山水水、树木森林，使父亲顿觉祖国一草一木、一溪一花的可爱，一种热爱祖国的崇高的情愫撩拨着父亲。父亲欣然命笔，写作了一批总题为“北极村札记”的散文，如《敬礼，北国红豆》《新》《白菜芯儿》《北极村巡礼》《鹅之曲》《柿情思》《荡秋千》《漠河二题》《古枣树，醒来》《北极村印象》等篇，先后刊发于《散文》月刊、《草原》《北方文学》《中学时代》《解放日报》等报刊，引起热烈反响。尤其是《敬礼，北国红豆》在1984年第7期《散文》杂志上刊发面世后，父亲接到了几百封读者的来信，热情洋溢的话语，令父亲感动不已。

20世纪八九十年代，父亲的散文创作方向趋于抒情，反映黄河三角洲沧桑巨变的《甘露水》，在东营市庆祝国庆40周年散文征文中获奖。抒情散文《我爱你，月轮》，始刊发《黄河口文学·省作协会员专号》，有评论说：“感情真挚，纯青，一似天宇那浩浩的月轮。”

作家澎湃的心潮

20世纪90年代初期，父亲从教育界调往县文联。1993年10月，父亲任县文联主席并兼任县作协主席，专事文学创作。他发奋要以手中的笔，写出不辜负时代的作品。

散文创作记事、抒情双管齐下，如《喜看稻菽千重浪》《乐安风情录》《党人风骨万年铮》《广饶怀古》《黄河口散记》等，纵横捭阖，具有时代精神与乡土风情。

1993年，是父亲创作生涯中获得空前丰收的一年。这一年，他的报告文学《路上，一串金色的脚印》《山花烂漫时》《快马加鞭未下鞍》等，先后在《时代文学》《黄河诗报》等省级以上刊物发表，反响较大。散文《芳香的街市》《红荆林》等，先后被人民文学出版社的“中华散文文丛”收录，又被东营市建市10周年散文集《黄河入海时》收录、选载。影视作品有《激流勇进》《村魂》《纸业明星》等，反响良好。

散文集《北国红豆》1993年11月由百花文艺出版社出版，是父亲创作生活中的一件大事。这是一部30万言的专集，是父亲从发表过的大量散文中遴选集萃而成。全书含《北国情思》《春日漫曲》《轩辕心迹》《园丁手记》《创业礼赞》5辑。作品内容或托物言志,或摹景抒情,或记事怀旧,或议论风生,情感真挚,文笔飘逸,表现了父亲对人生和艺术的热爱与追求。

随着我国改革开放事业的纵深发展,燃烧起父亲作为一位作家澎湃的心潮,他被无数创业者、企业家和英模人物事迹所感动,深入第一线采访,寒来暑往,两度春秋,写作了一篇篇的报告文学,结集为《东营赤子》,于1997年6月由百花文艺出版社出版,计30篇,26万字。这本书以无限的激情讴歌了时代大潮中的“赤子之心”,正如书的《序》中所说:是一幅“祖国改革开放和现代化建设大业方兴未艾、蒸蒸日上,黄河三角洲开发建设日新月异的画面”。

退而不休的余晖

2003年5月,父亲从工作岗位上退了下来。而父亲却愈加忙了起来,思绪沉浸在他所终生热爱的文学中。

散文,是父亲多少年来创作的主要体裁。不过,这一时期的散文,重在写实,以真人真事真情真意,去打动人们的心,诸如《走近孙武故里》《沉醉黄河口》《三姐》《游海南毛公山》《柳荫深处》《只是许身孺子》等。

中华民族具有悠久的历史和光荣的革命传统,英雄豪杰,宛如繁星在天,光照无穷。父亲景仰他们,故而意到笔随,义理自现。文史随笔这类文章,父亲退休后十余年间是写作量最大的,发表量亦居这期间个人作品榜首。诸如《宋庆龄和中国民权保障同盟》《郭沫若三和鲁迅诗》《毛泽东到天津》《茅盾的新疆之行》等。

父亲的许多诗篇写于深夜里,甚或“困睡之时”,瞬间的灵感,一气呵成。此类作品如《心香》《抒志》《雨天的诗》《黄河口诗草》《秋风》等。

十余年间,除了散篇作品外,父亲尚有结集出版的多部专著。散文集《风鹏万里》,2004 年 12 月由百花文艺出版社出版发行,26 万字。全书含《风情篇》《人物篇》《阅事篇》《赋物篇》《思辨篇》5 辑。作品内容或托物言志,或记事怀旧,或富哲理思辨,文笔细腻,吐露心迹,"风鹏万里"既表明了父亲由衷的愿望,又诉说了对艺术的追求。

父亲的散文随笔集《人物与往事》,2009 年 12 月由北京燕山出版社出版发行,35 万字。收录本书的小品随笔、史料发微和忆旧散文,除却谈中国古代人事 1 篇及近代俊杰 2 篇外,余则皆属中国现代范畴。他将《毛泽东到天津》《周恩来关注一分钱盐价》收录书中,向读者展现了伟人心怀国家与人民、艰苦奋斗的高贵品质。本书展示了一些鲜为人知、变幻莫测的人物浮沉,收到"以史鉴今"之效。这本书在写作上特点鲜明,撷取典型、一目传神;摒弃偏见、重在实证;剖析心迹、钩沉探幽;坚守史德、重笔直书。全书呈现于读者面前的是一座群星闪烁的人物画廊,是一段悠长而清晰的历史记忆,诉说着宏观与微观之间、历史与现实之间的瞬间与永恒,读后令人荡气回肠。

退休后,父亲有了更多安排自己生活的日子。他翻箱倒柜,将早些年写作的诗篇旧作,按诗体分类,按时序先后编排。这样整整忙了一个夏天。夏夜,父亲的书房更深夜阑方有凉风吹入,正是一日当中他工作的最佳时刻。功夫不负有心人,经历一番辛苦,编成了《赵英秀文集》卷一和卷二,即诗集《海梦集》和《寻梦集》各一部,于 2013 年 11 月出版。

与星月争辉

在文学领域,父亲笔耕不辍六十余载,是一位多面手,暮鼓晨钟,或孤灯独对,或旭日临窗,以闻鸡起舞的心情,换来卷卷文字。

2016 年,80 岁高龄的父亲,又紧锣密鼓筹备起《民盟广饶三十周年》专著的出版事宜。《民盟广饶三十周年》专著,是民盟广饶组织发展史上的一件大事,作为该书主编,一辈子兢兢业业、严谨治学的父亲,格外负责与重视。该书的策划、组稿、编纂占据了父亲全部的工作生活。他精益求精地编辑，亲自撰写与逐字逐句修改书稿，不畏严寒酷暑，到一线搜集整理材料，每天调度书稿进度，旨在全力以赴地投入，使该书尽快面世。

寒来暑往，春秋代序。在父亲的精心构思、谋篇布局、亲力亲为和有关人员的努力下，书稿编纂完毕，从序言、目录、专著的概略述要、历届主委、大事记、盟员风采、附录到其他书稿等，一应俱全。《民盟广饶三十周年》纪念专著，作为一部史志性图书，是民盟广饶创始人—父亲赵英秀和一届届主任委员带领盟员们将广饶民盟从直属小组发展到总支部的传承史、发展史。专著的编纂出版，留史存志，是一笔宝贵财富，更是对广饶民盟的杰出贡献，在广饶民盟史上具有里程碑的意义。

“衣带渐宽终不悔，为伊消得人憔悴”。父亲毕生与文学结下了不解之缘，不仅在散文、报告文学、诗歌、小说、杂文、影视文学等方面颇有造诣，而且在鲁迅研究、孙子研究、文化评论及艺术鉴赏等范畴发表了一些独特的见解。

“读书写作翰墨香”。父亲一笔一画写人生。在国家、省级以上报刊发表散文、诗歌、报告文学、小说、随笔、论文、杂文、影视文学等共 1000 多万字，作品被收录多种文集。除结集出版的《热与冷》（杂文集）、《同青少年谈美》（文学美学论文集）外，独著单行本散文集《北国红豆》《风鹏万里》、报告文学集《东营赤子》、散文随笔集《人物与往事》、诗集《海梦集》《寻梦集》等文学著作 12 部；主编或参编《孙武·乐安·广饶》《爱我中华爱我东营》《天南地北广饶人》《广饶文史资料》《广饶历史上的今天》等期刊及专著 24 部。作品获得省级以上奖项 20 余种，其中专著《北国红豆》《东营赤子》先后获东营市一、三届“优秀精神产品奖”；报告文学《鹰击长空》荣获山东省作协作家报社“第三届‘振兴杯’征文”优秀作品奖；报告文学《九天揽月震霄汉，万里黄河走东海》于 2004 年 9 月荣获“第二届中国时代新闻人物”优秀报告文学一等奖第一名。专著《人物与往事》被中国现代文学馆与山东省政协文史馆永久收藏与珍藏。父亲事迹收录《中国政协委员名典》《山东社会科学人名辞典》等。

千岩万壑不辞劳，
远看方知出处高。
溪涧岂能留得住，
终归大海作波涛。

2019 年 3 月，懂父亲的我，给远行的父亲带上足够多的笔墨纸砚，让他在另一个世界，继续续写与文学的千古情。

为基层卫生事业奉献一生的父母亲

彭建新

有人说，东营市是一座汇聚了四方英才的移民之城，来自全国各地的人们纷纷汇聚于此，共同投身于胜利油田的开发建设之中。我的父亲母亲，便是这移民大军中的杰出代表，他们毅然决然地离开了自己的故乡，将青春与热血都奉献给了这片曾经陌生的土地。

父亲彭俊武，生于 1938 年 5 月 3 日，籍贯潍坊市寿光市化龙镇辛家村。他的求学之路始于辛家桥完小，在接受了三年的小学启蒙教育后，他离开村庄，1953 年 8 月转入益都第一中学深造三年，最终毕业于山东省潍坊医士学校（现潍坊医学院）。

1959 年 8 月，被分配到山东省淄博专区第三人民医院，这个医院前身为 1956 年 3 月成立的位于现在东营区牛庄村北的山东省打渔张工程民工医院，当时设外科、内科、药械科、放射科、检验科、供应室、病理科、手术室等 8 个临床医技科室，编制床位 100 张；下设 10 个医疗站，每站设床位 10 张。1958 年 9 月，划归惠民专区领导。同年 11 月，改名为山东省淄博专区第三人民医院。1960 年，改称牛庄中心医院。20 世纪 80 年代东营市建市后，改称东营市牛庄中心医院。1992 年 9 月，改称东营市第二人民医院，迁址广饶县大王镇高新技术开发区。

父亲在这个地级医院从事内科医疗工作。自踏入医疗领域起，他便矢志不渝地坚守着救死扶伤的神圣使命。他积极参与各类救助任务，多次率领医疗工作队深入一线，为众多患者带去了生命的希望。同时，他还致力于培养基层赤脚医生，为医疗事业的发展做出了不可磨灭的贡献。

在职业生涯中，父亲于 1978 年 6 月调入广饶县人民医院任副院长，在医疗设施落后、药品匮乏、医务人员不足等困难面前，他从未退缩，而是迎难而上。他始终秉持着艰苦创业的精神，与领导班子同志们共同努力，不断提升医疗水平和服务质量，用实际行动诠释着医者仁心的真谛。1987 年 4 月调入广饶县中医院任党支部书记，从事党务工作，曾经一度将医疗工作搁浅，1996 年退出领导岗位后，又回到坐诊岗位上，一直干到 1998 年 5 月 6 日退休。父亲 1984 年就已晋升为主治医师，后来因为没在医疗一线工作，未能评上副高职称，这也是他人生中一个遗憾。

母亲温同芹，生于 1941 年 9 月 20 日，籍贯济南市商河县沙河乡沙河南街。她出身于一个曾经辉煌但已衰败的地主家庭，童年的艰辛经历让她更加珍惜生活的来之不易。她渴望改变命运，渴望用自己的努力赢得尊重和温暖。尽管当时上学条件很艰苦，每天上学要步行很远，即使冬天脚上都冻了疮，结了疤，但她咬咬牙坚持了下来。因此，她毅然决然地选择了走上医学之路，用自己的知识和技能去服务人民、造福社会。

母亲于 1960 年 9 月进入北镇卫生学校学习中医专业，经过三年的深造，毕业后被分配到当时条件艰苦的黄河三角洲地区沾化医院义和分院（现东营市河口区中医院前身）工作。她没有任何怨言，迅速融入工作，用自己的实际行动赢得了同事和乡亲们的尊重和赞誉。她深知农村缺医少药的现状，因此总是尽自己所能为乡亲们排忧解难。她的服务态度热情周到，无论是普通病人还是急重病患者，她总是耐心细致地诊治，赢得了广大人民群众的信任和好评。

我的父母一生都在卫生医疗战线辛勤耕耘，他们的热爱和执着深深影响了我们兄妹三人。虽然我们未能全部继承他们的衣钵成为医生，但妹妹成功地继承了他们的医学事业，成为山东中医学院针灸推拿专业的一名专科生，在县中医院工作两年后自学考研，后来读了博士，并在中医领域取得了显著的成就。

唐代名医孙思邈曾言:“人命至重,有贵千金,一方济之,德逾于此。”这句话是父母一生行医的座右铭,母亲一生都在践行这一理念,她不仅医术高超,更以无私无利的医德赢得了人们的尊敬。母亲一生都在致力于提高自己的医术,不论是在从医伊始,还是 1973 年调入惠民地区牛庄中心医院,1979 年调入广饶县人民医院保健科工作,1988 年调入广饶县中医院,母亲留下了一串清晰而又坚实的脚印,她不光给病人看准了病,开对症的方,而且都是尽量开便宜的药,她以热情的服务态度、精湛的医术赢得了广大群众的赞誉和尊敬。1994 年 1 月 18 日由主治中医师晋升为副主任中医师,论文有《龙胆泻肝汤临床运用浅谈》(市级学术会议上交流)、《膨胀——肝脾气滞水湿停聚》(《诊籍续焰》)、《早期宫外孕的 B 超诊断与中医辨证论治》(山东中西医结合影像专业委员会第二次年会交流)。

在尘封的老照片中,一张母亲参与广饶县“四清工作团”医疗队的合影留念映入眼帘,拍摄于 1966 年 1 月 12 日。那是 1965 年 8 月 23 日,惠民地委派遣的“四清(清政治、清经济、清思想、清组织)工作团”进驻广饶开展运动工作之后所摄。工作团共计 3012 人,分为 15 个大队、54 个分队、403 个工作组,规模宏大。母亲自那时起,直至 1966 年 12 月工作团撤离,有近一年半的时间在广饶生活,在这期间与父亲结缘,两人的结婚证上赫然写着“1966 年 5 月 1 日”。然而,即便结为连理,他们仍因各自岗位之需,天各一方,过着长达七年的牛郎织女般的生活。

每一个医生家庭背后,都蕴藏着无数感人至深的瞬间和令人辛酸的故事。父母二人,以医术济世,以医德立身,为无数病患带去希望与温暖。然而,工作的繁重与忙碌,却使他们难以兼顾家庭,对子女的照料显得力不从心。哥哥年幼时便被送回老家,与奶奶相依为命,直至上小学才被接回。而我与妹妹,则是在四姑的悉心照料下成长起来的。四姑那时年仅十二三岁，便肩负起帮衬父母的重任，与我们一同在艰苦的环境中生活。她曾告诉我，那时她跟着母亲和我住在义和，没有食堂，需要自己生火做饭，捡拾棉花柴作为燃料，连饮水都需排队等候拉水车运来。母亲每日还需步行二三里路前往工作地点，忙碌异常。即便在如此艰苦的条件下，母亲仍展现出惊人的毅力与能干，甚至连盘炕这样的粗活也能胜任。

在我的记忆中，父母鲜有闲暇时光，更遑论外出旅游。他们的一生，几乎都在为工作和家庭默默付出，鲜少有自己的爱好和追求。母亲曾带领我们回过一次她的老家，那已是我们为数不多的家庭旅行。然而，母亲的工作成绩是有目共睹的。她于 1983 年 3 月被广饶县人民政府表彰为卫生战线“先进工作者”，又于 1980 年 2 月、1982 年 1 月连续获得广饶县卫生局“先进工作者”称号。1992 年 12 月 15 日，她更是当选为广

温同芹参加县人代会

饶县第十三届人民代表大会代表，这是对她多年辛勤工作的肯定与赞誉。退休后，母亲仍坚持在门诊值班，直至因病住院治疗。即便在住院期间，仍有慕名前来求诊的百姓，她从不推辞，总是欣然接受，尽己所能为患者解除病痛。

父亲则是一名忠诚于党的老党员，他于 1976 年 3 月加入中国共产党。他为人正直，从不搞特殊化。在家中，他排行老大，下有四个妹妹和一个弟弟，但他从未利用职务之便为他们谋取过任何私利。他的公正无私和高尚品质赢得了广泛的赞誉。1981 年、1982 年，他连续被中共广饶县委授予“模范党员”称号；1986 年、1990 年、1993 年，他又多次被表彰为“优秀共产党员”。这些荣誉，不仅是对他个人品质的肯定，更是对他一生坚守信仰、忠诚于党的最好诠释。

大王改革路上的旗手李培义

魏玉霞

大王，过去同众多乡镇一样，是一个传统的农业镇，农业一直是国民经济的主导产业。

改革开放几十年，一个不靠山、不临海，没有任何矿藏资源和区位优势，也没有特殊政策扶持的小镇，通过乡镇企业的崛起，带动了现代化农业和小城镇的快速发展，缔造出一个"率先发展"的传奇——全省第一个"千亿镇"；全国综合实力百强镇，蝉联全省第一！

说起大王几十年改革开放发展路，必须提到一个人——李培义。一个土生土长的大王人，大王曾经的"当家人"。他凭一腔赤诚和激情，带领大王从一个无名小镇，一步步发展壮大，高高树起了大王发展的旗帜。

"大王崛起的第一功臣！大王人民的好儿子！"这是人民群众对李培义的评价。

最强优势的启动人

1978年，李培义还是大王公社运输公司的一名会计，正是全国造纸业很不景气的时候，公社党委把他调到了投产不到一年、企业产品滞销、陷入困境的大王公社造纸厂（现华泰集团前身）。当时，厂里的仓库、公社的工业办公室以及供电所的空房子里，全都是卖不出去的纸。他把全厂的70名职工排兵布局，兵分三路跑销售。年底，不仅积压的产品全部卖完，连当年生产的860吨纸也销售一空。当年产值95万元，盈利20多万元。他在造纸厂干了三年,很快使纸厂成为当时大王最大的骨干企业。

1981 年,又从造纸厂调到大王公社工业办公室。大王公社工业办公室,主要负责大王公社社办企业的财务、生产经营和人员调配等,1993 年更名为“大王企业集团总公司”,1995 年 6 月经山东省经委批准,又更名为“山东大王集团总公司”,1995 年 7 月得到省经委批复组建了“山东大王集团”。李培义到工业办公室的时候,全公社共 13 家社办企业,400 多名职工,年总产值不足 500 万元。他相当于这 13 家企业的“大管家”。

当“管家”就得考虑大家的生计,于是他便琢磨着使啥法儿把这些企业办好。大王镇一不靠山二不靠海,没有城市近郊优势,离广饶县城也有 15 公里。“怎么办?凭什么发展企业?”从大王的位置和资源,文化到经济,李培义挨条梳理,大王到底有啥优势?捋着捋着,他忽然眼前一亮,定住了,随即禁不住哈哈大笑起来。找到了!找到了!大王有优势,有自己独特的优势!大王保存了陈望道先生首译的中文第一版本的《共产党宣言》,有山东最早的农村党支部,有革命战争年代为国牺牲的几百名烈士,这些,就是大王独一无二的最大的优势。发扬光荣的革命传统,拿出当年革命人的精神,就能干出事儿来! 2009 年,时任中共中央总书记胡锦涛到大王视察时,李培义自豪地向总书记汇报了大王的这些优势。

在办好乡镇企业的路上,李培义迈出的第一步是:换人。当时,13 家企业的负责人都是撂下庄稼地里的锄头转身领着干“副业”的,年龄普遍偏大。中共十一届三中全会后,随着经济发展的需要,他们那种粗犷的“管理模式”和多年在生产队里形成的认知已赶不上发展的趟,得换!

换人?李培义的想法一提出,一下子捅了马蜂窝。说风凉话的、发牢骚的、看热闹的……迎面涌来。面对种种猜疑和非议,他没有退缩,坚决地对企业领导干部进行了调整。

老的下,新的上。在新人的选拔上,李培义有他的标准。他要选的能人,“能”不是第一位的,而是“选人重德”,把政治素质好、品德高尚、有事业心、无私奉献放在第一位。在这个标准下,李建华、延金芬、李俊福、刘双珉、赵曰岭等一批年轻人走上了企业领导岗位。

新队伍组建起来后,李培义做的第一件事儿,是用党的光荣革命传统激发斗志,统一思想。请老党员、老革命给大家讲大王光荣的革命历史,激发大家干事创业的激情和干劲。用李培义的话说就是,“育人靠党”。

在人才的管理使用上,李培义也有一套。坚持“好马松套,多加草料”,给他们充分的施展空间,让人尽其才、才尽其用,用他的话说就是“支持他、爱护他、不管他”。李培义还经常说:“有胆识骏马,无畏护良才。”在企业领导干部遇到困难和问题时,他竭力给予帮助和支持。

在用心呵护培养下,这批年轻人日后陆续发展成为大王乃至全市全省的知名企业家。他们就是后来的华泰集团董事长李建华、科达集团董事长刘双珉、金岭集团董事长赵曰岭、信义集团董事长李俊福、金宇集团董事长延金芬等。他们是黄河三角洲上企业界的精英和财富,也是大王发展中形成的又一优势,更是李培义引以为豪的骄傲。

创业路上的实干家

大王乡镇企业的快速发展是从东营建市开始。1983 年东营建市。建市之前,大王全镇工业总产值 500 万元。东营市成立后,李培义敏锐地意识到:东营是座因油而生的城市,作为油城的一分子,大王虽说一口油井也没有,和油田现成的资源优势不沾边儿,但可以为油田的生产和石油工人的生活服务,让大王、让东营因油而兴。他及时提出了“产品围着市场转,目标对着油田干”的口号,把企业的发展方向定位于“为油田发展服务”。思路确定后,大王乡镇企业的产业布局应运而生:配件厂(后来的金泰集团)定位于模具生产,为油田提供生产配件;石棉器材厂(后来的信义集团）为油田提供基础性生产材料；上马的石化企业（如后来的金岭集团）也是围绕油田需求而生产。

高远的眼界和高大的格局，让大王乡镇企业的步调与油田的发展和黄河三角洲的兴盛联结在了一起。

在致力于发展乡镇企业的每一个时期，李培义都是怀着一颗对党无限忠诚的心，听党话，跟党走，坚定不移地贯彻执行党在每个时期的方针政策。他坚信，在党中央的路线指引下，坚定不移地按党的方针政策发展，方向是始终正确的。

1984 年，中共中央、国务院和省市县先后作出关于大力发展乡镇企业的决定；同年 8 月，具有关键意义的全市农村工作会议在大王召开。通过贯彻领会此次会议精神，李培义对乡镇企业在发展商品生产、振兴农村经济中的地位、意义和作用的认识有了大的飞跃，决心在发展乡镇企业的事业中大干一场。

就在这几年，他全身心投入到创办企业、发展经济的大潮中。1985 年，根据党和国家的方针政策，在各级领导的大力支持下，多种方式筹集资金 435 万元，当年铺开 7 个新企业新项目。克服困难、培训人才、学习经营管理，并亲自驻扎建设第一线指挥调度，使所有新上企业和项目实现了快立项、快建设、快投产、快见效。7 个项目当年立项当年投产，使大王当年增加产值 850 万元，为乡镇企业以后的快速发展奠定了坚实的基础。

1992 年，邓小平同志的南方谈话，在经济上形成了强烈的号召力。感受着乡镇企业发展的春风，李培义快速行动起来。

1996 年，在这一年寒冬腊月的一天，李培义一行 6 人登上了去以色列的班机，短短一周内，他们重点考察了以色列的高科技农业、蔬菜、滴灌喷灌等。腊月二十，当人们忙着买年货备春节时，李培义等 6 人却背着以色列的彩椒、樱桃西红柿走出机场，乘车直奔大王集团办公室，并立即开会研究发展高科技农业的措施，让以色列的高科技农业在大王生根开花结果。

1998 年,带领大家兴办大王现代化高科技农业示范园。为了抢当年的农时,动员 1.5 万人参战,仅用两个半月时间,建成总占地 3000 亩、1119 个高温大棚的凯银特菜园。其间,李培义每天四点半骑车赶往工地现场督战,一日不辍。

中国加入 WTO 后,经济一体化、市场国际化、竞争全球化的时代到来,乡镇企业面临着新的严峻挑战,李培义率领企业领导干部及时调整思路,制定"企业信息化、国际化"的发展方略,他组织带领乡镇企业厂长四处参观考察,学习管理和如何按照国际规则组织生产、销售,让全镇民营企业尽快实现民营企业国际化,冲出大王,打入国际市场。

改革创新的领跑者

"一个不善于创新的民族是没有希望的民族,一个不善于创新的企业同样是注定要失败的企业。要使企业长盛不衰,必须坚持管理创新、产品创新、技术创新、质量创新,其中管理创新至关重要。"这是李培义挂在嘴边常跟大家说的。

创新意识,一直稳稳地占据着他大脑的制高点。他力求年年走新路,年年推出新举措,不断激发企业生机和活力,有效地调动了干部职工的积极性,促进了企业的持续、快速发展。

20 世纪 80 年代初,为提高企业生产积极性,李培义顶着各种压力,将农村"联产承包责任制"移植到企业管理中,对各企业推行了"联产联利计酬、计件工资制",首先在企业中打破了"大锅饭",成为当时全省制度改革的典型。

1985 年,又学习无锡市堰桥乡的经验,在我市率先推行了"一包三改",1986 年,结合"一包三改",对企业分别推行了"定产值、控成本、盈利分成""利润包干,全奖全赔""定岗联责计酬"。

一连串的新做法，极大地调动了企业生产积极性。1986 年，是值得大王人纪念的一年。这年，全镇乡镇企业发展到 1175 处，形成了“镇办企业门类较多，村办企业处处林立，联办企业蓬勃发展，个体企业星罗棋布”的格局。到年底，全镇经济总收入突破亿元大关，其中镇村企业收入 6900 万元，全镇人均分配首次达到 694 元，大王镇成为鲁北五区（聊城、菏泽、德州、惠民、东营）第一个过亿元的镇，被时任省委书记梁步庭誉为“东营一枝花”。

1987 年，邓小平同志曾把乡镇企业称作是农村改革中“完全没有预料到的最大收获”，是“异军突起”。这支建立于 20 世纪 70 年代社队企业基础之上的队伍，在计划经济的夹缝中开辟了发展空间。

1988 年初，李培义全面推行了“目标加指标”双包责任制和“定任务、包上缴、保财产承包制”，同时改革了总公司财务管理办法，让企业自设银行户头、资金自管，赋予企业厂长经理“十大权利”。乡镇企业活力明显增强，规模逐步扩大，从业人员逐步增多，产值、利税逐年提高。1988 年底，国家开始治理整顿，紧缩银根。李培义洞察形势，处变不惊，及时提出企业要强化管理，实行“内涵”与“外延”并重，要切实按国家的产业政策，抓好产业产品结构调理等管理方略，发动企业开展大讨论，确保大王乡镇企业在严峻的形势和大风大浪中站稳脚跟，健康发展。

1995 年，按照“产业抓骨干，产品抓品牌”，坚持走科技先导型、规模效益型的路子，重点培植华泰集团、科达集团、金宇集团、信义集团、金岭集团、华星集团等十大跨地区、跨行业、跨所有制的企业集团，发展造纸、化工、刹车片、轮胎等项目，乡镇企业形成了“联合舰队”。在“高起点、高标准、高效益”积极实施“科技兴企”的战略下，1995 年全镇开发新产品 14 项，有 7 项获市级以上星火奖，有 3 项填补了国内空白。

自 1997 年，李培义又带领大王集团进入了二次创业的发展阶段。围绕企业市场化的要求，他们树立以市场为本的意识，努力开拓市场、占领市场。经过不懈努力，在二次创业上迈出了成功的第一步。信义集团兼并东营市啤酒厂后，通过加大资金投入，狠抓技术改造，仅两年，就使啤酒产量由原来的2000吨增加到5万吨。1997年7月，华泰集团投入资金3800万元，成功购并市化工厂，通过华泰经营理念的渗入和华泰管理机制的注入，使化工厂当年扭亏为盈。1998年，华泰集团又购并了东营市新华印刷厂。通过收购、兼并和构建企业集团，大王的乡镇企业积累了丰富的二次创业的经验。1998年，全省乡镇企业二次创业座谈会在大王镇召开现场会，充分肯定了大王企业发展取得的成绩。

自20世纪90年代初，李培义就开始在全镇企业中推行“股份制”改革。企业改制过程中，华泰、科达两家企业成功在沪市上市，创出了一个乡镇有两家上市公司的奇迹。大王集团与各成员企业真正建立起以资本为主要联结纽带的母子公司关系，为逐步健全完善科学规范的现代企业制度奠定了可靠的基础。2004年，大王集团在中国企业500强中排名第226位，华泰股份在深沪1314家上市公司五大指标评估中，跻身“2004中国上市公司竞争力100强”，名列第76位。

发展规划的设计师

行走在大王镇的街头，绿树成荫、道路整洁、环境幽雅，银行、医院、学校分布路边，供暖、供水、供气管网纵横，公交车往来穿梭。在赞叹小城镇越来越美的同时，人们没有忘记最初的规划设计者。

1994年，李培义担任大王镇党委书记。此时，乡镇企业不再是他的“独宠”，他心中装的是大王镇的过去、现在和未来，坚持把发展经济放在第一位，把强镇富民当作自己的天职。

李培义经常站在办公室的大王镇地图前，思考大王的发展问题。20世纪90年代以来，大王积极调整经济产业结构，大力发展乡镇企业和高科技农业，农村人口向镇区快速流动。同时，也出现了企业布局分散、设施浪费、区域污染和农业传统产业效益不高、土地撂荒以及农村人口盲目流动等不利于经济持续健康发展的新问题。要解决这些问题,必须有一个合理的布局。

经过反复商讨、论证,李培义提出:“实施‘土地向农场集中、企业向园区集中、人口向城镇集中’,工业、农业和小城镇建设‘三篇文章一齐做’,全面建设小康社会”的总体发展战略。“三集中”,恰如其分地与大王镇完美融合,使企业在更大空间中发展的同时,推动了新型城镇化的发展,带领大王进入了一个新天地。

工业向园区集中。2002 年大王工业园区建设提上了日程,规划了以发展造纸业为主的华泰工业园,以发展轮胎、汽车配件等产业为主的现代工业园,以发展石油化工为主的华星工业园,以发展橡胶制品和机械制造为主的新兴产业园,以发展乳制品、生物工程为主的凯银工业园等大型工业园区。2003 年,在原有园区的基础上重新规划了华泰、新兴、现代、华星、凯银、东营市高效生态农业科技园六大园区,规划项目 41 个,总投资 236 亿元,突出了造纸、轮胎、汽车配件、化工等主导产业。

重大项目的兴建,推进了企业集群优势、产业集群优势和信息化、国际化进程。随后,又调整产业结构,加强对企业的指导和管理,对分布零乱和行业相同的中小企业实行搬迁合并,全部迁移到工业园区中,改变了布局分散、不利防治污染的情况,改善了小城镇的结构布局,同时,还使部分企业实现了兼并和联合,企业形成了规模化发展。

园区建设为企业集群提供了有力保障。目前,大王镇依托园区建设,培育形成了绿色造纸、精细化工、橡胶轮胎、汽车配件四大主导产业,拥有“四上”企业 163 家,其中规模以上工业企业 75 家,已发展成为世界最大的环保型新闻纸生产基地、全国重要的汽车摩擦材料研发制造出口基地、重点子午胎生产聚集地。

土地向农场集中。在国家政策允许的范围内,深化土地使用改革制度。因势利导，推出了《集体农用土地依法流转办法》，根据农民自愿的原则，采取转包、反包、反租倒包等多种形式，加快集体农用土地依法流转进程，鼓励土地向大户、规模化农场集中。

1996年，李培义又确立了"农牧结合、培植大户"的路子，鼓励群众兴办家庭农场，实行机械化作业与规模化经营。当年，全镇涌现出承包土地50亩以上的种植大户60余户，饲养家畜百头以上的10余户。

在土地规模经营工作中，李培义认识到：家庭农场只能解决部分农用土地适度集中，难以与农业产业化和农业大市场对接，要从根本上实现土地更大规模的集中，必须进行更深层次的探索。

工业发展起来了，农业怎么办？如何解决"一条腿长一条腿短"的问题？李培义的回答是："具有光荣传统的大王这片土地，不是包袱而是财富，我们要工农并举，坚持'两条腿走路'，决不能工业上去农业下来！"他带领全镇农村党员干部和群众，向落后的传统农业宣战，向现代化农业进军。

1998年3月，大胆改革，组建了"农字号"股份制企业——山东大王农茂集团股份有限公司，一头接市场，一头连农户，进一步推进全镇农业结构调整，走农业集约之路。

李培义不仅成功地把家庭联产承包责任制的模式运用于大王乡镇企业的经营管理中，而且把工业企业的管理模式运用于农业的生产经营中，真正实现了农业支持工业，工业反哺农业，两大产业齐头并进、协调发展，带领全镇人民走上了宽广的富裕路。

人口向城镇集中。为方便农民进"镇"，李培义向上级主管部门申请，设立了大王镇城镇户口，农民可将原承包经营土地全部退交所在村委，并免除公粮、农业税、义务工，既避免了农村承包田撂荒，又为农民变为"城镇人"开启了通道。同时，在大王镇成立镇区办事处，把进镇农民纳入城镇居民的规范化管理轨道。

为培养高素质的产业工人，成立了山东大王专修学院，为一大批想学一技之长的学生提供了平台。城镇化的发展，还为服务业提供了广阔的发展空间，通过加快商贸街和各专业市场建设，吸引大批农村劳动力进镇从事第三产业。

为让老人安度晚年，1998 年 7 月，投资 400 多万元，兴建了 4350 平方米花园式老年幸福公寓，有 118 位老人住进公寓，过上了现代文明的生活……

随着一批批具有现代特色的住宅楼、别墅群迅速崛起，道路四通八达，大王镇的城镇建设步伐逐步加快，配套设施不断完善，逐步向具有较强辐射力和承载力的开放型现代化小城镇迈进。2003 年 7 月，全省小城镇建设工作会议在大王召开。大王一步步从一个名不见经传的小镇发展成“全国小城镇建设示范镇”。2022 年成功入选首批山东省乡村振兴齐鲁样板示范区。

一茬接着一茬干，一棒接着一棒跑，一张蓝图绘到底。2024 年，大王镇依然坚持锚定“全市当排头、全省创一流、全国争先进”这一目标定位，以新时代大王镇工业发展、城镇建设、乡村振兴三篇文章为载体，凝心聚力加快发展，笃行实干服务民生。

红色基因的传承者

李培义，个头不高，体态微胖，看上去是一个普普通通的人，但其一言一行，总是给人积极、昂扬、向上的气息和力量，这就是他独特的感染力。

感受着一辈辈大王人光荣的革命传统成长起来的李培义，把梦想和追求、情怀和担当、坚守和奉献，都融进了大王这片土地。1979 年光荣地加入中国共产党后，鲜明的红色基因更是潜移默化地融入了他的血液，他无时无刻不用自己的方式传承、感染着他人，“他的队伍”“他的兵”，一路能在正确的航向上扬帆远航，也得益于此。

有“精神”就能屹立不倒，有“精神”就能无坚不摧。在实践中，李培义深悟到“精神”的重要性，他带领大王创业者们在推动经济发展的同时，积累了大量的精神财富。一幅幅宏伟蓝图的实现和“说了算，定了干，干就干好”口号的提出，更是把全镇人民的心连在一起，共同创业，炼就了大王人的气魄和胆识，真正铸就了“大王精神”。

凡到过大王的人，无不为大王强烈的发展氛围所感染，无不为大王人拼搏奋进的精神所感动，无不为大王快速发展的势头和干部群众大展宏图的干劲所振奋。“奋进、创新、顽强、诚信”的精神，成为大王人战胜一切困难、推进各项事业快速进步的精神源泉。

让大王人引以为豪的是脚下这片土地有着光荣的革命历史。在大王镇不断发展的过程中，李培义始终注重弘扬先辈精神，用先进文化凝聚广大干部群众的力量。提出要选人重德、育人靠党，推出了自己称之为“文化聚魂”的战略，李培义从弘扬大王人革命战争年代的光荣传统和永远跟党走、不甘落后的思想境界入手，注重用文化凝聚人心。从年初到年末，好戏连台，元旦献词、“双爱月”活动、“三百评选”（在全镇评选好孝子、好媳妇、好家庭各 300 个）、“七一”集体入党宣誓、金秋花节等接连不断，激发人们干事创业的积极性。其中，至今连续举办 30 多年不间断的“双爱月”活动，根据发展需要，每年确定一个主题，以优秀共产党人可歌可泣的事迹作为教育活动的好教材，经常开展革命传统教育，培养优秀的企业家队伍和高素质的职工队伍。

为了让精神支柱不动摇，李培义还针对不同发展阶段干部群众中出现的不良思想苗头，及时澄清各种错误认识，坚定信念，培养干部群众良好的精神风貌。

随着企业的发展，个别企业和个别厂长、经理受小生产意识影响，出现了对社会公益事业不热心、缺乏大局意识等现象。这时，李培义在全镇叫响了“争当开明企业家,不做糊涂暴发户”“做人堂堂正正,挣钱干干净净”的口号,组织广大干部群众学习讨论。通过学习讨论,在全镇企业和广大干部群众中形成了一种向上、文明的良好风气。针对部分富裕起来的群众存在着讲究吃穿,认为生活舒适安逸就是幸福的现象,李培义清醒地意识到这种狭隘的人生观、幸福观,如果在全镇广大干部群众中,特别是在干部队伍和企业家队伍中滋生蔓延开来,就会销蚀企业家队伍中艰苦创业、奋发向上的精神。为此,发表了《贪图享乐不能要、艰苦奋斗不能丢》等文章,在全镇范围内开展了一场人生观、幸福观大讨论,并组成演讲团在全镇巡回演讲,及时有效地遏制了这些贪图安逸享乐、不讲贡献、不思进取的思想苗头。“富而思源、富而思进”在全镇蔚然成风,弘扬了“人生在于奉献、劳动最幸福”的人生观和幸福观。

在每个发展的关键阶段,李培义都适时提出奋斗目标,并把它变成一些口号,用群众文化活动等形式,大张旗鼓地宣传,做到家喻户晓。“八五”期间提出了“‘八五’超十亿,齐心奔小康”的奋斗目标,并提前一年实现。“九五”开始,“敢超五十亿,争创一流镇”,“‘十五’全民齐奋进,争创百亿镇”,成了全镇人民共同的目标。实践证明,一个响亮的口号、一个宏伟科学的目标,就会成为一面旗帜,统一人们的思想,鼓舞人们的斗志,激发人们的干劲。

从行政岗位上退下来以后,李培义的心一刻也没离开过大王和大王的企业。年虽花甲,仍壮心不已。他把办公桌搬到了大王集团,一头扎进了企业的发展和战略规划调研中。2005 年还创办《创业》期刊,这份大王集团自办的内部赠发刊物,承载起他服务企业、传承精神的又一旅程。围绕把企业做强做大,决策者应该做什么、重点抓什么,他发表了《企业决策者要学法、懂法、守法》。汶川地震发生后,发表了《抗震救灾彰显企业家社会责任》。面对全球性金融风暴对企业的影响,2009 年春节,发表了《牛年来了,我们更牛》的文章,鼓励企业家们坚定信心、鼓舞士气、勇于创新，以饱满的热情、顽强的斗志，攻坚克难，开拓奋进。

依靠光荣的革命传统，并不断弘扬这种精神，赋予这种精神以新的内涵，在大王树立了紧跟党走的信念，营造了一种无私奉献、团结一心的氛围、形成了勇夺第一的气势和奋进不息的干劲，激励着大王人在发展的道路上披荆斩棘、勇往直前，在大王的发展日历上留下了一幕幕感人情景。

改革开放至今，近 50 年的时间，一些曾经是改革标杆的地方或销声匿迹或失去光彩，一些企业或起来或倒下，而大王这面红旗在红色基因的滋养下，始终高高飘扬，在 2024 年全国镇域经济 500 强排行榜中，荣登山东榜首，位列 59。

“大王这个地方长出了我这棵小草，我就应该结上几粒结结实实的种籽，奉还给生我养我的故土。”李培义如此评价自己几十年的奋斗的成果。李培义作为一名优秀的共产党员，没有辜负国家给予的厚望，没有辜负人民对他的期待，他的种种贡献不仅是促进了大王镇的经济与文化发展，同时也是广大群众干部的楷模。

书画合璧冯光明

齐照华

冯光明是黄河三角洲上成长起来的一位成就斐然的艺术家，既是中国书法家协会会员，又是中国美术家协会会员。从他的书法作品在“兴集杯”中获奖，成为东营建市以来第一位在《人民日报》刊登作品的创作者，到20余次在全国性书法、美术大展中入展、获奖，成为整个东营地区仅有的两名国字号双会员之一，他的艺术道路就像九曲黄河一样，不管经历多少曲折与多么漫长，终将百川归流，涌入艺术的海洋。

锲而不舍的书法求索之路

冯光明生于1963年2月，童年时期在石村公社度过，这里既有风光旖旎的小清河，又有底蕴深厚的文化氛围，因而在他幼小的心灵里播下了美的种子。冯光明从小喜欢画画，上小学时就崭露头角，所画的大公鸡、小狗、小兔都有模有样，在小伙伴中小有名气。上初中后，他经常临摹连环画《鸡毛信》《小兵张嘎》和故事书中的插图，引起美术老师郑金山的重视，经常带他去公社搞阶级斗争展览，教他版面设计与制作，其间，他画了大量的宣传画和幻灯片，成为当地有名的“小画家”。

1977年，随着全国高考的恢复，冯光明依依不舍地放下了写写画画，致力于高中和供销学校的学业。1981年毕业后分配到花官供销社，工作了三年，1984年调入县粮食局从事文秘工作，他又萌生了写字画画的念头。1985年拜县文化馆李益年为师，开始系统学习书画。为了增强笔力，他练习了整整三年的《颜家庙碑》《麻姑山仙坛记》等颜楷大字。为了节约纸张，第一遍蘸着清水写，以后逐步加墨，直到把纸张写得一片漆黑才恋恋不舍地扔掉。为了扩大视野，买字帖、订刊物几乎到了疯狂的程度，他曾用近一个月的工资买了一套《草字编》，后来又买了《历代书法精选》《商周金文编》等字帖汇编。到了每年订刊物的 11 月份，他更是提前准备，因为订《青少年书法报》《书法》等报刊需要不少费用，所以他很少买件像样的衣服。业余时间都沉浸在碑帖临摹上，更不会把大量的时间花费在打扑克、喝酒上，某些对此不理解的人认为他是一个不会生活的“疯子”……

功夫不负苦心人！ 1988 年上半年，冯光明从报纸上看到“全国青少年书法篆刻神龙大奖赛”征稿启事，就抱着试一试的想法，将自己一幅书法作品寄给大赛评委会。让他做梦也没有想到的是，这幅作品竟获得了铜奖。《青少年书法报》社长、主编崔学路评其作品“创作精神闪现，飞动可慕”。1992 年 12 月，冯光明书法作品又在“山东省青年第三届振兴中华书法篆刻比赛”中获得优秀奖，并有幸在展览现场认识了邻县的卞葆彤老师。卞老师指出他的作品在用笔的精到、字与字的大小错落以及用水用墨上仍存在不足，同时也给他点明了以后努力的方向。经过两年的调整，冯光明在吸收中国画用墨浓淡分层次的基础上，创作出一幅具有强烈冲击力的作品《辛稼轩词一首》，在 1994 年 10 月寄给《人民日报》报社与中国书法家协会联合举办的“兴集杯”书法大奖赛评委会，经沈鹏等评委的评选获得二等奖，并名列该次大赛的前 4 名。对这次大奖赛，《人民日报》在 1994 年 12 月 22 日、1995 年 1 月 19 日，分两次对获奖作品和作者情况作了报道；中央电视台在 1995 年 1 月 10 日《新闻联播》对他进行了采访；《东营报》也以《通古今变，我写我心》为题，对他的学书经历和获奖情况进行了专访。由于新闻媒体的广泛传播，冯光明收到全国各地的祝贺信 200 余封，正可谓“千淘万漉虽辛苦，吹尽黄沙始见金”。

2000年后，冯光明书法作品先后入展全国第八届中青年书法篆刻作品展、第二届行草书法作品展、首届青年书法篆刻作品展等多项展览，2005年加入中国书法家协会，2008年入展由中国书协主办的“纪念改革开放30周年启动当代名家工程千人千作展”。由于冯光明在书法方面成绩优异，在2006年东营市书法家协会换届时当选为副主席。

腾霄蟠雾的书法艺术

笔者认为，冯光明的书法学习与创作可分为三个时期。

第一个时期是1985年至1996年，从拜李益年为师到入展山东省第三届振兴中华书法篆刻比赛。这一时期，冯光明主要是在字形上下功夫，还没有达到书体自由挥洒的程度。虽然神龙大奖赛的“如龙蟠雾，似凤腾霄”楹联作品，写出了润如春风拂面、辣如干裂秋风的感觉，但颜体和魏碑的结合还略显造作，章法起伏感也不强，落款和正文显得还比较平均。即使在第三届山东省青年振兴中华书法篆刻比赛中获奖的作品，他用颜体和“二王”融合书写的《宋词二首》，卞葆彤看到时，还能感觉到他的用笔不够精到、字与字穿插避让不够自然等不足。

第二时期是1996年至2005年，冯光明认识卞葆彤之后。卞葆彤认为冯光明的书体和王铎很接近，建议他精临王铎，并要求老老实实地临，精精细细地临，把王铎每一笔每一画每一个细微动作都要化入自己心中。由于冯光明有一定的绘画基础，而王铎在用水用墨、章法布局上的突破正是来源于绘画，所以王铎的涨墨法很快被掌握，他临习王铎《报寇葵衷书》超过百遍，几乎达到了乱真的程度。在临习王铎笔法、字法的同时，冯光明还非常注意其蓄势和章法，研究王铎字与字之间的大小错落，体会王铎书写时酣畅淋漓、无拘无束之感，同时注重研究王铎章法的整体性，因为整体性是一件艺术品的最高品质。冯光明在这个时期的作品，包括“兴集杯”、八届中青展及以后的作品，无不是从字法到线条、从浓重到清淡,每一笔都是为整体服务的,甚至落款盖章都是如此。

第三时期是 2005 年至今。加入中国书法家协会之后,冯光明对于书法的理解也有了很大提升。他认为“书法是独立的艺术门类,不能只满足于抄抄写写,而是展示作者心灵和审美追求”。这个阶段,冯光明的书法作品在吸收王铎用墨焦、浓、重、淡、轻的基础上,有意加入篆籀之气,在字与字扭动变形中展示出古朴厚重之感,从而避免快速书写时用笔油滑的毛病,在多种书体融合与重组中挣脱古人书法的窠臼,形成了自己以今化古、以古融今的独特艺术风貌。2008 年入展“纪念改革开放 30 周年启动当代名家工程千人千作展”就是对他独特风格的肯定。

笔墨当随时代的美术之路

纵观中国艺术史,自古就有“书画同源”之说,尤其在笔墨运用上,书画艺术更是具有共同的规律性。在艺术追求上永不满足的冯光明,在其书法水平达到一定高度后,曾与笔者交流,决心向中国画领域拓展。在艺术王国里,冯光明的确是一位一旦立下宏愿就星夜兼程的苦行僧。于是,他毅然决然地重拾画笔,向全国美术作品展览进军。

冯光明认为,中国画必须“临摹与写生相结合、传统与现代相结合、东方与西方相结合”,只有这样才能把中国画的发展推到一个新的高度。2010 年后,他利用节假日和工作之余走进自然,反反复复到峨庄、沂蒙山区和县城内进行写生,搜集素材,所创作的《沂蒙新象》在 2013 年 12 月山东省美术家协会主办的“纪念改革开放 35 周年山东省中国画展”中获优秀奖。之后,冯光明探索更加主动,强化构成在画面中的地位,凸显中国画的“线”与西方构成中“面”的结合力度,逐步探索出了点线面的节奏交织,使整个画面独具黑白灰构成意境的艺术形式。2018 年 10 月他创作的《和合涌动》入选“感恩海洋、朝起象山”全国中国画展,就说明这种探索是有益于创作的。

随着创作观念越来越笃定，冯光明中国画作品的时代性也越来越鲜明，笔墨语言日渐丰富，艺术风格日渐成熟。他的作品先后入选了“南田风骨”第三届全国花鸟画展、“南粤之光”全国中国画展、“新时代新意象”2019首届山水画双年展等8次全国性大展，并在“2019雨花满天”全国中国画作品展中获入会资格（优秀奖），可见他对中国画笔墨与时代关系的理解是深刻的。正如湖北大学艺术学院教授、湖北国画院副院长谭崇正在评论中写到的那样：“他把物象进行了结构重组，使构图更有整体性，用笔更有写意性。冯光明为了使画面更有现代性，在画面中添置了4G、5G基站、标志着出行现代化的汽车等物象，其作品《网络故园》在7000余份作品中脱颖而出，入选第十一届‘西部大地情’中国画油画作品展，足见其对‘笔墨当随时代’的精准解读。”

《和合涌动》

贯通融合的中国画艺术

艺术之路都是曲折向前的，冯光明中国画的学习与创作历程，也可以分为三个阶段。

第一个阶段是1984年至2008年，这个阶段为临古时期，他先后对

《芥子园画谱》、范宽、髡残、龚贤进行了临摹。在学习中，他先是被髡残苍莽的用笔打动，他认为“好的书法是画出来的，好的中国画是写出来的”。后来，他又爱上层层积染的龚贤山水，被龚贤山水的苍润画境、深郁静穆的格调所吸引，通过大量临习，揣摩龚贤“积墨”的精细，也为他第二阶段的山水画创作做好了准备。花鸟方面，他对陈淳、徐渭非常喜爱，他们造型洗练，笔墨率真，笔触简洁而有力，成了冯光明书画融通的润滑剂。

第二个阶段是2009年至2015年，也就是准备参加省展阶段。这个时期他的作品是以表现现实生活为主，并对所表现的对象进行了大量写生，感悟生活，开启了画面现实题材和新的表现语言的探索。他参加省展获奖的《沂蒙新象》就是这一阶段的成果。沂蒙平头的崮和新时期建成的隧道交通公路连在一起，下面画了行驶的汽车，盘山公路一直延伸到上面山凹间隐隐约约的城市，在云气间形成了山区极为新意极为动感的画面，赢得省内专家的称赞。这个阶段，他先后完成了《沂蒙新韵》《红色沂蒙》《苍山行秋》等一系列作品，于2015年12月加入山东省美术家协会。

第三阶段是2016年之后，冲击全国展的中西结合时期。冯光明想在坚持中国画民族性基础上找出一条新路，也就是既要中国画的笔墨形式，又要中国画的现代性，用单纯的笔墨语言来表达色彩丰富的现代社会发展之美。冯光明在关注当代中国画发展的同时，也在关注西方抽象派的表达方式和形式语言，他想到西方抽象派的几何图形和他所要的简洁画面是一致的。特别是2018年春天，冯光明在广饶县城进行楼宇写生，他用大小不等的三角形和多边形打破重组，并用单纯的笔墨进行晕染后，整个画面为之一亮，仿佛一首高高低低的音乐旋律，在点、线、面的敲击下直击他的心灵，一行激动的热泪夺眶而出！之后，冯光明用此方法进行编排花鸟、山水、现代楼宇创作，8次入选全国展，1次获奖，于

2021年7月加入中国美术家协会。

冯光明在中国画创作方面的现代性探索，在根本上还是以传统中国画为根基进行的，是对传统中国画发展的扬弃，是他敢于在世界艺术语境之下的一种可贵尝试。他认为只有打破古代文人画的狭隘和局限，才能向现代中国画创作进行转变，只有转变才能使其成为反映新时代的现代艺术。谭崇正教授认为，冯光明的作品在全国大展中不断入展获奖，正说明他的艺术思想与创作已达到了相当的高度。

应该说，冯光明的中国画创作，是在近年来中国画大写意失落背景下呈现的一道亮丽风景——大写意缺失的实质是创作者对传统文化、书法线条笔墨变化上的缺失，而这方面恰恰是冯光明的强项，他的草书出自王铎，大写意笔墨功底厚实。在此基础上，他探索打通中国画写意和西方油画写实的界限，成功地表达了现代中国画的诗意与意境，完成了从传统中国画向现代中国画的嬗变。

放眼未来，冯光明书画艺术之路会越走越远，越走越广！

丹青写意崔树轩

崔洪帅

崔树轩(原名崔新江),1963 年出生于山东广饶的一个普通农民家庭。在他幼小的记忆中,家庭贫困,父母忠厚温和,父亲是在当地有名的鲁菜大师,母亲贤惠勤俭。早年,受父亲的影响,崔树轩对烹饪产生了浓厚的兴趣。由于父亲的极力反对,没有继承父亲精湛的烹饪厨艺,但是遗传了父亲的艺术细胞,走上了绘画的道路……

艺术是一种独特而丰富的表达形式,它通过各种媒介和方式传达情感、激发思考、展现美感。崔树轩选择的艺术绘画道路是艰辛的、漫长的艺术之旅。在临摹传统中国画、拜访名师、自学的过程中,崔树轩遇到了许多困难和挑战。他常常为了临摹一幅好作品而彻夜难眠,反复推敲,不断修改。他深知,传统绘画不仅仅是技法的展现,更是心灵的抒发和情感的表达。因此,他不断地提高自己的文化素养,阅读大量的文学、历史、艺术理论书籍,汲取丰富的艺术营养。

虽然没有接受过专业的艺术教育,但这并没有阻止他追求艺术的脚步。他深知,要想在中国画领域有所建树,必须付出更多的努力。于是,他利用业余时间,勤奋自学,刻苦钻研,从临摹名家作品开始,逐渐掌握了国画的基本技巧,那些画中的鸟儿灵动、花儿娇艳,生活中生动的物象都深深吸引着他。

经过多年的历练学习,崔树轩的国画绘画创作达到了一定的水平。作品多次参加省级、国家级大型展览并获奖。他的作品形成了自己独特的艺术风格，既有对传统的继承，又有对现代艺术的创新。他近几年创作的作品以花鸟为主要题材，并且创作一大批有着社会影响的鸿篇巨制，精力消耗很大，锤炼了笔墨技巧，用笔潇洒，构图新颖。他以传统笔墨抒写现代意识，用淋漓的墨色水韵，演绎着明媚鲜妍的花、累累丰硕的果、振翅欲飞的鸟……具体刻画细节中表现天机无趣的大美，表现那充满勃勃生机、浩浩生气的写意精神。他的画作不仅给人以美的享受，更能让人感受到作者对生活的热爱和对自然的敬畏。

崔树轩作画还与常人不同，那就是练就了双手同时绘画。著名书法篆刻家赐刊方章一枚“左画右书”。据他回忆，这个特长是在年轻时候经常绘制户外广告逐步练就的。他说，要在墙体上完成几十平方米的广告画，如果用一只手太累，左右手都得用上，时间长了左手也就能作画了。用左手是一个反思维的做法，左右手同时发挥作用，能够增加画面的平衡感。尽管崔树轩在国画领域已经取得了不俗的成就，但他并没有满足于现状。在日常的工作生活中，他并没有放弃对艺术的追求。他利用业余时间继续创作，不断挑战自我，寻求突破。

经过多年的努力，崔树轩在 2017 年成为中国美术家协会会员。这一称号是对他艺术成就的肯定。他深知，这一称号的背后是他无数个日夜的辛勤付出和无数次的失败与尝试，也是艺术新的起点。中国花鸟的绘画造诣深厚，许多当代花鸟画家继承了历代名家的精髓与技巧，崔树轩多年研究与探索，尤其对潘天寿先生的画史、画论、画作均有精湛的研究，险峻的构图、强劲的笔线、独特的造型、画面中流露出的大格局与大气魄给了他许多艺术上的启示，他试图尝试探寻画中的许多与众不同的东西，为其所用，以寻求对自己面貌的突破。

在众多花鸟画题材中，崔树轩选择了自己最熟悉、最有感触的石榴作为研究对象，石榴蕴含着中国人诸多的情感因素和人文情怀，古往今来，激发了多少文人墨客的诗情画意，更成为一个鲜亮的中国文化符号。

《霜华艳秋》

崔树轩的石榴题材画作，在文化意蕴与艺术语言上，综合吸收了传统石榴意象的文人情结与写意风格。并研读古今中外大量石榴画作品，取百家之长，他的画的优点在于得势灵动，在布势之时奇中有正、虚中有实、平中有险，而画面的留白和点线面所形成的笔墨旋律与节奏构成了他特有的画面气势与气息。退休后依然笔耕不辍，崔树轩选择在北京建立了自己的艺术工作室。他深知，北京作为中国的文化中心，拥有丰富的艺术资源和浓厚的艺术氛围。在这里，他可以接触到更多的艺术大师和优秀作品，经常参加一些高层次的艺术活动，被艺术机构和文化公司邀请参加书画展览及开幕式，参加了高端艺术论坛及艺术理论研讨会等。被聘任为“中国传媒大学美术研究所中国画研究员”“中国文促会水墨画专业委员会委员”“北京民族大学特聘教授”。

著名大写意花鸟画家郭石夫为其题写了“素心写秋”，悬挂于崔树轩的艺术工作室。2023 年春，以“素心写秋”为展览主题，在北京高炳山艺术馆举办了一场“崔树轩写意花鸟画作品展学术研讨会”。本次展特殊而又有意义，规模宏大，大咖云集，规格高，学术氛围浓厚。是一场高规格学术展览，也是崔树轩先生“60 岁甲子”阶段总结展览，展览展出近百幅具有独特笔墨风范和个性风貌的写意花鸟画作品,用传统的水墨描绘时代的气象,呈现了一片颇具写意精神的花鸟水墨世界。

中国画写意精神是中国传统艺术的精髓,是中国传统美学的核心。大写意花鸟画作为中国美术史甚至是中国文化史上最为重要的文脉传承之一,没有中断,脉络清晰,从青藤、白阳、石涛、八大山人,再到吴昌硕、齐白石、潘天寿、李苦禅,师传承有序、不失正统,是他们给予中国美术史乃至中国文化发展史的最大贡献。但是,大写意花鸟画创作难度大,对画家的要求极高,且在当下画坛繁复绮丽、工艺制作的大趋势下,中国大写意花鸟画的学习传承出现了式微趋势,需要有更多的有学识、有能力、有成就的写意画家勇于担当引领时代新风。崔树轩先生在当下中国大写意花鸟画领域取得了突出成绩,尤其在绘画中所映现出的那种正大的人生气象与襟怀,正契合了中国文化精神深层的气质与核心。作为有责任于薪传文人大写意花鸟画道统的艺术家,他的写意花鸟画绘画已经形成自己独立的美学体系和语言体系。崔树轩先生成长于齐鲁大地,自幼受儒家文化耳濡目染,立志践行儒家“志于道,居于德,依于仁,游于艺”的君子问道之路径。传承家学、传统文化根基深厚,文史哲学,诗文书画兼修,“学而优则仕”,尤其近年来他走遍祖国大陆的大江南北,用“素心”和“写秋”的方式来领悟自然之美,体悟“写意花鸟”的意境,深入生活感悟写生,又有一种不能在画室里找到的灵感和笔墨的生动性。多年来在他潜心钻研刻苦努力下,在中国画花鸟创作方面取得了可喜的成就,是我县走出去的有一定成绩的艺术家。

铁事传闻

“铁牛山”传说

王世桥　赵新民

在今李鹊镇小郭家村西有铁牛山遗址，关于铁牛山还有一段传说。

据传，千年前，此地曰“太平庄”，村西有运粮河，河东岸设有酒坊、油坊，供十里八乡的百姓生活所需，操业者30余人，俚人曰“桩子”，生意十分红火。然而，天有不测风云，人有旦夕祸福。一年秋夜，风雨狂作，一铁牛闯入桩房，蹄刨角掀，见粮则食，见酒则喝，既而昏昏然酩酊醉卧酒窖中，工众惊散，桩业随废。此始，夜间常妖风四起，“哞”声连连，满坡稼禾屡遭践踏，粮田一片狼藉，连年无收，太平庄不再太平。铁牛来得无端，田禾遭劫，只闻牛鸣风响，不见牛怪动身，疑团重重。如此数年，百姓苦不堪言，强驱无功，任尔锤击杠撬，铁牛处之泰然，村人束手无策。

村有后生安邻者，受众人托，骑快马，驰骋七日，至“普陀落伽山”（浙江省定海）善财岩潮阴洞，请求观世音菩萨前来解难。

观世音大慈大悲，慨然应允，用隐身术将安邻带在身边，赴冥府见九殿阎罗，索查“鬼府妖籍”，探究根源。这铁牛原是公元前305年被蜀郡郡守李冰（字“仲远”，河南项城人，“都江堰”建设者）战败的岷江江神——“苍牛”。当年此怪被李冰战败一路向东北逃窜，直跑得精疲力竭，饥渴难耐，坐于运粮河岸歇息，抬头一看，此地南依泰岱，北邻黄河，东瞻渤海，西眺巴蜀，乃一风水宝地，决意就此栖身，以求东山再起。思量间一阵东风吹来，酒香扑鼻，随即使出呼风唤雨的手段，扑向桩子，山吃海喝醉入梦乡。子夜以导引之术元神出窍，寻食遍野，可害苦了这一方百姓。这牛怪修炼千年，神通广大，非一般凡法所能降伏。观世音查明原委，驾祥云直上天庭，奏知玉帝，领了法旨，其旨曰：“岷江神苍牛为神不检，先祸蜀民后扰渤海，钦命观世音除其仙根，以鬼怪论处，下十八层地狱，永世不得超生，还阴阳二气于天地，还平安于乡民，钦此。”

观世音在太平庄落下云头，于“桩子”东北二百丈指划一地，命安邻集众300人，取土筑成法坛，下层得黑土，此黑土，黑如墨，亮如晶，硬如石，可燃火。世观音以“移天定日”之法，遁阴持阳，使“桩子”长明不夜，令铁牛阳气不得出，破了它的“导引术”。运黑土如山，将铁牛埋于山中，以黑山为中心布下了“乾坤水火太极阵”。内以青龙、白虎、朱雀、玄武四方封设水城。外以巽、离、坤、兑、乾、坎、艮、震八维布下火城，随即登坛施法。先以拂尘着“三昧神火”点燃黑山，火势熊熊，不移时，只听“哞”的一声惊叫，铁牛腾空而起，在三昧火神的烧烤下“哞哞”乱叫。霎时间，火龙翻飞，烤得铁牛刨蹄甩尾，团团乱转，无奈之下突入水城。只见观世音佛目微睁，将圣水瓶一倾，水城内如翻江倒海，奔腾咆哮。铁牛在水城内左冲右突，终不得脱，慢慢筋疲力尽，只能随水漂流。观世音又将水流左旋，把火城右转，使水城之白虎与火城之兑金方位重叠，将铁牛送入火城，转之再三，只见铁牛翻扑颠倒，奄奄一息，最后化为一团烟雾向西方而去。烧铁牛的黑山化为一堆炭砟，后人称为“铁牛山”，历史上“炭砟子”曾成为村名的代称。

观世音收了“乾坤水火太极阵”，又施“移花接木”之术，用杨柳拂尘蘸了圣水，扬手一洒，满野雨露轻飘，沃野禾稼茁壮如初。是日，乡民万众云集，蜂拥而至，荷供焚香恭送观世音归山，场面蔚为壮观。

后来，乡民为彰观世音之功，在村北法坛旧址建了一座气势磅礴的观音庙，庙地14亩，规模较大，建有正殿和偏殿十余间。四时上香，祈雨、消灾无不灵验，让安邻当了庙内总管，香火盛极千年。庙内有一棵特大白杨树，栽植年代不详，树高40余米，树围6米有余，盘根错节，枝叶繁茂，据传是观世音的杨柳拂尘所化，世人皆称奇矣。直到1944年观音庙改为村学，大树被伐卖，收入款做了新学校的办公经费。1951年将庙宇拆除，原材料带去建了崔刘完小。1972年村民推平铁牛山修了水渠。二处圣迹遗迹尚存。

千年巨变，沧海桑田，三界善恶人间留传。俱往矣，清者自清，浊者浊之，自有后人评说。异史氏曰："恶根善根都是缘，三界果报都一般，作恶终有恶来报，行善美名万古传。"不可不鉴也！

西柳村马家湾的传说

马九平　赵新民

西柳村马家湾，因在湾涯居住的多为马姓而得名。马家湾的神奇之处在于，多少年来，无论年景旱涝从未干涸过。其水源就靠本村雨雪积水，在地下水位降至离地平面四五十米的今天，依然水波荡漾。每逢夏秋季节，垂钓者往往齐聚于此。更有外地人前来取水治病，诸多神话传说流传于世。

相传几年前，有垂钓者见到一茶杯口大的乌龟浮于水面，对观者的指指点点毫不畏惧，像是在向人们传递着什么信息。直到有人用鱼竿戳其盖骨，方才沉入水底。由此一些带有迷信色彩的故事就在人们中传开了：在清朝年间，有一村人叫马思坦，当时他是马家湾的管理。其人嗜好养鱼，当时湾中有好多种鱼，有的十几斤、几十斤。他还有个倔强的性格，就是有人买鱼一旦讨价还价，他口中说着“这鱼不该死啊”，马上就把鱼放回湾中，为此也得罪了不少买鱼人，而后他的鱼就干脆不卖了。村民劳作一天下来，到湾里洗洗澡、冲冲凉，顺手就可摸几条鱼回家烹饪享用。马思坦说：“村人杀食非出我意，心宽也。”

年久日远，每当人们夏日乘凉，就能看到大鱼跃出水面，泛出很大水花，发出阵阵泼水声。传得更奇的是，临湾人家常常在夜深人静时分，听到有群孩子在湾边吵吵闹闹，只要有人喊一声：“什么时候了，还贪玩不回家？”便顿然无声无息。开始人们也不在意，但一次神奇的事故，让人们产生了不少猜想。有一天，马思坦的远服孙年方 5 岁，上午出外玩耍，中午没回家，家人亲友找至天黑一点线索也没有。问其同小，有见者说见其在湾边洗手，村人帮其下湾打捞，也没见孩子踪影，其母哭天喊地晕厥过去。就在这时，有四五个同龄小孩把孩子送回来了，村人家人喜出望外，也不知啥时候那几个孩子都不见了。大人急问："孩子你今天去哪儿了？"孩子摸摸头说："就是刚才那几个哥哥让我去他家玩了，他们家屋很高，很多玩具，家里桌子椅子很新很大很好看，让我吃了饭回来的。"可到了次日天明，再带孩子找那人家，却找不到，只是记得在湾边洗着手，以后就记得几个小孩跟自己一起玩。

事后，人们怀疑湾里有鬼怪，怕再有异事发生，便倍加警惕。

据说有一天，一位衣冠楚楚的老者来找马思坦玩，说是来找柳庄主未遇，故而前来登门拜访。马思坦欣然让座，设宴款待。寒暄过后，来者自言姓李，是博兴金桥人士，久闻马先生轻财薄利、珍爱生灵、德高望重，前来拜会。马思坦笑而答曰："李先生过奖了，只是养鱼者则爱鱼，不忍心被人烹之为桌上餐，故而湾中鱼众而肥，令人赏心悦目。"酒过三巡，老者辞归，马思坦约人送之，老者谢曰："来接我之人就在门外等。"待马思坦走出大门，已不见老者身影。

自此，村人日夜防察，青壮人丁持枪叉轮流值班。果然，有一日夜间，出现一帮孩子在湾边玩耍嬉闹，见着追之，纷纷跃入水中，再无声息。有村人卢东河喜欢玩枪，一日他与群人守夜，发现怪异之声，即用黑狗血浸泡过的铁砂子，以枪击之，当即传来一大声怪叫，就无声息。次日天亮，见一行血滴入湾不见。自此再无怪异出现。

一夜，马思坦又梦到来访老者，与其小饮于自家庭院，两人谈吐投机，老者谈笑风生，上知天文，下知地理。辞别前，将20两银锭放于桌面，并对马思坦的关照之恩再三道谢曰："小小敬意，留作茶水钱。"马思坦醒来方知是梦，然而，20两银锭则确实放于桌上，自叹曰："异类竟如此重德尚义，我定不负其托。"一日，马思坦在湾边设宴，请村中德高望重者十余人，饮间马思坦说；“请大家来一坐，我也是受人之托，和大家说个事。”众惊问：“何人所托，又有何事？”马思坦就把前因后果和大家说来：曾记得五年前有一个李姓老者来访，昨夜晚我在梦中又与之共饮，其间，老者说其为异类，乃龙系子孙，借贵方宝地于湾塘居住数百载，后受恩公关照，现已子孙满堂，欲迁往东海。原因有二：其一是时过境迁，多少年后地面水缺少，河流湾坑就会干涸了。马思坦惊问：“你们龙类不是能够呼风唤雨吗？”老者叹曰：“有水则能唤雨，如无水则无能为力。其二是不与村人结怨。前些日子，因老朽家教不严，让众小引来村人惊恐，致使村人以土枪射伤众小，现在已经痊愈。想来我们终不能和人类久居一村，久之必生祸。恕我梦中相告，怕你们托法师之力擒拿我们，那样本来村人是我们的恩人，反而成了冤家，有背天意。”说完鞠躬谢曰：“烦劳恩公代老朽向村人道谢。”马思坦问：“何时动身？”曰：“明日午后。”即转身离去。

正待众村人对马思坦的话将信将疑、议论不一之时，果然西北方向乌云顿起，电闪雷鸣，瞬间大雨倾盆，水天一体。只见湾中鱼跃浪飞，不到一刻时分，雷停雨息，只剩下满村遍野河道沟渠尽是水，看不清马家湾的边缘。从此再无怪异现象出现。

虽然只是传说，可是马家湾有史以来从没干涸过，确实是不争的事实。从古代地理位置上看，马家湾四周河道纵横，南赵村东古运粮河水沿村东向西北绕过西柳村南而西下入济水汇于东海；又有一支从南赵村东往东北自崔刘村、赵寺村中间北去直通济水汇入东海；据传西柳村北也有一条小河与济水相通。20 世纪 50 年代在距马家湾南 200 米的地方打井，到 20 米深打到古船板；湾向北约 800 米处打井时，打到一棵横在底下的树干，因当时条件不能知其径长，只知道老木匠董世尊挖其侧枝，制作椅子一对，木质坚硬；柳桂林挖其侧枝做了一个铡墩。树干究竟多大无人考证。1887 年，西柳村建围墙时，把村南之水导入护村河由西入湾，向北流入河道旧址，现在青砖小桥仍在。

李四胡子抗清

李立顺口述　韩晓东整理

据李中行儿子李含章、李焕章参与修撰的清康熙六年《乐安县续志》记载,李中立带领子弟参与乐安县城防御,被官府表彰为武英殿中书舍人,崇祀乡贤。又载,“李昙章,中书中立子,廪生。”据李桥村现有“李氏家谱”记载,李中行兄弟三人,老大李中正,老二李中立。据考证,李昙章为青州衡王府女婿,因其身材魁梧、胡须繁茂,时人称其为“李四胡子”。李昙章从小身体魁梧,父亲李中立就把他送到衡王府里跟着老师学习武功,三年武功学成,年已 18 岁,身高一米八左右,络腮胡子,长达掩心,当时在青州特别出名。

李中行,字与之,号二水,李家桥李氏第九世孙。明万历三十一年癸卯科举人,万历三十八年庚戌科进士,官至贵州提学布政使司左参政事。李中行在外做官多年,为官一任,造福一方,深受当地百姓爱戴。同时,也为家乡人民做了许多好事。为村中建青龙街、修石桥、立牌坊、建花园、开曲江,建设了很多设施。李中行比较注重家乡建设、庭院设计,在家中建有多座木楼,每逢春暖花开,窗户打开,燕子能从一头飞过全部木楼,被人形象地称为“燕过碉楼十八座”。

另据李中行《南园记》载,李中行辞官归隐以后,购买了位于南郭村南边一户姓岳的人家的十几亩地,然后在那里修建了一个很大的花园,当时称为“南园”,也称“东花园”。园子有东西两个门。东门两侧围墙由松树、杉树枝子和花细竹子编织而成。沿着曲折的小路往南走,再往西拐大约有三里地就到了西门。西门旁边有一座亭子，六根柱子呈六角形排列。绕亭四周有一个大水池。西阁题有“朝旭”二字，东阁上的题字是“夕佳”二字。中间是“日舒堂”，为董其昌所书。北面是正室，室内温暖，适合冬雪季节居住。还有数十间房子，藏书数万卷。邵若矶山人给它题写了七个大字：“元晏先生满架书”。再往北有数亩竹林。一条小路穿林而过。李中行平日常与潘无隐、钱密纬、杨元草、王紫澜、徐太拙，张孝等人在此喝茶饮酒，笑谈前人留下来的诗句，用以自乐。

崇祯年间，天下动乱，朝廷号召地方练团防范，李中立儿子李昙章（时年20多岁），散尽家财募兵勤王，在阳河东西两侧建设军营两座以抗清兵。“东营”自李家桥村向东至马家庄子绵延10余里，时至今日延集村好多地块仍被称为“军地”“营地”等；“西营”自韩桥村向西至淄河东岸20余里。崇祯十五年清兵长驱入关，下70余城。其中一支清军进至今大王镇一带时遇到“李四胡子”军的顽强抵抗，清兵并未恋战，劫掠而去，山东各地称其为“壬午之祸”。

崇祯十七年(1644)，清兵克关入侵，击散“李四胡子”军抗清防线，李昙章下落不明，疑被害于军中。大王沿阳河一带村庄被毁的很多，较多村庄记载称“甲申兵燹”。抗清死难士兵的尸骨分几处埋葬，称为“万人坑”。其中周庄村刘家巷西头阳河崖下就有“万人坑”一处，新中国成立后村民建设房屋时仍能挖到尸骨。

因为“李四胡子”坚决抗清，李家桥为害最重，位于村内的家中房屋尽毁，“连根椽子都没有剩下”；南园更是彻底荡平，所存书籍全部焚毁。李氏家族约有十五六口被害。李含章、李斐章兄弟二人南迁，李含章任南明弘光政权谏议大夫，因受朝臣排挤北返他处隐居。李焕章，字象先，“青州四大家”之一，坚决“仕不二朝”，隐居诸城放鹤园，被世人称为“明朝遗老”。

“李四胡子抗清”的故事因为涉及朝廷，受文字狱影响，正史没有记载，只在个别村庄谱志中有只字片言。但在大王镇阳河两岸人民的口中，代代相传，传颂至今。大王人崇文尚武、变革图存的精气神也在“李四胡子抗清”的故事中得以长存。

2023年4月，“李四胡子抗清”的故事按民间文学项目被审批为县级非物质文化遗产。

武林隐士马风马锷

景曰信　韩晓东

北张淡村马姓家族出了两位武林中人物，二人是亲兄弟，哥哥叫马风，弟弟叫马锷。二人各怀绝技，一生隐遁未出江湖，但几宗事迹流传至今。

马姓在北张淡景、马、于、刘、郭五姓中是居住最早的姓氏，马氏家族祖业殷实，早年宅舍齐整，院中上修楼阁下建地宫，算得上是家大业大，但屡受盗匪之患，家人终日惶恐不安，掌家长者即生培养武功人才以备日后护家之用的念头。

马风生于清嘉庆二年(1797)，卒年不详；马锷生于清嘉庆五年(1800)，卒于光绪六年(1880)。在马风10岁、马锷7岁时，哥哥便请来一位老秀才教二人读书，二年后，哥俩学业并不起色，使家长非常忧心。某日，忽然来了个要饭花子，倒在马家大门口，家人发现后报告主人。主人本是个行善修好的厚道人，闻言便说："天寒地冻肚内无食之故，快抬到屋里来。"吩咐人赶紧喂热汤热饭，又给他穿上件棉衣，来人很快醒过来。经过几天调养，便恢复了健康，还主动为马家干家务活。马家见此人二目炯炯有神，行走矫健，干活麻利，便留在家中。一切待遇视如家人。转眼二年相处，更加融洽密切。到了年三十全家过除夕，放鞭炮，放两响、起花，忽然有一枝起花落在了仓屋顶上，仓屋是草房，屋顶是麦秸披的，眼看着烧了起来，急得老掌柜抓耳挠腮。就在这时，只见一个黑影飞向房顶，扑灭了正在燃烧的麦秸，又将房草整理摊平，然后纵身跳下，落地无声，一场火灾瞬间平息。黑影正是要饭花子，家主大惊，知是异人，立即请之上房、待如上宾，再三道谢，此人却说，一点小事算不了什么。

夜间主人静思回忆：自从此人来后，家中砖瓦未失，盗匪再无骚扰，便稍有所悟。等过了正月十五，主人把此人请到上房，开口便说："壮士啊，你满身武功，屈身于寒舍，相处二年，尚不知大哥贵姓，请实话实说。"这人说："我已在你马家，我就姓马，我排行老二，以后你就喊我马二吧（后称马二）。"主人说："您不愿透露姓名，那我就叫你马二弟，但我家有两个孩子学文不是材料，我想让他们习武，就拜你为师，千万不可推脱。"马二稍加思索后说："我也有个要求，让二位公子白天念书，晚上在地宫里习武，只有文武兼备方可成才。"马风、马锷兄弟俩于正月十六正式拜马二为师，从此白天念书晚上练武。说来也怪，二人读书并不见长进，习武却是天才，马二师傅见老大生得结实便授予硬功，练马弓步，抱石拉弓，舞枪弄棒；老二灵巧，让他练轻功，跳跃奔跑蹿房越脊。时间长了，二人都喜欢上了习武，便弃文就武，日夜苦练从不间断。不觉十年过去，马风练成了抱石拉硬弓，十八般兵器样样精通，尤以擅使棍，力大无穷；老二马锷练成一身轻功，行走如飞，身轻如燕，蹿房越脊如履平地，还有一绝叫飞毛腿。

一日，马二师傅会同家主，把马风、马锷叫到近前，马二师傅说："你二人功夫已成，但我有几句话嘱咐你们，希牢记不可违犯：一不准恃勇欺人，二不准为匪作盗，三不准欺男霸女，四不准人前显耀，五不准随便传艺，能科举求上进保明主效国家最好，若务家则保家护院，自防身决不准伤人，练武以强身健体为要，以上数条汝不可犯，如违为师决不轻饶。"

翌年，正值五月十八乐安城里（今广饶）赶会，马风、马锷哥俩取得家长和师父的同意，约了本村的好友伙伴来到乐安城里赶会，见人山人海拥攘如潮，长男少女纤纤不绝，店铺两侧有买有卖好不热闹。在家习文练武十余年哪里见过这种场面，决定玩个痛快。游来转去不觉中午，因起得早又转了一上午，大家都觉有点饿，便商量吃点啥。来到春秋楼旁见有一家饭馆，便走了进去。本想光吃点饭，但见别人面前摆了酒和菜，自己想咱也别太寒酸了，便要了两壶酒两盘菜，吃喝起来。本来二人在家不喝酒，二两乐安老窖入肚，顿觉心中发烧，便草草吃了点，到春秋楼荫处乘凉。忽听上边吱吱乱叫，马锷抬头一看，见一群鸟形似燕子，但比普通燕子大，很好奇又见鸟很多，飞出飞进叫个不停，便问哥哥这是什么鸟。马风说："是楼燕子，在楼檐下孵小鸟呢。"马锷说掏几只带家去玩玩。马风还来不及阻拦，马锷已纵身蹿上了春秋楼，然后使了个珍珠倒卷帘顺势翻下，单手抓住架檐橛子一手掏燕子，引来楼下观者阵阵喝彩。马锷见众人喝彩心中高兴，趁着酒劲围着春秋楼手抓檐橛转了一圈，喝彩声如雷惊动了官府，捕快包围了春秋楼，大喊拿飞贼，马锷一惊酒醒，知自己犯了戒，便纵身跳下，也不跑，也不反抗，任凭官兵把他带到县衙，后经人取保，证明了身份才放回了家。

哥俩到家后不见了师傅，跪地大哭一场，然后来到师父住过的房间，见桌上有张字条，原来是首诗，诗曰："卑人本姓杨，为盗丧天良。金盆洗净手，甘作叫花郎。前非知痛改，守节饿门旁。风锷当自爱，再犯祸无常。"从此二人谨遵师训不敢犯戒，家长怕他们出仕惹祸不准参加科举，从此甘心务农不问江湖，但也留下几件事迹，使人叹服。

某年正月十六龙丘山赶庙会，四乡梨园八方杂耍前来献艺，各亮绝招争夺头彩，锣鼓喧天好不热闹。其中武术队争场子更为激烈，双方争夺互不相让，争执不休，便大打出手。眼看就要出人命，忽见一人跳在了场子中央，手持一条棍舞动如飞，纵身跳起一棍劈下，山坡撼动，震耳欲聋，大喊一声，再不住手和我来斗。众人一看，虽是初春但地尚未化冻，这一棍平地砸下了三指深，惊得众人吐舌出了身冷汗，双方立即停战，场子恢复正常，再找那人已不知去向。旁边有认识的人说："此乃北张淡村马风也。"有一次，马风和几个伙伴到河西（淄河）看戏，散了戏往外走，不知叫什么绊了一跤，一摸，原来是一条废了的马拉碌碡。他怕再绊倒别人，就顺手搬起挟在腋下走出了戏场子，边走边和同伴讲剧情，等过了淄河时才想起挟着条碌碡，但他想多年不练了，试试自己的臂力如何，仍旧挟着走，等到了北张淡和荣庄地面交界处，有人说："歇歇吃袋烟吧。"马风说："好，我还带着个小座位呢。"顺手一扔那碌碡，入土一半。众人大惊：走了十余里过了一条河，虽然是晚上，怎么未发现挟着个 200 多斤的东西，真是神力啊。从此，这个碌碡放在该地路旁，成了行了歇脚的座位，也成了该地的标志，至今该地仍称"半截碌碡"。

马风、马锷家住马家巷子南胡同，门朝西，家中养了一头大牛。有一个夏天的晚上，马锷在南墙边杏树底下乘凉睡觉，听到有动静后，便注意观察，少时见有贼已进入宅院并直奔牛棚欲偷牛。马锷顺手拿块披布，潜身在贼人眼前一晃。贼人一惊，再看无人又想向前，忽见黑影又在面前一晃，情知不妙，扭头便跑，欲从中街逃遁，未出胡同早有一人站在面前双手一拦，贼人反身又向巷子北跑，无几步其人早立于前。贼知难逃，双膝跪地，称声师傅到了，小的不识泰山，您就饶了我吧。马锷说："以后不许作贼，再犯决不轻饶，快滚吧。"事后有江湖大盗来劝马锷入伙，马锷说："谁要再提做贼为盗，先把舌头留下。"从贼吓得缩项而逃，再不敢来了。

本地有织布的传统，有的自纺自织自用，有的买线织布卖布赚手工钱。到了冬天刨个大地窖，能安四五张织布机，一为取暖，二为借潮劲不断线，晚上一直织到半夜，马锷也在其中。有一次，天已半夜，大家说："不织了睡觉吧。"马锷说："你们先睡我再织点。"同伴们踏着梯子爬上来，有人说，咱抽了梯子看他咋上来。过了一会儿只见灯光一闪，马锷手端油灯，旱地拔葱，已从三米深、只容一人出入的窖口窜了出来，稳稳地落地，油不撒灯不灭，可见轻功之高。

北张淡有子弟戏，自己有戏箱，说唱就唱。这年春节连唱五天，到了正月十四，大家一商量决定正月十五再唱一天。班主一声令下，不在角的扎台子，在角的响排走场。一直忙到下午，突然发现铜锣坏了，台子已扎好水牌已挂出，戏码已公布，按规矩不能改日子，怎么办？再买新的不是上潍县就是去周村，往返300多里，骑牲口得三天，急得大家团团转。这时，马锷从人群中走出来说：“我上潍县买锣去。”大家说来不及了，马锷说：“请好吧，耽误不了。”一夜无话，到了第二天，三庄五村十里八乡的看戏者刚吃过早饭已坐满了场子，演员开始化装，只有鼓老和班头心里着急，暗暗计划到了开锣时间只好用破锣应付。大家正在着急，只见马锷提着新锣跃身上了舞台，毡帽上挂满了霜雪，第一句话先说没耽误了吧。鼓老接过锣一看，铮新一面锣上盖潍县“仙音堂”字号章，高兴得喊了声好，开锣。后来有人说他正月十五去走亲戚，看见一个人走得飞快，辫子直朝后跑进了北张淡，可见速度之快，真是飞毛腿。

光阴似箭，马风、马锷都已年逾古稀，哥俩也早分居，只有当年习武时的两块上马石仍放在武场上。一天马锷叫儿孙们将两块上马石抬到自己门口，被马风看见了，马风说：“大家的东西为啥摆在你门口。”说罢一手一块挟在腋下，走到马家巷子南口一边放下一块说：“也不属于你也不归我，放在巷子口给马家子孙留个纪念吧。”笔者10多岁时亲耳听王立德老人讲，马风70多岁力挟双石是他亲眼所见。前几年壮小伙子想搬搬试试，咬牙抖劲只搬一块却不能搬过平身，可见马风当年神力并不讹也。

朱八家族

李希明

在近代广饶县的历史上，具有富豪世家、财大驰名的大家族，通常俗称“北有尹培，南有朱八”。“尹湖庄园”已名载县史，而朱八庄园虽不及相提并论，但其朱氏家族的春秋历史也颇具传奇，因知之甚少，仅以此作为追踪寻迹，以记之。

灵地发祥

朱家庄可谓朱氏家族发祥之地，它位于广饶县城东南约4公里，东邻淄河，北依昌潍公路。水路交汇之宝地，淄河大桥就在此地。古今过往必经之路。

追溯历史于清朝，乾隆年间，朱姓先祖朱得玉，由临淄迁移此地，立村朱家庄。历经数代繁衍生息，艰苦创业，崛起了一个以朱姓为主的大村庄。因此地气候适宜、土地肥沃、交通便利，是水路之要塞，故成为县辖区内政治、经济、文化、教育的中心。自古到今在此设立过军兵驻扎地、乡公所、公社驻地、粮站、农场、农机站、马站、信用社、供销社、卫生所、畜牧站、红专大学、县会计培训班、农业中学、朱家中、小学、幼儿园等。可见，朱家庄是一风水宝地，灵地发祥，人杰地灵。据朱姓族谱记载，清末民初出了多位县级官员，多位太学生，多位四乡钦服的乡饮嘉宾，多位财主、富农、地主。朱八家族当为首富。

朱八，名金章，字斐卿，约生于1881年，故于民国年间，太学生。叔伯兄弟 10 位，他排行第八，号称朱八。其父朱建平，幼年家贫，成人后经商有道，致富发家，为后辈朱氏家族发展家业奠定了基础。朱八继承祖业后，因头脑聪慧，治家有方，善于用人。他不再以务农为主，用心经营商业。兄弟几个合伙经营，各有分工，他是掌握全盘的人。凡事自己亲自干，有“样样通”的雅号。在外交上结好当政，广交朋友，联络同行，言而有信。营销货物以质量为本，薄利广销，商铺逐年扩充，经济力量日益增多。在青岛、天津、益都、广饶，都有商号、铺房。生意兴隆发迹后，在家扩建宅院、置买田地，成为广饶历史上有名的富豪家族。

朱八庄园

朱八庄园，是一个经几代人扩大建立而成的庄园。庄园分为两大部分。庄内部分位于朱家村的中心地带。南北大街西侧，有一高大的拱形大门坐西朝东，内有一条东西走向的街道。向西不通，有一岗楼对峙庄门，上设枪眼垛口。街南是空旷的场地，东、南、西均有房屋，设有圆仓、马号、磨房等。街北是主建筑群，四周围墙高立，有三个方形四合套院。门楼高大，楼上飞檐走兽。门前两边石狮蹲立，十分壮观。内有高阶大台屋、会客厅、两厢房、两层小高楼、地下室。各院有小门相通连为一体。水井、花池、暖炕、凉亭设施齐备。庄外部分，在村庄以北，像一幢田园别墅，呈长方形，占地百亩，分前后院。前院大门高耸，畅通车马，中间是场院，专用收打庄稼。两边都是饲养室、农具库、长短工房等用房。后院有供休养、欢赏的二层高楼，有客厅、账房、饭堂等住宅。再后边是一片果园，以杏树最多，号称杏园。

朱氏家族的鼎盛时期在清末，是朱八家族几代人营造的。在本村有土地 100 多亩，有长工多人，农忙时短工几十人，有管家、账房先生。打的粮食主要供人食用，源源不断供青岛、天津、益都商业之需。朱八族人多，兄弟几个绝大部分经商，分工合作。主要经营丝绸、布匹、油行等商业。特别是青岛商号多处，资金雄厚，资产扩增，是属资本家、大地主双重富豪家族。

神奇兴家

任何事物都有兴衰的过程，都充满难以预测的机遇。朱氏家族最初是弱小的，有着曲折发家之路。朱八之父名叫朱建平。小时候，家境贫穷，房无几间，地无几垄。据老人传说：朱八的父亲排行老四，俗称朱四。他父母辛苦一年收的粮食总是不够吃的，因生活困难常饿肚子，这一年春天青黄不接，正在上学的朱四饿得难以忍受，不想上学了。他哥哥知道后，不同意弟弟下学。因为自己早已退学，弟弟有才分，退学太可惜，说什么也要支持弟弟上学。他一边给人打工，背着弟弟去人家菜园里偷来南瓜，为弟弟充饥，度过了一段困苦的岁月。

后来朱四长大成人，有了文化，识文断字，决定做生意发家致富。他虽有头脑，但万事开头难。当过学徒，做了几项买卖都没成功。后来得到一信息，去鲁西南莱芜地区做销售扎腿带子的小本生意。旧社会妇女缠足，把散着的裤脚扎起来，以显小脚之玲珑，需求量较大。扎腿带子有质量之分，有布料的，有绸缎的，长 1 米、宽 10 厘米。两头有线缀。这种带子当地农家女人大都会手织，在当地收购上产品去外地卖很赚钱。他拿定主意去闯一闯，又怕别人抢生意，决定自己去。他备上干粮，推起自家仅有的独轮小车上路。如同“走西口”一样出发了。他一边走，一边问路。要走几百里的路，而且要走很长一段山路，好几天才能到达。朱四凭着年轻力壮，血气方刚，风餐露宿，到达南麻头市场。据他说，那里妇女很喜欢买这种带子，由于他买卖公平，生意好做。据后来人说，在返回的路上，突遇风雪天气。大雪覆盖路面，他迷路了。山路难行，转来转去转不山谷。天气冷，干粮尽，口又渴，走入绝境，无奈之下躲进一石洞歇息。石洞不大，他累极了，蹲下来正在胡思乱想，突然“忽”的一声，一只老虎撞在面前。他下意识地“啊”了一声,闭眼等死。可再睁眼一看,老虎掉头跑开了。他蒙了,再低头一看,面前有一大块肉。他又惊又怕,第一反应就是快离开这里。他很快捡起肉,推起小车跑下山,几天中靠这块肉充饥回到了家。朱四逢人就讲是老虎救了他一命,是老天保佑,大难不死。别人半信半疑,他心中自命不凡,做事更加大胆了。这事从事理上讲:虎抢得兽肉,想躲进石洞吃掉,没料到突受惊吓,丢下口中之肉跑掉,他侥幸虎口脱险,也在情理之中,决非神虎相救。

而后,他更加自信,继续往返两地跑生意。只卖一种商品不行,又增加了种类,如扎包、织袜、毡帽等织品。起初收购乡人的,后来以自己加工为主,办起了加工厂,生意越做越大,运输增用马车,人员也增添了几个,逐渐发了家。

诚信发家

朱氏家族的发展,由穷变富,由小到大,体现着中国封建社会历史的发展轨迹,也是封建统治者所造成的产物,这是社会的原因。体现在人文的历史上,是一个世家的兴旺发展,也是家族的荣耀,是故乡的骄傲。

朱氏家族兴旺发达到十五世人朱八,即朱金章之手上。他继承父祖的治家、经商方略,更善于用人,选用亲属中有才之士,量材使用。如朱老十善于外交,让其与官场交际疏通财路。懂业务的、善交易的,都严格分工,各负其责,善于调动发挥人的因素。

诚信发家兴业,才是朱氏家族致富的根本。早年,传说朱八的父亲在南马头做小买卖时,本钱很少。一个房东看他忠厚老实,借给他些钱做本,不要利息。他凭着借来的本钱,很快发了财。他十分感恩这位房东,而后,加倍偿还了这笔借钱,长期当恩人相待,尊为挚友。起初收购产品,都是销后再付钱,在多年的交易中,言而有信,从不失信,在推销货物上,质量为本,取信用户。采取薄利多销,稳定主顾,善待客户。从不失信,多年来一如既往，令人钦服。

开明好施

清末民初，尤其七七事变后，地方上政权更迭，官匪勾结，军阀混战，苛捐杂税多如牛毛。破巢之下完卵难存，兄弟又分家，各个商号先后缩小。在青岛的朱氏产业合股有专人经营，朱八之子朱可智（号称“三掌柜”）则回乡投身农业，料理庄园。他具有其祖上致富发财之道，又有理财治家的头脑，使资产丰厚，维持了朱氏家业。他又有开明善施的一面，在维持祖业中适应了社会潮流。据长工朱学海回忆说：“‘三掌柜’思想开明，对贫苦百姓、家乡父老经常接济，遇到荒年救济给乡民的粮食不计其数。我就曾接受过多次，他叫长工把成布袋的高粱送到我家里，要不日子不好过。”

1939年，北高村的高大娘带着大大小小几个孩子讨饭来到朱家庄。谁都知道高大娘思想倾向八路军，为八路军当交通员，被一伙伪军追赶着，无处躲藏，朱可智看见了，把高大娘拉到庄园里掩护起来，给饭吃，并留在他家住下。危险过去后，又派人送去满袋的高粱，救助高家生活，高家后人一直称赞朱氏财主开明好施。朱家庄上的老百姓，尤其近族人，在那动乱的年月得到了他庇护。朱氏家族财大气粗，结交权贵，为本地群众争得某些利益和平安。

朱氏遗踪

流水落花春去也，古今兴衰一挥间。显赫一时的朱八家族是时代的产物，兴旺发达到衰落破败是事物发展之规律。1946年华东地区土地改革开始，斗地主分田地，其势如暴风骤雨。作为朱氏后代的朱可智是斗争的对象，他逃避罪责，丢下老婆和孩子，闻风出逃，至今下落不明。其妻迁回娘家带子改嫁他乡，其直系后继无人。朱氏庄园并财产全部归公，一部分土地、财产分给农民。庄园房宅作为乡政府机关、学校、粮库。外庄园作为县农场、畜牧兽医站等。保留多年的几幢小高楼，于 1986 年拆除。昔日巍峨瑰丽的庄园古式风格的建筑群，荡然无影了，现今统一规划新建了民宅。在青岛等地的商行，人去无主，又经公私合营，据传有大宗私有资金封存，楼地房权归属下落不清，家族中有股份者曾查找无果。错综纷纭的朱八世家中，最后有两件悬案：一是“三掌柜”朱可智下落不明；二是青岛股份资金，资产归属不清。

秦奎良与慈禧太后的一次邂逅

孙晓辉

1900年8月15日(光绪二十六年七月二十一日)傍晚,北京居庸关以西僻道上,几辆骡车缓缓行来,拉车的骡子嘴里冒着白沫,疲惫不堪。头辆车上坐着一个老太太,满脸倦容,头上梳着汉族老妇人常见的大髻,身穿蓝色夏布衫,看样子就是一个农村老妇模样。第二辆车上一个面容清瘦的汉子,有30来岁,穿着一身黑色长衫,还很不协调地裹着一条黑布战裙。骡车后面,拖拖拉拉地跟着长长的队伍,一个个步履蹒跚,踉踉跄跄地跟在后面。

最前面的骡车忽然停下来了,后车上一个50多岁的男子急忙赶上来,老妇说:“一天没吃饭了,我口渴得很,你去找点水来。”男子答应一声去了,好半天,两手空空回来了,低着头不敢说话,老妇见状,长叹一声:“赶路吧!”

骡车继续前行,前面忽然出现了一队人马,迎面驰来,老妇脸色大变。待走近,方看清最前面一人身穿五品官服,不由心中一喜。穿官服之人来到骡车面前,双膝下跪,口称:“臣延庆州知州秦奎良迎驾!”

没错,这队逃难的队伍便是当时的大清朝廷,前面的老妇便是当国的大清慈禧皇太后,穿黑布战裙的30来岁的汉子便是当时的皇帝光绪,50多岁的男子便是大总管李莲英,而迎驾者便是当时延庆州的知州秦奎良。

历史往往由无数个偶然组成,一个五品州官,平时根本见不到皇上和太后,而这个偶然的相遇,是由慈禧一生中最大的一次决策失误促成的。

光绪皇帝的父亲醇亲王奕譞是咸丰皇帝的七弟，母亲叶赫那拉氏婉贞是慈禧太后的亲妹妹，慈禧对光绪身兼伯母和姨母两重身份。光绪四岁被慈禧选中接入宫中继承帝位，抚养成人，并于光绪十五年(1889)亲政。甲午战争中国败于日本，让年轻气盛的光绪皇帝深受刺激，决心变法图强。但是维新派面对庞大的改革阻力，操之过急，103天里发布各种谕旨约180条，往往上一条还没有办理，又下来了新的谕旨，且前后多有矛盾之处，结果往往是束之高阁。更有一些激进的措施，触动了大批人员的切身利益。如：一、光绪帝谕令合并衙门，裁汰冗员，“将现在各局所中冗员一律裁撤净尽……限一月办竣”。由于裁撤面较宽，在裁撤中又采取了一些强行封查的办法，使一些中下层人士猝然失业，难以度日。二、光绪帝下令裁撤绿营，同时让旗人自谋生计。这些人多达100万人，被突然中止生计后没能妥善安置，以致他们对新政怨声载道。三、9月5日，康有为连上两折，提出剪发辫，改穿西装，改元迁都，许多人认为这是改朝换代之举，难以接受。

戊戌变法，是以光绪为首的清廷实行的一次变法图强，希望从此使中国走出封闭、落后，赶上世界潮流。但是当时的清廷，开明之士甚少，保守顽固势力庞大。这就使得变法的决心大，而实际推动起来困难重重，加以维新派实力弱小，仅仅依靠一个并无实权的皇帝，政治经验不足，措施乏力，变法的具体措施难以实际执行，既触动各级矛盾，未能及时化解，又在变法过程中意图逼迫慈禧放权，密谋围颐和园杀太后，导致母子失和。以上种种，变法失败也就不奇怪了。慈禧的终止变法，得到了庞大的保守官僚阶层的广泛支持，所以才能成功阻止了变法，光绪皇帝被软禁瀛台。

慈禧和光绪失和后，以端郡王载漪之子溥儁为大阿哥，意图废掉光绪另立新君，但各国使节不支持，他们更愿意和开明的光绪帝打交道，这就引起了慈禧的嫉恨，而载漪为了儿子早日当上皇帝，也不遗余力地进行活动。恰在这时山东闹起了义和团，自称神仙附体，刀枪不入，提出的口号是“扶清灭洋”。端王等人妄图借助民间这股仇外的力量，打击洋人，以便儿子顺利登基，于是极力怂恿慈禧和洋人决裂，甚至不惜假造外国使团的照会，要求慈禧把权力还给光绪帝，碰触了慈禧的底线，大大激怒了慈禧。在这种种激化下，慈禧终于做出了错误的决策，向英、法、美等十一国宣战，并派军队围攻使馆，支持义和团进入北京设坛，终于导致局面一发不可收拾。

1900 年 8 月 14 日，八个国家的联军（日本，8000 人；俄军，4800 人；英军，3000 人；美军，2100 人；法军，800 人；奥匈帝国，58 人；意大利，53 人；德国，7000 人）向北京发起进攻，当晚攻进北京城。第二天早晨，慈禧太后带领光绪帝及皇后、李莲英、大阿哥溥儁、妃嫔等人，乔装改扮仓皇逃出北京城，历史上称为“庚子西狩”。

逃难的第一天，不敢走大路，尽量走偏僻小路。沿路上的老百姓基本逃光，一整天水米未进，仅仅啃了一个煮玉米，解渴甚至要靠嚼高粱秆。到了傍晚，来到了一个叫岔道的地方，延庆州知州秦奎良得知消息，急忙赶来迎驾。

秦奎良，今山东省广饶县稻庄镇稻二村人，生于 1840 年，史书称他“生而岐嶷超群”。自小聪慧，28 岁考中县学生员（秀才），为廪膳生。1879 年参加乡试中举。张曜（字勤果）当时任职山东巡抚，非常赏识他，邀请他帮办修造黄河大堤工程，以及山东沿海一带的移民事项，因成绩优异，被保举为知州，分发到直隶补官。当时直隶总督是李鸿章，因为欣赏秦奎良的才干，派他管理热河、山西的灾荒救济和北运河、子牙河的河工工程，都得到了上司的赞扬。因为各项功绩，1899 年被任命为延庆州知州。

延庆本是个穷苦地方，当时刚好闹义和团，乱兵加溃散的团民将地方洗劫一空，知州连像样的饭食都预备不出来，仅仅供应了太后和皇上以及少数王公大臣的食物，随带兵弁都不得食，因此有些自认为被怠慢的近臣心生不满，这也为以后的去职埋下了隐患。食物既少又不甚可口，慈禧太后倒也随缘，未有不满的表示。秦奎良想为太后换一顶大轿，竟然无处寻觅，没奈何只得把自己的一顶蓝呢轿献给太后，太后到此方能乘轿，而光绪帝等人仍乘驮轿和骡车而去。

秦奎良唯恐前面州县不知圣驾到来，急忙亲自写书一封，命人紧急送往下站——怀来县知县吴永，对接驾作了安排，特别是预备大队人马的饭食，才放心回衙。

平心而论，在当时的条件下，能做到这个地步，也算问心无愧，对得起皇上和太后了，谁知有人挟私中伤，竟因此去职。虽有别人代鸣不平，但秦奎良毫不在意，宛若无事。去职后虽短时负责过盐务，又因不忍负相知之义，抱不平挂职而去，这时他已经 60 岁了，回到家乡“著书稽古自娱”。在家乡 20 年，从不结交官府，但在地方上热心公益，每有公益事项，总是亲自带头，亲自倡导，唯恐人后。“性刚方”，嫉恶如仇，待人却很宽厚，村人每有纠纷，都喜欢让他排解，每次排解纠纷都能使双方满意而归，在乡里德高望重，寿八十一卒。

秦奎良有二子，长子秦锡镇，次子秦锡铭。秦锡镇从小聪明，17 岁就考中了秀才，光绪癸巳(1893) 山东乡试解元(乡试第一名)，光绪辛丑(1901) 在朝廷担任内阁中书，后担任松江海防同知，因病年仅 41 岁卒于任所。

我所经历的“山东乡老会”

徐受豫口述　徐传尧整理

20世纪80年代,隔绝了近40年的海峡两岸同胞可以自由来往了。稻庄镇段河村的徐受豫从台湾回到故乡探亲。那是1988年的夏天,徐受豫先去哈尔滨看望了自己的老友门金甲(广饶县人民政府的第一任县长),随后回到广饶,来到生他养他的段河庄,就住在我家。那天晚饭后,送走了一拨又一拨前来见面的乡亲后,我们爷俩儿便同床共枕。徐受豫记忆力超强,海阔天空、家长里短、古往今来话匣子一打开,我们彻夜未眠。徐受豫当时曾谈及当年其父徐三曾先生参加张宗昌举办的“山东乡老会”一事。前段时间,其后人又将徐受豫生前写的有关这方面的文章寄给了我。现对徐受豫口述及文章内容简单整理如下。

张宗昌督鲁时,主办了一桩空前绝后的大事“山东乡老会”。该会的成员系由各县公推一人为代表。所有被推的乡老无论道德、学问、声望,必须为全县父老所同钦共仰,始克膺此重任。徐三曾被推为广饶乡老后,老人家几经辞未果,不得不勉强从命,肩负着全县父老之期待,进省参与此一盛事。大会会期为三个月,此会堪称群贤毕至,张宗昌尽管自己不识字,无学问,但在敬老尊贤方面,还是首屈一指的。对于这次乡老大会的全省参会人员,他把所有济南的高级旅馆全部包下来,供乡老居住,生活方面特聘高级中西餐厨师若干人。每晚就寝前,派专门人员赴各旅馆请示各位乡老,你明天要吃中餐还是西餐。若吃西餐,明天大餐厅内的西餐桌上必有你的座次名号,反之亦然。每张餐桌,张宗昌均亲临敬酒,极其诚挚，三个月如一日，从不缺席。关于日常生活方面，省城最高级的澡堂——浴德池澡堂就在省政府前50米左右的地方，由督办公署整个包下来供参会乡老自由入浴。所有使用的浴品一律换新，不许用旧。会议内容是由各县参会人员对政府工作提出意见和建议，然后由省府综合起来用一一落实，对减少苛捐杂税，解决人民生活起了良好的作用，收到了一定成效。会议结束时，每个代表还收到了三件礼品：第一件是四个大字的匾额一帧，用特制的圆筒装着，以免折叠；第二件是张宗昌本人的免冠照片一张；第三件老人家忘记了。

这件事过去多年后的一个偶然机会，有一位安徽籍老乡在台北与徐受豫偶遇，谈话间得知徐受豫是山东广饶县人，便问起是否认识徐三曾先生。徐受豫回答："徐三曾是我家严，岂有不认识之理。"这位老乡说，当年他曾经在张宗昌部下办事，与参会诸老，特别是徐三曾很熟。对那次乡老会的经历，记忆犹新，说那是全国仅有的。

以上是老人家口述及文章内容梗概，下面简介一下徐三曾。

徐三曾(1860—1951)，字省斋，幼时家境贫寒，全凭其嫂辛勤耕织供其上学，后得中秀才。成年后，因开发盐业(在羊角沟制盐)，发家致富，遂至小康。曾捐巨资资助县内教育事业，获得省政府颁发的金质奖章。又用40余年的时间，南北奔波，搜寻九世祖徐振芳遗著，终于在1933年出巨资聘请同邑成荣光、成贤书、历城刘恒发等人编辑出版《徐太拙先生遗集》，又聘名贤王献唐先生题写书名，他还资助门金甲等共产党人从事革命事业，送自己的儿子读军校，在李延年部下进行抗日活动，被称为"广饶善人""开明绅士"。

史海钩沉

刍论济水尾闾的东夷文化

宋鹤翔

自20世纪70年代以来，在广饶县西南部先后发现了营子遗址、傅家遗址、西大张遗址等包括后李文化、大汶口文化、龙山文化、岳石文化在内的多处古文化遗址。2013年发掘的西大张遗址后李文化资料证明，早在8000多年前就有人在这片土地上繁衍生息，是中国最早踏入文明门槛的地区之一。1985年发掘的大汶口文化时期的傅家遗址与五村遗址，其文化面貌因与其他地区明显不同而被称作“傅家类型”或“五村类型”。以傅家遗址的“傅家大汶口文化古国”为发祥地，先后形成了广饶、临淄、博兴交会地区的龙山文化古国、岳石文化古国和蒲姑方国，一度成为山东地区的政治、经济、文化中心，保留了自成一系的特色文化，积累了雄厚的物质基础，为后来齐文化的形成奠定了基础。随着时间的推移，以东夷文化为基础、融合有中原文化与商文化的齐文化，融合于中华传统文化并成为主要内容之一，广饶西南部由是亦当成为统一的中华传统文化的来源地之一。流经此地的济水尾闾及其支流，则是其发生发展全过程的承载者。

济水滋养的东夷文化

济水，也作泲水，又名沇水、齐水，为中国古代“四渎”之一，发源于河南省济源市，在丁庄街道流入渤海，是一条古文明内涵十分丰富的自然水道。考古发现，夏王朝曾在它的源头定都，是兖州、青州曾经的贡道。

今天仍在沿用的济源、济宁、济南、济阳等城市名称，都是因它的流过而得名。“济者齐”（伏生《尚书大传》），齐地、齐国的名称，也是因为地处古齐水流域而命名。据《尚书·禹贡》记载，济水在今东平县与汶水汇合后的走向为：“又北，东入于海。”经考释，此“东入于海”的济水下游，沿泰沂山北麓山前冲积平原北端与黄河淤积平原的交叠地带顺势流向东北，经今济南市天桥区泺口街道、历城区、章丘区、滨州市邹平区、淄博市高青县进入滨州市博兴县，在博兴境内东经“蒲姑故城”（今湖滨镇寨卞村）北，至汉“利县故城”（店子镇历城村）西，北至店子镇梨园村屈而过“圈子（今大刘村）”“毛家道口”进入广饶县。“入广饶境自‘石村湖’始东行”（1935 年《续修广饶县志》），至东关村西折东北，经省级文物保护单位“乐安故城遗址（今草桥村）”南、“甲下邑（今北口村）”“马车渎（今高港村）”“琅槐古城”，在丁庄街道“沙子滩”入海。此济水下游河道，犹如一柄硕大的“梳子背”横亘于泰沂山北麓山前冲积平原与黄河淤积平原的交叠地带，山前冲积平原上“梳子齿”似的支流之水皆汇入其中。由于此地区地势向东北倾斜，又不再受到黄河的侵扰，济水便在此表现得很安宁。于是，山前冲积平原上的“梳子齿”与山前冲积平原与黄河淤积平原交叠地带的“梳子背”两边的小高地，便成为远古先民“逐水而居”的理想聚集地。

进入新石器时代，东夷人获取食物的方式已开始由攫取猎物向生产食物过渡，居住地也逐渐由山岭向低山丘陵谷地或平原水边高地移居。从东夷人的文化遗址来看，主要分布区是鲁中南山地丘陵和东部半岛丘陵区，其中东部半岛丘陵区遗址较少，几乎全部集中于泰沂山区中部周围，说明泰沂山区中部周围应具有东夷人赖以生存的根基和生产、生活资料。在泰沂山北侧的山前冲积平原地带，由于能够享有山地各类物质资源和平原地带适宜农耕的双重自然条件，特别是具有济水这条山东地区最大的河流，为他们提供能够随时取用的水源，故成为古代人类繁衍、生息、劳作的理想之地。于是，东夷文明的萌芽便率先在这一地区萌生，成为我国古代文明起源的重要发祥地区，位于泰沂山北麓淄河以西山前冲积扇中尾部的广饶县西南部地区，亦因其优越的地理和自然条件，成为我国史前文明的重要发祥地。

这里所说的广饶县西南部，是指小清河以南的乐安街道西部、广饶街道中西部和李鹊镇全境，面积约为 150 平方公里。此地区南部属于山前倾斜平原，中部与北部属于山前冲积平原的沉积洼地。县城以南大部分属于沉积洼地的交接洼地，由冲洪物质组成，黄海高程 15—30 米；县城以北属于河间洼地，由冲积物质组成，黄海高程 5—15 米。山前倾斜平原大部分在淄博市临淄区境内，由洪坡积物组成，以卵石、砾石、粗中细沙为主，数层叠加。其含水层接受河流渗漏、侧面径流与深部灰岩水的顶托，具有极强的富水性。淄河地堑西侧的岩溶水径流至此，受临淄区内刘营、辛店地质断层阻截，沿构造裂隙顶托出露为泉，一些较大的泉群形成了长年不竭的径流，具有十分丰富的地表水。“石桥子（临淄北部的一个村名，距广饶地界 8 公里）刮风——‘摇稻子’（‘摇稻子’的谐音‘遥道子’为临淄方言，意为开路、出发）”，这句若干年来一直流传在临淄北部的著名歇后语，证实临淄北部地区确曾是一个种植水稻的丰水区，间接地证明与其接壤的广饶县西南部同样具有丰沛的水源。水是古代先民生活、生产的第一需求，以此看来，广饶县西南部自然会成为东夷人聚集的选择地。除了具有丰沛的水源，广饶县西南部还有如下特点：地势向北微斜（每公里约下降 1 米），排水顺畅；缓岗地貌（高者 5—6 米），适宜居住；土层深厚肥沃，土质多为褐土和潮土，适宜耕耘播种和制造陶器；由出露泉水形成的自然水道分布其间，成为济水这柄“梳子背”的最后几条“梳子齿”。居于此地，沿济水顺流而下可至渤海，逆流而上可达中原，南下又可进入泰鲁沂山脉腹地，能够同时享用南部山区与东部渤海的各种资源，是一片农耕渔猎皆宜的乐土。如此四通八达的山、海、平原三位一体的优越地理环境，自然是东夷人生产生活的理想之地。于是，伴随着东夷人的聚集，东夷文明的萌芽便率先在这片被济水滋养的土地上应运而生，成为东夷文化的生长点和增长极。早期定居于此的东夷人，便成为西大张遗址后李文化层遗存的创造者，使这里成为最早的东夷文化发源地之一。

考古资料证明，至大汶口文化时期，傅家遗址的东夷部落已发展成为大汶口文化古国，伴随着人口的不断增多、国土的不断扩大与国都迁移，发基于傅家遗址的广饶、临淄、博兴交会地区的东夷文化，终于创造了区域历史文化的辉煌，成为东夷文化的重心之地。

东夷文化的重心之地

在广饶西南部的“淄（水）渑（水）之间”，分布着多条来自淄博市临淄区山前倾斜平原的自然水道，这些水道“水势极其纡曲，俗称九里十八弯（明代万历《乐安县志》）”。河深 2—3 米，河宽 10—30 米，较大的有三条：西边的一条，自临淄区齐都镇北流至敬仲镇河沟村南侧折西，经村西南“龙山文化遗址”北侧至“姬王冢”（位于临淄区敬仲镇西姬王村北，

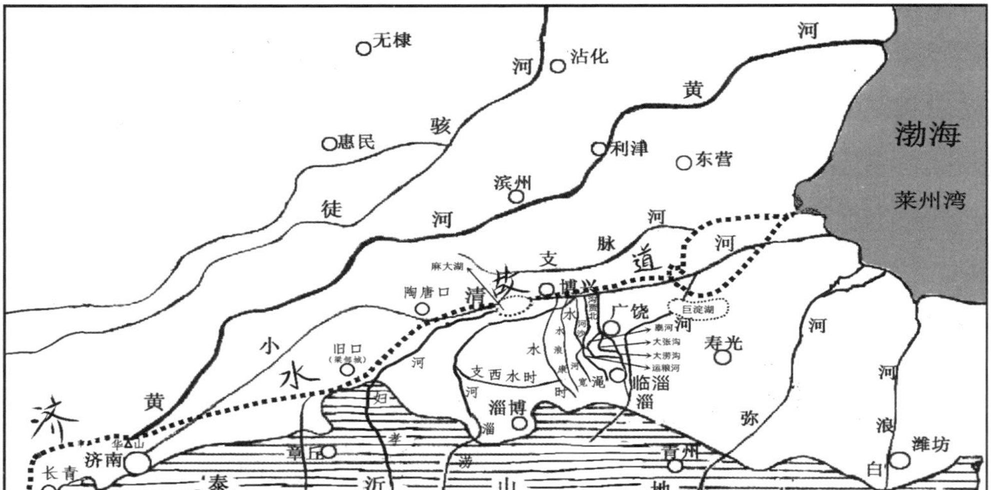

广饶西南部水道手绘图

西姬王村即因此冢而名。相传,此冢为周文王后裔“姬荧之墓丘”,故又称荧丘。笔者认为,此荧丘即齐初都城“营丘”)东折西北,入于李鹊镇张郭村,此河当地俗称为“运粮河”。至张郭村南由东南折北,西傍明代“渑水故道”北流,经该村两个龙山文化遗址之间北流至“黄草墩”分为东西两支:西支右折后北流,经西张庄至西孙村南又一分为二,向东北流的一支经西孙村南汇入“九龙口”。向北流的一支入小张村“牌坊沟”,在小张村西南部折西北,经“沙窝”折东北与渑水“合抱”于杨家、赵寺一带,明代万历《乐安县志》称此河段为“沙水”。沙水经郝家村南入今广饶街道的西南部,自“兴隆山”西至东安德村龙山文化遗址北,在西花村以西折北至西十里龙山文化遗址东,北过“天鹅池”、牛家龙山文化遗址、白坞村等地入“北贾沟”,北经营子龙山文化遗址东部,向北汇于折为东西流向的济水中;自黄草墩流向东北的一支,经梨园、安里村汇于西孙村东北的“九龙口”,又东北经太和村(原名泰河,因河而名,演称为今名太河)南、沟头村西北、西杨庙龙山文化遗址西,经蒋家窑至傅家遗址南,是为“泰河”;中间的“大张沟”,经临淄区敬仲镇呈羔村入广饶境,经前大张至西大张后李文化遗址,受遗址以北“张家崖”的阻挡折西,至“营盘”西南折北,经李鹊村永宁寺东、西辛龙山文化遗址东南、东辛龙山文化遗址西、蒋家窑东,与泰河同汇于傅家遗址南侧;东边的“大涝沟”,东傍淄河北流,经敬仲镇白兔丘村流入李鹊镇,经“西水龙山文化遗址”东、北水、黄垢、王庄、南十里堡、东辛龙山文化遗址东,广饶街道的南张庄西,至傅家遗址南侧。上述水道中的泰河、大张沟、大涝沟,同汇于傅家遗址这个“顶盖子”的南侧,其水量自然是可观的,考古发现的傅家遗址南侧沼泽地很可能就是由此三河之水所汇成。沼泽地之水自傅家遗址西侧北流,经十村、尹蔡、西康、张官、闫李等村,经两次分流又合而为一,汇入今“陈家大沟”,经东秦、西秦北流,于东关龙山文遗址东侧注入济水。这三条水道,是济水尾闾在淄河以西山前冲积平原上最靠东的支流。

上述地貌与水道，直至 1972 年仍大部存在，但经过 1973 年至 1976 年原李鹊公社、小张公社的一次大规模农田规划建设后，境内的所有坡地被推平，大量的“顶盖子”“斜坡子”“插花地”“鸡爪沟”“弯弯路”“小斜道”被消灭，新开凿了“团结沟”等排水系统，田野上的古河道因此而全部消失在“成方连片”的平整农田中。目前，除村内、庄头尚有少许“沟头”“崖岭”外，田野上已经很难再见到那些古河道的迂曲踪影了（见《广饶文史资料》第 25 辑）。

在上述济水支流与济水主河道附近，已发现新石器时代古文化遗址 30 多处，部分遗址的文化层延续至汉代。这些古文化遗址，大部分处在河道两旁的缓岗上，少部分位于河道转弯处。例如：营子大汶口文化遗址、寨村北岭大汶口文化遗址位于济水河右（此段为南北流）向右拐弯的折角内，东面则是其支流“北贾沟”；东关大汶口文化遗址，处在东西流向的济水南岸；西大张遗址后李文化遗址位于“大涝沟”向西拐弯的河左小高地上；傅家大汶口文化遗址则位于泰河、大张沟、大涝沟所形成水泊北侧的“顶盖子”上；其余龙山文化、岳石文化遗址也都是处于上述济水支流的两岸。事实证明，位于淄河以西山前冲积扇与黄河淤积平原交叠地带的济水尾闾与淄河以西山前冲积扇上的支流，不仅是广饶县西南部两岸稼穑的滋润者，而且是此地区东夷文化的催生者和发展全过程的滋养者。

在此区域（不包括淄河以东）已发现的史前文化遗址中，已公布为省级、国家级文物保护单位的后李文化、大汶口文化、龙山文化、岳石文化遗址有：西水遗址、西辛遗址、西杨庙遗址、晋王遗址、傅家遗址、五村遗址、前安德遗址、钟家遗址、牛家遗址、西十里遗址、丁村遗址、营子遗址、韩疃遗址、寨村北岭遗址、东关遗址、西杜疃遗址计 16 个，大约每 9 平方公里有 1 个。若将博兴境内距离广饶地界为 600—1000 米的梨园龙山文化遗址、利城龙山文化遗址、利戴龙山文化遗址、北营龙山文化遗址与临淄境内距离广饶张郭村(有龙山文化遗址两处)约 1000 米的河沟龙山文化遗址、距离西水遗址约 600 米的蔡王龙山文化遗址计算在内,不到 7 平方公里就有 1 个。若将已经发现尚未作考古发掘的遗址计算在内,大约 5 平方公里就有 1 个,是山东境内罕见的新石器遗址聚落群。目前,该地区已建立起“大汶口文化”“龙山文化”“岳石文化”及商周秦汉时期的完整发展序列,虽然尚未发现“北辛文化”遗存,但从西大张遗址与傅家遗址相距仅 6 公里,且同处一条河流上下游岸边来看,二者之间具有传承关系并非不可能。

在这些遗址中,年代最早的是后李文化时期的西大张遗址,该遗址是目前山东省发现并发掘的年代最早的古文化遗址之一。具有鲜明特色的遗址有:大汶口文化时期的傅家遗址、五村遗址、营子遗址;龙山文化时期的西辛遗址(也发现过大汶口时期的文化遗物)、钟家遗址、西十里遗址等。五村遗址的大汶口文化属于中晚期,遗址文物包涵十分丰富,中心部位的大汶口文化堆积层厚度为 2 米多,最厚处达 5.2 米,几个文化层上下相互叠压,说明古代先民在此居住的时间非常久远。傅家遗址是为数不多的宏大的大汶口文化中心聚落之一。

在傅家遗址的一件陶鼎内曾发现过粟粒,说明此时傅家部落的农业生产已得到很大发展。发掘时还发现了集中排列在一起的水井 4 眼,这是大汶口文化时期先民的一项重大发明。有了水井,人们就减少了对河流、湖泊的依赖,就可以到广阔肥沃的冲积平原用水井灌溉来从事农业生产,这是社会生产力发展的重要标志,在人类文明史上具有划时代意义。在出土的一个墓主人头骨中,颅骨右侧顶骨的靠后部发现一个近圆形的颅骨缺损,应该是墓主人在开颅手术后长期存活、骨组织逐渐修复形成的结果,比以前发现的其他开颅手术成功案例早了 1000 多年,距今已有 5000 多年,是中国迄今发现的最早的开颅术成功案例。发现的食物残骸或加工骨器的余料,以野生动物为主,以鹿类为多,水生动物有鱼类及蚌类包括文蛤这种栖息在海水盐度较低的河口“两和水”动物，说明生活在傅家遗址的东夷人，能够享有河、海、平原三者生态资源，反映了当时渔猎经济在社会生活中所占的重要地位。

傅家遗址的文化面貌特征与胶莱平原西部弥河流域的大汶口文化基本一致，与鲁南地区的大汶口文化有明显区别，构成为鲁北地区大汶口文化新类型，被称为“傅家类型”或“五村类型”。此类型对研究鲁北地区大汶口文化的地方类型和文化分期、东夷文化起源、先齐文化、环渤海考古、山东古史等课题都有重要意义。从上述新石器遗址的文化内涵来看，至大汶口文化时期，广饶县西南部已发展成为以傅家遗址、五村遗址部落为中心的东夷文化重心之地。

傅家遗址在大约 700 平方米的发掘区内，发现了 500 多座墓葬，分布相当密集，说明这个聚落的人口数量已很可观。这些墓都是小墓，多数没有随葬品，最多的也只有 8 件器物，说明这只是下层社会成员的墓地；中上层社会成员应该另有墓地，说明此时已经出现社会分化、财富分化。有学者分析认为，此时的傅家部落已经转化为国家。对傅家部落的发展历程，考古专家张学海先生认为：“傅家大汶口文化古国，发展成临淄、广饶、博兴交会地区的龙山文化古国。这时候古国的人口与村落得到明显发展，国土相应扩大……但国都似已南移至临淄田旺龙山文化城……田旺龙山文化古国可能发展为田旺岳石文化古国。即使其间可能发生过‘易宗别主’，但国家未曾间断。商代后期……博兴、临淄、广饶地区有个强盛的方国蒲姑国……今博兴县城以东的寨郝镇寨卞村北，有蒲姑故城址。”《左传·昭公十七年》曾记载了公元前 522 年齐国大夫晏婴对齐景公说的一段话，说此蒲姑部族方国“昔爽鸠氏始居此地，季荝因之，有伯陵氏因之，而后太公因之”。以此看来，傅家遗址的东夷人很可能就是始居此地的东夷族团的爽鸠氏一支。另据《汉书·地理志》记载：“少皞之世，有爽鸠氏，虞夏时有季荝，汤时有逢公伯陵，殷末有蒲姑氏，皆为诸侯国，国此地。至周成王时，蒲姑与四国共作乱，成王灭之，以封师尚父，是为太公。”这个以蒲姑国作为初封地而发展起来的国家就是齐国。齐国人以东夷文化为基础，创造了辉煌的齐文化。

齐文化的宗原之地

公元前 1046 年，周灭殷商，姜太公封于蒲姑而建立齐国。齐国人创造了别具一格的传统地域文化，即极具东夷地方特质的齐文化。所谓齐文化，就是齐国人所创造的，存在于特定历史时空的物质文化、规范文化和精神文化的总和。存在时间主要是姜太公封齐立国至田齐被秦所灭，存在空间主要是春秋后期齐国疆域的圈定范围。

齐文化是在继承东夷文化的基础上发展起来的。从文献记载来看，齐国的初封地并不是很大，大致为百里，又处在许多古老氏族部落及殷商遗民的包围之中，时常受到东夷人的反抗。蒲姑国所在的广饶、临淄、博兴交会地区，曾一度是山东地区的政治、经济、文化中心，又一直保留有自成一系的特色文化。如此环境下的人心相背，必然会影响甚至决定着新王朝统治的安危，为了巩固统治，姜太公不能不接受当地的东夷文化和殷商文化。于是，姜太公审时度势、因地制宜地提出了“因其俗，简其礼”的政治路线和务实开放的建国方针。所谓“俗”，就是当时当地东夷人的生活方式；所谓“礼”，就是当时当地东夷人的礼仪制度；“因其俗，简其礼”就是尊重东夷人的文化传统，不强制推行周礼，务实地创造了既让人们乐于接受，又不太悖周礼的新制度。同时，倡导“农、工、商”并举、“通商工之业，便渔盐之利”的经济政策，使齐国在姜太公当世便跨入了富强大国之列，为齐文化的形成奠定了物质基础。

齐文化的发祥地是齐国都城临淄。临淄是当时中国最大的丝绸贸易和海盐集散地，其制陶、制车、冶金、铸镜、纺织业、手工业等都很发达，是周代至汉代中国最大的工商业城市。如此发达的临淄工商业经济为齐文化的形成与繁荣发展，奠定了雄厚的物质基础。而它的文化基础则是“在蛮夷戎狄当中……发展水平曾经是最高的”东夷文化。以东夷文化为基础，齐国人通过融合中原文化与殷商文化，形成了具有浓郁东夷地方特质的齐文化。广饶、临淄、博兴交会地区的土著文化，历经少昊时代的爽鸠氏、夏代的季萴、商代的逢伯陵、殷周之际的蒲姑氏等有序传承，文化积淀十分厚重，而且这些国家不管是立都于傅家遗址、田旺遗址还是蒲姑遗址，距离齐国都城临淄都不远，最远的蒲姑城也就50里之遥。该土著文化，自然会对齐文化的形成产生巨大影响。由此看出，早在齐文化形成以前，齐文化的东夷特质基因就已经孕育在上古时期的东夷文化之中了，正如严文明先生在《东夷文化的探索》一文中所说：“（齐文化）……其始原应根植于更早的史前时期。”溯其源流，齐文化当是发源于傅家部落的大汶口文化甚或是西大张遗址的后李文化，广饶西南部乃是齐文化的宗源之地。

秦国灭齐后，齐文化并没有随之消亡，仍然继续对秦代以及西汉前期的文化产生着巨大影响，它与儒学一起融合在了统一的中华文化之中，成为中华民族传统文化的重要来源之一。以此看来，济水尾闾的广饶县西南部地区亦当是中华民族传统文化的来源地之一。

综上所述，广饶县西南部的西大张后李文化遗址，是济水尾闾文明滥觞的发育之地，是东夷文化最早的发源地之一。以“傅家遗址”为中心的大汶口文化古国，是特色明显的东夷文化重心之地。发轫于傅家遗址大汶口文化古国的广饶、临淄、博兴交会地区的东夷文化，历经龙山文化、岳石文化、蒲姑方国文化等时期，在全国一直处于领先地位，正是在此文化繁荣和经济发展的基础上，形成了极具特色的齐文化并创造了区域历史文化的辉煌。济水尾闾的广饶县西南部既是齐文化的宗源之地，也是中华民族传统文化的重要来源地之一。

千乘县建置考辨

荣敦宁

《战国策·齐策》云:“王奔莒,淖齿数之曰:夫千乘、博昌之间,方数百里,雨血沾衣,王知之乎?”《战国策》虽是西汉刘向集录,但这段话是战国时期的楚将淖齿所说,可见战国时期已有“千乘”地名。“千乘”地名源出今东营市广饶县,是东营市的一项重要地名文化遗产。

“千乘”得名于“青丘”,青丘在今广饶县境

今广饶县在隋唐、北宋为千乘县,金、元、明、清为乐安县。“千乘”得名于“青丘”,历代史志均记载青丘在今广饶县境。中国现存最早又比较完整的地理总志——《元和郡县图志》记载青丘在唐代千乘县(今广饶县),其云:“千乘县,上,东南至州八十里。本汉旧县也……千乘者,以齐景公有马千驷,畋于青丘,今县北有青丘县,因以为名。淄水,南去县三十八里。”

北宋《太平寰宇记》:“千乘县,西北八十里……汉旧县……青丘。齐景公有马千驷,畋于青丘,是此也。柏寝台。《韩子》曰:‘景公与晏子游于少海,登柏寝之台而望其国。’”

元代《齐乘》记载青丘位于濒临渤海和清水泊的乐安县(今广饶县),其云:“青丘,乐安北。清水泊盖以青丘得名,齐景公有马千驷,田于青丘、与晏子游于少海,皆此地。少海,谓渤海也。”

明清《青州府志》均记载青丘在其所属的乐安县(今广饶县)境内。明嘉靖《青州府志·乐安》与清康熙《青州府志·乐安》俱云:“青丘,在

县治内，齐景公有马千驷，畋于青丘即此。”清咸丰《青州府志》云：“乐安，春秋时齐之青丘邑。”

今广饶县历代方志均记载青丘在本县境内。明万历《乐安县志》：“青丘，按《齐乘》，乐安北，清水泊盖以青丘得名，齐景公有马千驷，田于青丘，即此。”1935 年版《续修广饶县志》云：“《太平寰宇记》齐景公有马千驷，田于青邱。《元和郡县志》千乘县北有青邱，齐景公田于青邱，即此。《齐乘》乐安北清水泊盖以青邱得名。《府志》亦言其地在清水泊旁，一名青邱泺，再证以齐景公游少海、登柏寝台，台距青邱不远，理可以田，其为县地可信。”

少海、清水泊、柏寝台是确定青丘所在方位的历史地标。少海是今广饶东临的渤海，明万历《乐安县志》：“海，在城东北一百三十里，渤海也……亦谓之渤澥，古称曰小海，又曰少海。”清水泊在今广饶县东北部与寿光市交界处，明万历《乐安县志》：“清水泊，在城东北四十里，受北阳、女二水，又北为马车渎，合淄水，本曰钜定湖。”柏寝台，俗称桓台，在今广饶县城东北的花官镇桓台村南。明万历《乐安县志》：“桓台，在城东北二十一里。按《史记·武帝纪》：‘李少君见上，上有故铜器问少君。少君曰：“此器齐桓公十年陈于柏寝。”已而验其刻，果齐桓器注。’服虔曰：‘地名，有台也。’瓒曰：‘《晏子书》柏寝，台名也。’《正义》曰：‘《括地志》云柏寝在青州千乘县东北二十里。《韩子》云：“景公与晏子游于少海，登柏寝之台。”’即此。”少海、清水泊、柏寝台均在今广饶县境，证明青丘就在今广饶县境。

汉代千乘县治在今广饶县城区，为西汉千乘郡治

《元和郡县图志》称千乘县为“本汉旧县也”，《通典·州郡十》称千乘县为“汉旧县”，《太平寰宇记》亦称千乘县为“汉旧县”，表明隋唐、北宋千乘县就是汉代千乘县。如果隋唐千乘县不是汉千乘县，则按照体例

会称其为“本汉广饶县”“本汉广饶县地”“本汉钜定县”或“本汉广饶、钜定二县”等,而不是“汉旧县”“本汉旧县也”。又《元和郡县图志》记载“汉旧县”的千乘县得名于“青丘”,青丘在唐代千乘县北部,更证明汉代千乘县就是唐代千乘县。

《通典·州郡十》记载唐代千乘县有柏寝台,柏寝台在今广饶县境。《元和郡县图志》记载唐代千乘县治向东南距离青州州治(今青州市区)80里,恰好在今广饶县城区。《元和郡县图志》还指出唐代千乘县境内有淄水,淄水在千乘县治以南38里处。淄水即今淄河,今天仍流经今广饶县城东南。这些均证明唐代千乘县就是今广饶县,则汉代千乘县也是今广饶县。

《齐乘》云:“古千乘县,以齐景公有马千驷,畋于青丘得名,县北有青丘泺,即今清水泊也。”汉千乘县得名于青丘,其北部有青丘泺。青丘泺就是元代的清水泊,在乐安县东北部,证明汉千乘县是元代乐安县,即今之广饶县。

汉千乘县治位于今广饶县城区,并为西汉千乘郡治。《汉书·地理志》记载千乘县为千乘郡首列县,即千乘郡治。明万历《乐安县志》:“乐安县,其先曰千乘……汉置为千乘县,有铁官,属于千乘郡治。”1918年版《乐安县志》云:“西汉置千乘县,此县以千乘名之所由始,属千乘郡治。”清咸丰《青州府志》云:“乐安城距府城北九十里……寿、乐二邑在汉皆尝为郡国治所。”即西汉时期在今寿光境内的剧县曾为淄川国治,今广饶境内的千乘县曾为千乘郡治。刘敦愿先生云:“今日的广饶,于汉为千乘郡,古城元代尚存。据说是齐景公有马千驷,畋于青丘得名,县北有青丘泺,即今清水泊也。”

《汉书·儒林传》:“欧阳生字和伯,千乘人也。”《汉书·倪宽传》:“倪宽,千乘人也。”颜师古注:“千乘郡千乘县人也。”可见此处的“千乘人”,是对其籍贯千乘为郡县同名、同治一地的省称。今广饶县城区西南还存有“汉欧阳八博士墓”和“倪宽墓”,均证明汉千乘县治在今广饶县城区。特别是欧阳氏连续八代人的坟墓均在今广饶县,更证明今广饶县是其桑梓之地的西汉千乘郡治千乘县。

东周时期,今广饶县境一带既是齐国饲养马匹、出产食盐的战略物资基地,又是守卫齐都临淄北部的门户。西汉建立后,为了帮助齐郡郡守监视、震慑田齐旧贵族,汉高祖便在距离临淄(今临淄区齐都镇)仅50里的千乘县(今广饶县城区)设置了千乘郡。随着西汉王朝的不断巩固,齐国旧贵族不断被迁徙、分化瓦解,千乘郡监视、震慑田齐旧贵族的功能也逐渐弱化,以致消失。所以,到了新莽时期,王莽为应“符命说”将千乘郡改称建信郡,并把郡治由位于今广饶的千乘县,移至位于今高青的建信县。东汉建立后,又将建信郡复称千乘郡,但郡治没有移回千乘县。因此,在东汉时期出现了千乘郡治与千乘县治不在一地的现象,千乘县失去了千乘郡治的地位。

刘裕复置千乘县在今广饶县境

《宋书·州郡志·乐安太守》将千乘县列为青州乐安郡治,并称千乘县为“汉旧县”,即南朝宋千乘县仍在汉千乘县地一带。《读史方舆纪要》引《五代志》云:“《五代志》武帝置乐安郡于千乘县,即汉千乘郡治也。”明确指出刘裕在汉千乘县地一带复置千乘县。

《青州府志》指出北魏乐安郡治千乘县是清代青州府乐安县(今广饶县)。清咸丰《青州府志》:“益德本传乐安人,乐安郡领县四,千乘、博昌二县在今乐安、寿光。今乐安虽魏郡治,但举郡名未必即千乘人也。”

《乐安县志》记载两汉千乘县和刘裕复置的千乘县均在今广饶县境。明万历《乐安县志》:“乐安县,其先曰千乘……汉置为千乘县,有铁官,属于千乘郡治……晋武帝更乐安郡为国以封其弟鉴,而千乘尝罢也,安帝平南燕,复置千乘县属于乐安郡,迨宋、后魏俱承为千乘县,亦俱属于乐安郡。”

汉代千乘县城已被西晋改置为广饶县，东晋义熙六年(410)，刘裕便在时为乐安郡城的今广饶县乐安故城复置千乘县。今广饶县乐安故城是济水岸边离青州州治最近的一座古城，自春秋末期一直使用至南北朝时期。南北朝顾野王所著《舆地志》云：“青州千乘县，有薄姑城。”薄姑故城在唐代博昌县的（今博兴县）的东北方向。《括地志》：“薄姑故城在青州博昌县东北六十里。”可见，南北朝时期的青州千乘县在唐代博昌县东北方向的薄姑故城附近，正是今广饶县乐安故城所在方位。

隋移千乘县治是在今广饶县境内的移动

《隋书·地理志》：“北海郡，旧置青州……千乘，旧置乐安郡，开皇初废。”即隋开皇三年(583)之前的青州乐安郡治在隋代的千乘县。《通典·州郡十》云：“千乘，汉旧县。有盐官。后汉又置乐安郡。柏寝台，齐景公与晏子游处。”即东汉至隋代的乐安郡治所在之地有柏寝台。《太平寰宇记》明确记载千乘县境内有柏寝台，表明隋代千乘县所在地面没有变化。

然而，《太平寰宇记》指出千乘县治曾在隋代发生了移动，其云：“隋开皇三年移千乘县于广饶城，属青州，今青州千乘县理是也。”但是，《太平寰宇记》仍称千乘县为“汉旧县”，其云：“千乘县，西北八十里……汉旧县……隋废郡属青州，仍移县于今所。”“汉旧县”和“仍移县于今所”表明隋代所移千乘县仍在汉千乘县所在之地。

如果隋唐、北宋千乘县不在汉千乘县地的话，《太平寰宇记》就不会记载北宋时的千乘县为“汉旧县”，按照体例应表述为“汉广饶县”或“汉广饶县地”等。与隋朝相隔时间最近的《元和郡县图志》没有提到千乘县治移到广饶县地、广饶城的任何信息，说明千乘县的移动并不是整个建置区划由一个县隔着其他县移到了另一个县所在地面。正如雍正《乐安县志》所云：“至隋时则又移之稍南尔。”即县城在本县境内又稍向南移动了一下，由今广饶县乐安故城移至今县城区，两者南北相距不足 30 里。

刘裕复置千乘县治的乐安郡城（今广饶县乐安故城），其作为乐安郡治为一方重镇，是青州北部的门户。在北魏太平真君年间至太和年间，该城还曾是北魏所辖青州的州治。乐安郡城处于宋魏交战的拉锯地带，经常被卷入战争，城池破坏严重，经过宋魏之间的数次争夺，到北魏后期已十分残破。如《宋书·颜师伯传》："虏天水公又攻乐安城，建威将军、平原乐安二郡太守分武都与卜天生等拒击，大破之，虏乃奔退。"《宋书·萧思话传》："元嘉二十七年……斌遣将军崔猛攻虏青州刺史张淮之于乐安，淮之弃城走。先是，猛与斌参军傅融分取乐安及碻磝，乐安水道不通，先并定碻磝，至是又克乐安。"同时，该城又位于多条河流的入海之处，地势低洼，常受水患威胁。

天保七年（556），北齐将齐郡广饶县（治今县城区）并入了乐安郡千乘县（治今广饶县乐安故城）。开皇三年（583），隋朝向南移千乘县治于本县境内的广饶故城（原汉代千乘县城）。因为此城地势相对较高，作为一般小县，受战争波及较少，而该城仅弃用 27 年，时间较短暂，城池及各项设施保存良好。因此，千乘县始终在今广饶县境。

结　语

千乘县早在秦时就已置县，属齐郡，县治在今广饶县城区。汉五年（前 202），刘邦建立西汉，析齐郡置千乘郡，以千乘县为郡治。西晋改千乘县为广饶县，广饶县治始置于秦汉千乘县城，而不再在汉广饶县地的今大码头镇高港村一带。东晋义熙六年（410），刘裕北伐平定南燕，在乐安郡治所在的今广饶县乐安故城复置千乘县。北齐天保七年（556），省齐郡广饶县入乐安郡千乘县。隋开皇三年（583）移千乘县治于该县境内的广饶故城（今县城区），即原秦汉千乘县城。金天眷元年（1138），千乘县改称乐安县，即今之广饶县。

寻访先秦钜定城

崔志远

桑科庄历史悠久，明洪武年间先民来到这里时，看到一大片绿色的桑树，分不清多少棵，它们好像全都连在一起，虽荒无人烟但上风上水，是理想的居住之地，繁衍至今，五个村庄互联互通，但大桑科人喊我们前桑是“河南村”，大惑不解。余幼时拾柴割草喜至村东俗称“东岭”的高台子地段，其地突兀于四周，居高临下之感明显，荒草萋萋，瓦砾遍地，大雨过后有时能捡拾到完整的陶瓦陶罐。其东南侧是一大片洼地，俗称“藕滩”，听老人讲，秋日看坡，夜静时分，隐隐听到东南方波涛之声、舟楫之音，十分怪异。

据《战国策》《山海经》记载，先秦时期，广饶县地面属齐国管辖，曾建置过千乘、琅槐、乐安、钜定四个小县邑。其中千乘故城在今县城北3里处之司家村西，故称司家村遗址；乐安故城在今县城北近30里的古济水岸边之草桥村，故称草桥遗址。汉代又置广饶城，在今县城东北70里之大码头镇高港村。琅槐、钜定二城的具体位置不明，最近翻阅历史典籍，终于找到它们的踪迹：先秦时期钜定城在今县城东北40里，巨淀湖西北；琅槐故城在今县城东北110里，西距乐安故城80里。能否确定具体位置？需进一步探究。

古人逐水而居，依水而生，河流流经地区往往就是人口密集之处，所以考古的原则是以山定水、以水证地，按照人口密度和地形自然比降去考量古河道行水路线。《水经注》载：“淄水出泰山莱芜县原山……又东北经钜定县故城南，又东北经广饶县故城南，又东北经琅槐县故城南，后合济水入海。”北魏时期的郦道元注《水经》用的都是亲自勘查过的第一手资料，可信度史学界公认，他说的广饶县故城目前考古界已有定论，即大码头镇高港村。观地图看淄河流向，大营村以南弯弯曲曲的古河道没有异议，以北则是人工取直的河道，大营村以降经高港村的淄水故道在哪儿？必定是流向东北向的桑科庄（县城东北 40 里），向东北又东北，穿南堤、北堤两村间，蜿蜒过高港村（广饶故城）南，又东北过夏家央子庄南，绕过村东在村北汇合古济水后入渤海。于是乎茅塞顿开，惑尽释焉！我们可以据此得出结论：钜定城在今桑科庄！琅槐城在今丁庄街道夏家央子、东马楼一带！自盘古开天辟地，淄水沿着郦道元走过的路径恒流几千年，后来从贾刘桥改道经西刘桥村、雷埠村、大码头村注入清水泊是明初的事情，又 470 余年后，因淄河水案于清道光二十五年(1845)改道东燕村合小清河水入海，后于 1923 年为方便行洪改行现道。清雍正十二年(1734)，为泄孝妇、麻大诸河之水，从博兴至大营村开凿一万零八十六丈之新河(33.5 公里)，在博兴名预备，在乐安兼名福民，沧桑故道又荡新波，即预备河从大营村以下之乌河村循淄水故道东趋入海，新中国成立后改道断流。

一通则百通，前桑在淄水之阴，当然称河南村，现在村北一串三个池塘当是古河道遗存。村东高台子“东岭”地段是钜定县较大的城关村，再往东南的“藕滩、东滩”地段当是巨淀湖的一部分，现在就低洼之势修建了南堤水库。巨淀湖历史上也写作“钜定湖”，原称青丘泺，又称作清水泊。“钜定广百里，北通渤澥，纳阳、女、王钦诸水，为齐北薮。”解释一下就是：巨淀湖方圆百里，北侧连接渤海湾，因吸纳了阳河、织女河、王钦河水，成为齐国北方著名的湿地公园。钜定城临湖依水，区位优势明显。《汉书·武帝纪》载：汉武帝征和四年（前 89）“三月耕于钜定”，即此。就是说汉武大帝最后一次去泰山封禅、到东莱祭海，又专程来到富甲一方的钜定县，手持耒耜到田间劳动并昭告天下："朕即位以来，所为狂悖，使天下愁苦，不可追悔。自今事有伤害百姓、糜费天下者，悉罢之。"

《韩非子》载："齐景公与晏子游于少海，登柏寝之台，而还望其国曰：'美哉，泱泱乎，堂堂乎！'"齐景公时宰相晏婴能力非凡，夙夜操劳，"治绩隆诸侯，声名震九州"，景公惜才，经常安排晏子带薪休假。一次他们从临淄皇城沿河右官道来到钜定城，乘船游览巨淀湖，品美食赏美景后西向登临柏寝台，站在最高的观景台眺望钜定、乐安城，乃至千乘、齐都，不由自主发出慨叹："美翻了呀，泱泱大齐帝国我怕谁？"尽兴之后他们又巡视了乐安、千乘，然后返回齐都。那时候济水就是现在柏寝台北侧的小河子，流经琅槐北入渤海，所以他们的行程应该是一路坦途，畅通无阻。

探寻古钜定

荣敦宁

钜定是先秦时代齐国设置在今广饶县境东部的一个城邑，公元前221年秦始皇统一六国实行郡县制，置为钜定县（又称巨淀县）属齐郡，公元30年被东汉光武帝并省。钜定故城在今天的准确位置，一直没有明确的结论。崔志远《寻访先秦钜定城》一文提出，古钜定城在今广饶县大码头镇前桑村（俗称小桑科村）。文中不仅列举了许多相关史料记载和当地原有的文化遗存及曾出土的陶瓦、陶罐等，还采用"以水证地"的历史地理学研究方法作了深入的剖析。由此勾起了笔者探寻钜定故城的兴趣。笔者在此基础上又查阅了中华书局版《水经注校证》《钦定四库全书•水经注集释订讹》和多种版本的《乐安县志》及1935年版《续修广饶县志》，发现该观点与以上史料记载完全相合。本文就确定钜定故城址的史料依据及重大学术价值再略作介绍。

一、钜定故城在今广饶县桑科一带，依据《水经注》和《钦定四库全书•水经注集释订讹》等史料确定。

《水经注•淄水》云："淄水……又东迳巨淀县（即钜定县——笔者注）故城南。征和四年，汉武帝幸东莱，临大海，三月耕巨淀。即此也。县东南则巨淀湖，盖以水受名也。又东北迳广饶县故城南。"（中华书局版《水经注校证》）这条史料指出巨淀湖在钜定故城的东南方向，则钜定故城在巨淀湖的西北方向。根据1918年版《乐安县志•舆图》与1935年版《续修广饶县志•图考》，今广饶县桑科一带在古巨淀湖的西北方。同时，该条记载还告诉我们，钜定故城和广饶故城(今广饶县大码头镇高港村)都在古淄水以北，广饶故城在钜定故城的东北方向，则钜定故城在广饶故城的西南方。今广饶县桑科一带确在广饶故城的西南方。

《水经注·淄水》云:“时水又屈而东北，迳博昌城北，时水又东北迳齐利县故城北，又东北迳巨淀县故城北，又东北迳广饶县故城北，东北入淄水。”(中华书局版《水经注校证》)即古时水由博昌故城(今博兴县寨郝村南)向东北方向流淌，先后经过利县故城(今博兴县利城村东南)、钜定故城和广饶故城。说明钜定故城在利县故城与广饶故城之间，在博昌故城与利县故城的东北方向和广饶故城的西南方向。并且，钜定故城与广饶故城均在古时水以南。今广饶县桑科一带的确在广饶故城的西南方，在博昌故城与利县故城的东北方向，符合《水经注》对钜定故城位置的描述。

时水，又称乌水、乌河。据东营市历史博物馆所藏《韩炳墓志铭》云:“葬公于益都府乐安县水南乡瑞雪里……新兆之域，乌水之南。”韩炳墓地在今广饶县乐安街道寺上村，则乌水(古时水)流经今乐安街道寺上村北附近。在今大码头镇桑科附近有一村庄名为“乌河”，据《广饶姓氏考》“村名因濒临乌河(古时水)而命名”。因此，古时水在今广饶县境内的流路与今小清河在广饶县境的流路非常接近，基本沿着今小清河南侧向东北方向流淌。今桑科一带位于小清河以南约5公里处，定在古时水之南无疑。

旨在纠正《水经注》传抄错误的《钦定四库全书·水经注集释订讹》云:“淄水……又东迳巨淀(汉志，齐郡钜定即此)县故城南(城在今乐安县东北)。征和四年，汉武帝幸东莱，临大海，三月耕巨淀。即此也。县东南则巨淀湖，盖以水受名也。又东北迳广饶县故城南。”此段引文括号中的文字，是原文中起补充说明作用的小字部分。《钦定四库全书·水经注集释订讹》又云:“时水又屈而东北，迳博昌城北，时水又东北迳齐郡利县故城北，又东北迳巨淀县故城北，又东北迳广饶县故城北，东北入淄水。”可见，《钦定四库全书·水经注集释订讹》有关钜定故城的记载，完全认同和接受了《水经注》的观点，说明《水经注》有关钜定故城的记载在传抄过程中没有出现错误。并且，《钦定四库全书·水经注集释订讹》还对“巨淀县故城”作了进一步补充说明，“汉志，齐郡钜定即此”，“城在今乐安县东北”。即明确指出《汉书·地理志》中记载的齐郡钜定县故城在清代乐安县（今广饶县）境内的东北部。1918年版《乐安县志》与1935年版《续修广饶县志》俱云：“钜定城，在城（今广饶县城——笔者注）东北四十里，巨淀湖西北。”今桑科一带就位于今广饶县城东北40里处，与《钦定四库全书·水经注集释订讹》及1918年版《乐安县志》、1935年版《续修广饶县志》的记载相合。

综上可知，钜定故城位于利县故城（今博兴县利城村东南）、博昌故城（今博兴县寨郝村南）与今广饶县城三个地理坐标的东北方向，广饶故城（今大码头镇高港村）的西南方向，古淄水与古时水之间的古巨淀湖西北地带，而以上多个地理指向标的交汇处就在今广饶县大码头镇桑科一带。因此，钜定故城就在今广饶县大码头镇桑科一带的史料依据是很充分的。

二、钜定故城准确位置的确定，进一步印证了汉代广饶县城在今大码头镇高港村，其与西晋广饶县城不在一地、不是一城。

古代在今广饶县境曾先后设置过两个“广饶县”，古代第一个“广饶县”设置于汉六年（前201），县城设在今大码头镇高港村，后于东汉光武帝建武六年（30）并省，共存在了231年的时间。西晋建立后，将县治设在今广饶县城区的千乘县改称广饶县，这是古代在今广饶县境设置的第二个“广饶县”，存在了约300年的时间，到北齐天保七年（556），被文宣帝高洋并入了县治设在今广饶县草桥古城的乐安郡千乘县。《水经注》撰于北魏时期，正处于西晋复置之广饶县存在的时期。所以，《水经注·淄水》

称“又东北迳广饶县故城南”。言故有新，此处淄水流经的是已经被省并的汉置广饶县故城，而非当时仍存在的西晋后来新改置的广饶县城，正是证明了晋置广饶县城与汉置广饶县城不在一地，不是一城。

汉代广饶县城遗址位于今大码头镇东北14公里处的高港村，该村坐落在整个古城遗址上。该遗址中间高，四周低，其范围东西长约550米，南北宽约350米。《水经注·淄水》云：“淄水……又东迳巨淀县故城南。征和四年，汉武帝幸东莱，临大海，三月耕巨淀。即此也。县东南则巨淀湖，盖以水受名也。又东北迳广饶县故城南。”即淄水（今淄河）先向东流经汉代钜定县城南，又向东北流经汉代广饶县城南。可见，汉广饶县城在汉钜定县城的东北方向，汉代钜定县城又在古巨淀湖的西北方向，则汉广饶县城位于古巨淀湖以北，正是今大码头镇桑科村东北方向的高港村所在位置，而非今大码头镇桑科村和古巨淀湖西南方向的今广饶县城区所在位置。因此，钜定故城准确位置的确定，进一步印证了汉代广饶县城设置在今大码头镇高港村，与西晋广饶县城不在一地、不是一城的事实，对东营市历史地理的研究、历史地名的考证具有重大价值和意义。

三、钜定故城准确位置的确定，对齐文化与中国古代农耕文化研究的学术价值及重要意义。

还是依据《水经注·淄水》的记载：“淄水……又东迳巨淀县故城南。征和四年，汉武帝幸东莱，临大海，三月耕巨淀。即此也。县东南则巨淀湖，盖以水受名也。”汉武帝“躬耕钜定”之地在巨淀湖西北部的钜定县，更说明汉武帝“躬耕钜定”之地就在今广饶县大码头镇桑科一带。古巨淀湖位于今广饶与寿光两县市的交界处，今广饶县在古巨淀湖西部，今寿光市在古巨淀湖东部，古巨淀湖的水面十分之七八在今寿光境内。汉武帝举行“耕籍礼”自然是在地面上进行，不能在巨淀湖水面上进行。而《水经注》明确记载汉武帝“躬耕钜定”之地在古巨淀湖西北部的钜定县地面，自然是在古巨淀湖西北部的今广饶县地面上，与今寿光市地域是无缘的。

中国在历史上一直是个农业国家，长期奉行重农抑商的国策，主张国以民为本，民以食为天。“耕籍礼”是中国古代官方重视农业生产的重要表现，其目的是让各级官吏体验到民间劳作的艰辛，促使各级官吏做到爱民、恤民，爱惜民力，轻徭薄赋。据《广饶历史文化通鉴》介绍，在今天的广饶县境东部，自古至今流传着这样一首民谣：“二月二，龙抬头，万岁皇帝试金牛，正宫娘娘来送饭，嫔妃挑担在后头，王公大臣砸坷垃，国老丞相来牵头。”民谣说的就是汉武帝在巨淀湖西北的钜定县举行“耕籍礼”一事。

汉武帝在钜定县举行“耕籍礼”，亲自耕地，切实体验到农民劳作的艰辛和当时徭役的繁重。“躬耕钜定”是汉武帝晚年统治方针开始发生转变的信号。“躬耕钜定”回到长安后，汉武帝便发布了著名的“轮台罪己诏”，称“当今务在禁苛暴，止擅赋，力本农，修马复令，以补缺，毋乏武备而已”（《资治通鉴·汉纪十四》）。汉朝国策由此发生了重大改变，由对外征伐转为对内休养生息。在此之后，汉王朝出现了“昭宣中兴”的繁荣景象，使汉朝统治虽有“亡秦之失”，却无“亡秦之祸”，对中国历史产生了深远的影响。同时，汉武帝在钜定县举行“耕籍礼”，也反映出齐地在汉朝统治者心目中的重要地位，从侧面充分显示了齐地，特别是今广饶县所在的古巨淀湖一带，从春秋战国以来政治、经济、军事乃至文化的强势发展，对西汉王朝所产生的重要影响。因此，钜定故城准确位置的确定，对齐文化的研究和中国古代农耕文化的研究，都具有重大学术价值和重要意义。

倪宽故里考辨

赵金炎

宋代著名的文学家、史学家、《新唐书》纂修者之一、工部尚书宋祁在《倪氏族谱·序》中说："自汉武帝朝，兒宽为御史大夫，位列三公，加'亻'为'倪'，世居千乘，遂为倪氏始祖。"

千百年来，人们对于汉代御史大夫倪宽的桑梓故里在千乘即今山东省广饶县之说，信而有征，向无疑义。

一

最早记载倪宽其人其事其籍的史料是《史记》（汉太史令司马迁撰，宋中郎外兵曹参军裴骃集解）和《汉书》（汉兰台令史班固撰，唐颜师古注）。

《史记》第一二一卷之《列传·儒林·伏胜》载："伏生者（《集解》：张晏曰伏生名胜。《伏氏碑》云），济南人也。故为秦博士。孝文帝时，欲求能治《尚书》者，天下无有。乃闻伏生能治，欲召之。是时，伏生年九十余，老不能行……伏生教济南张生及欧阳生（《集解》：骃案《汉书》曰字和伯，千乘人），欧阳生教千乘兒宽（即倪宽）。宽既通《尚书》，以文学应郡举诣博士……兒宽位至御史大夫（《集解》：徐广曰元狩元年）九年而以官卒。宽在三公位。"

《汉书》卷五八之《列传·兒宽》载："兒宽，千乘人也（师古曰：千乘郡千乘县也）。治《尚书》，事欧阳生。"

《汉书》卷八八《儒林·欧阳生传》又载:“欧阳生,字和伯,千乘人也。事伏生,授兒宽。宽又受业孔安国,至御史大夫……宽授欧阳生子,世世相传。至曾孙高子阳(师古曰:名高,字子阳),为博士。高孙地余……后为博士。地余少子政,为王莽讲学大夫。由是,《尚书》世有欧阳氏学。”

另据《后汉书》(宋宣城太守范晔撰,唐章怀太子李贤注)卷一〇九上《欧阳歙传》载:“欧阳歙,字王思,乐安千乘人也。自欧阳生传伏生《尚书》,至歙八世,皆为博士。”

由此可见,倪宽和欧阳八博士都是西汉时期的千乘郡千乘县(即今广饶县)人。倪宽冢在县城西 3 里处,至今犹存,并为古代该县的八景之一。欧阳八博士冢在县城西南之冢头村有 6 座,小张村有 2 座。倪宽冢和欧阳八博士冢犄角相望,皆为山东省重点文物保护单位。

二

自西汉以来,在今广饶县的地面上,曾设置过千乘、乐安、琅槐、钜定、广饶等 5 个小县邑。后来又在此地移置过博昌县。其地面上还设置过青州千乘郡(西汉时期)、青州乐安郡(东汉质帝始置,历经魏晋南北朝,时省时续,至隋废)和乘州(唐初)的治所。

《汉书》卷二八上之《地理志·青州千乘郡》条记载:“千乘郡(高帝置,莽曰建信,属青州。应劭曰和帝更名乐安):户十一万六千七百二十七,口四十九万七百二十(有铁官、盐官、均输官)。县十五:千乘(有铁官)、东邹、湿沃(莽曰延亭)、平安(侯国,莽曰鸿睦)、博昌(时水东北至钜定入马车渎)、蓼城(都尉治,莽曰施武)、建信、狄(莽曰利居。应劭曰安帝更名临济)、琅槐(师古曰槐音回)、乐安、被阳(侯国,师古曰音皮彼反)、高昌、繁安(侯国,莽曰瓦亭)、高苑(莽曰常邹)、延乡。”在其《齐郡》条中记有县十二:“临淄、昌国、利、西安、钜定、广、广饶、昭南、临朐、北乡、平广、台乡。”可知,在今广饶县地面上在西汉时期置有千乘、琅槐、乐安、钜定、广饶等5个小县邑。千乘县是千乘郡的首列县。按《后汉书·郡国志》所示,“凡县名先书者,郡所治也”。所以说,今广饶县地面上在西汉时期所置的千乘县是青州千乘郡的治所,并为倪姓的郡姓出处。

西汉后期,王莽篡政,更移更改过许多郡县地名和官职名称,并将360个县改为亭;将御史改为执法公车,将郡太守改为大尹,将县令长改为宰;将济南郡改为乐安郡,将齐郡改为济南郡,将平原郡富平县改为河平郡乐安亭,等等,不胜枚举。尤其令人关注的是,王莽将千乘郡中的建信县(在今高青县地面上)改升为建信郡以取代千乘郡。自此才把千乘郡的治所由千乘县(今广饶地面)改移到建信县(今高青地面)。

东汉明帝刘庄于永平三年(60),“夏四月辛酉,封皇子建为千乘王”。唐李贤注:“千乘,国名,今青州县。故城在今淄州高苑北。”明眼人一看便知,明帝所置千乘国是在王莽时的建信郡治所建信县的地面上改置的,其位置在高苑县北25里(今高青县地面)。东汉千乘国治所建信县与西汉时期的千乘郡治所千乘县之县域地望是不同的,二者殊难混淆。

东汉章帝刘炟又于建初四年(79)春二月,“辛卯,封皇子伉(音杭)为千乘王”,其治所还是在建信县。

东汉和帝刘肇永元七年(95),“五月辛卯,改千乘国为乐安国”。李贤注:“千乘故城在今淄州高苑县北,乐安故城在今青州博昌县南。”和帝将千乘国改称乐安国后,并取消了建信县。将乐安国的治所移至于狄(王莽称利居)。安帝(刘祜)执政时,又将狄改名为临济〔因此地临靠(北)济水即大清河,位置在今高青县最北边,现早已为黄河泛滥夺道而淤没〕。东汉时期的乐安国下辖有“临济、千乘、高苑、乐安、博昌、蓼城、利、益、寿光等9个县城”,今广饶地面上的“千乘县”“乐安县”仍属乐安国所辖。《后汉书》卷一〇九上之《儒林·牟长传》中云:“牟长,字君高,乐安临济人也。”《欧阳歙传》中云:“欧阳歙,字王思,乐安千乘人也。”牟长和欧阳歙为同时代的《尚书》传人,他们的故里也是同“国”而不同县。

"临济县"和"千乘县"之县域地望，前者在今高青县，后者在今广饶县，各自所属的县份记述得也非常明确。

需要进一步辨明的是，李贤在注中所说的"千乘故城"是指千乘国故城，在唐代淄州高苑县北(今高青县)，而不是指西汉的千乘郡千乘县故城；所说的"乐安故城"是指东汉末期所置的青州乐安郡故城(今广饶县)，也不是指地处临济的乐安国故城。因为唐代博昌县南的"乐安故城"不在临济，二者方位正好相反。所以说李贤注中的"乐安故城"是指在今广饶地面上东汉末始置，之后时省时续(如《魏书·地形志》青州乐安郡领县四：千乘、博昌、安德、般。安德、般为乔迁县和刘宋时乐安郡下辖千乘令、临济令、博昌令三县)，至隋而废的青州乐安郡城。

三

东汉末，因为"海水溢，乐安、北海人为水所漂没"，"乐安国土卑湿，租委鲜薄"。汉质帝(刘缵)之母(梁太后)下诏将刘鸿(刘缵之父)从乐安王改封勃海王。自此，以临济为治所的乐安国即废，只留有临济县。随着太尉李固对陈蕃的表荐和任职，又返回到原千乘郡千乘县之古青丘高地上即今广饶县的地面上设置了青州乐安郡，陈蕃为郡太守。《后汉书》卷九六之《陈蕃传》载："陈蕃，字仲举，汝南平舆人也……太尉李固表荐征拜议郎，再迁为乐安太守(《续汉志》曰：乐安，县名，本名千乘，和帝更名也)，时李膺为青州刺史。"

太尉李固的任职和表荐陈蕃为议郎再迁为乐安太守的具体时间，是在汉冲帝(刘炳)和汉质帝(刘缵)在位的短暂时期。建康元年(144)冲帝刘炳"八月庚午即皇帝位"，始命"大司农李固为太尉"，"永嘉元年(145)春正月戊戌帝崩于玉堂前殿"。本初元年(146)"五月庚申，徙乐安王为勃(渤)海王。海水溢，乐安、北海人为水所漂没"，本初元年闰六月"丁亥，太尉李固免，戊子，司徒胡广为太尉"。《后汉书》卷八五之《千乘贞王伉传》还云:“千乘贞王伉,建初四年(79)封。和帝即位,以伉长兄甚见尊礼,立十五年薨。子宠嗣,一名伏胡。永元七年(95)改国名乐安,立二十八年薨,是为夷王。父子薨于京师,皆葬洛阳。子鸿嗣,安帝崩,始就国。鸿生质帝。质帝立,梁太后下诏;以乐安国土卑湿,租委鲜薄,改鸿封勃海王,立二十六年薨,是为孝王。无子,太后立桓帝弟蠡吾侯悝为勃海王,奉鸿祀。”看来,陈蕃是在汉质帝本初元年海水溢淹乐安国和乐安王徙封渤海王之后,李固被免太尉之前的五月至闰六月间迁任青州乐安郡太守的。

以上史料告诉人们,西汉高帝所置的千乘郡和东汉明帝所置的千乘国、和帝、质帝所改称的乐安国、郡,其名称皆本源于西汉初期就已存在的千乘和乐安之县名,将其引申扩升为千乘郡国和乐安郡国。它与王莽篡政时将齐郡改为济南郡、将济南郡改为乐安郡、将平原郡富平县改为河平郡乐安亭等“以应符命文也”的原因、性质和理论不可同日而语。

四

唐代李吉甫著《元和郡县志》,对千乘县(今广饶之前身)的建置沿革、县名来源出处及相关道里数等,都记述得颇为确当。该志卷十一之千乘县条中称:“千乘县,上,东南至州八十里。本汉旧县也,属千乘郡,有盐官。后汉和帝永元七年(95)改千乘郡为乐安郡(国),千乘县仍属焉。武德二年(619)于此置乘州,八年废乘州,千乘依旧属青州。千乘者,以齐景公有马千驷,田于青丘,今县北有青丘,县因以为名。淄水(今称淄河)南去县二十八里。”

李吉甫与颜师古(《汉书》注者)、李贤(《后汉书》注者)都是唐代的史学大家,况且李吉甫还任过唐宪宗的宰相,他有条件接触唐室所存的大量的历史档案材料。所撰《元和郡县志》信而有征,为后人所尊。尤其是他对汉代倪宽故里的千乘县之地望,与颜师古注《倪宽传》之“千乘郡千乘县人”和李贤注《陈蕃传》之“乐安,县名,本名千乘,和帝更名”

为乐安国的文字，如出一辙，完全一致。这可不是偶然的巧合，而是此三人所见的同一性的史料使然。李吉甫还进一步指明，与汉代旧县——倪宽故里之千乘县一脉相承的唐代千乘县，是以“齐景公有马千驷，田于青对千来丘”而得名。

千乘县早在春秋时期就以“齐景公有马千驷，田于青丘”而得名之后，战国时期的千乘县邑是以齐城西北“千乘、博昌之间，方数百里，雨血沾衣”而载于《战国策》周赧王三十一年。今广饶县的古千乘县城西距博昌故城（今博兴县柳桥东）有20里，正是“方数百里”。汉代以此千乘县沿用其名。唐、宋仍因之。宋代乐史著《太平寰宇记》，在其“千乘县”条中，也完整地沿用了唐李吉甫《元和郡县志》之“千乘县”条的文字。金代天眷元年（1138）将千乘县复为乐安县，属益都府。

五

“复为乐安县”，顾名思义，就是说今广饶县地面上早在金代天眷元年改乐安县之前，其先民就曾以“乐安”之名称谓过，而不是金代新起的县名。

元代于钦著《齐乘》，在其书卷之三青州府乐安县建置沿革条云：“乐安县，府北九十里。汉千乘郡乐安县，元帝封丞相匡衡乐安侯。后汉属乐安国。晋属乐安郡。隋省入千乘县，开皇三年移于广饶城，属青州，今县理也。唐武德二年于此置乘州，八年废之。县仍属青州，宋因之。金改曰乐安，属益都”。该书在其卷之五之青丘条还称：“青丘，乐安北清水泊。盖以青丘得名。齐景公有马千驷，田于青丘，与晏子游于少海，皆此地。少海谓渤海也。”

《齐乘》里的记述，虽然简单，但也指明了“汉千乘郡乐安县”是在今广饶县地面上，并称“乐安北清水泊。盖以青丘得名”。清水泊就是钜定湖，一名青丘泺，在今广饶县东北部，东与今寿光市相连。与《元和郡县志》所述基本相同。所不同的是《元和郡县志》称千乘县在“州西北八十里”，而《齐乘》称乐安县在“府北九十里”，这是因为州治青州城在广县故城西——旧青州刺史治，而府治益都城南去距青州城10里所致，二者并不矛盾。

《齐乘》中未记广饶先民在其地面上所置过的青州乐安郡治所，即本文前面已述之东汉末期质帝所置的、以陈蕃为首任太守的青州乐安郡和西汉所置千乘郡千乘县之地郡望以及魏晋时期的东州大儒乐安孙炎，字叔然和经学家、《论语》集解者之一、汉关内侯、魏吏部尚书孙邕，魏晋际的将军孙历、孙旂等文字。而这些孙氏族出名人均以此地为青州乐安郡的郡姓出处和第一大姓。唐太宗令颁的《贞观氏族志》对其记载甚明。“孙、任、高、元、薛、门、蒋”七姓为青州乐安郡的郡姓。倪姓则是青州千乘郡的郡姓。

1977年，在今广饶县阳河岸边之大王公社孙家庄的先茔古墓中出土的唐代孙遇的墓志铭上，也刻有“始祖乐安人也，昔汉有关内侯孙邕，经书览尽，官□□侯。谱上官高者即邕之后也。高、曾、祖、父四世属离乱……唯公一身扶侍长幼，却归乐安地，袭先贤之业”和乐安地望“起自青丘”、居于“阳水之滨，家近道流”等文字。进一步证实了，今广饶县地面上的千乘郡县和乐安郡县，皆起源于城北之青丘的先秦古老地面。总之，千乘、乐安、广饶之县名同根同源，一脉相承，故倪宽故里在今广饶县，是毋庸置疑的。

那么，为什么后人有的对此提出异说呢？可能是个别人未加审慎和辨析，将西汉时期的千乘郡（治所在千乘县，即今广饶县）与王莽改千乘郡为建信郡（治所在建信县，即今高青县），东汉时期又将建信郡改为千乘国和乐安国（治所在临济县，其地面也在今高青县）的不同治所相混淆所致。二者虽然在大的区域（郡国）上有沿革关系，但是就其倪宽故里所在之县份来说，它不在建信县或临济县（今高青），而是在千乘县（今广饶）。如同西汉时期济南伏生的所在地望一样，人们能因王莽改齐郡（治所在临淄）为济南郡（二者地域都在济水即今小清河之南），就把济南人伏生说成是临淄人吗？如果这样，岂不贻笑大方！

倪宽里籍及生平考疑

荣子录

［清］顾沅辑《古圣先贤传略》
中的倪宽画像

倪宽是我国历史上的名宦、鸿儒，也是我国历史上为数不多的平民贤士。他博学能文，为官清廉，忠君恤民，治理狱讼，惩治贪官，深得汉武帝信任和百姓爱戴。他的功绩在《史记》《汉书》《山东通志》《青州府志》《乐安县志》《续修广饶县志》等典籍中都有记载。倪宽修建六辅渠和主持修订《太初历》早就纳入历史教科书。鉴于倪宽对后世的影响，明成化五年(1469)，乐安县(今广饶县)知县马亮在其墓地修建了“倪内史祠”专供倪宽，祠废后，又供倪宽于乡贤祠内。而在安徽省的太和县至今留有倪宽衣冠冢和倪王祠，世代供奉，香火不断。

倪宽故里——西汉千乘郡千乘县就是今天的广饶县

关于倪宽故里及千乘郡县建置沿革，赵金炎先生和荣敦宁先生早有论述。现仅就《汉书》中所提“千乘”这一地名，略作陈述。《汉书·倪宽传》载：“倪宽，千乘人也。”颜师古注：“千乘郡千乘县人也”。刘向《战国策·齐策》云：“王(齐湣王——作者注)奔莒，淖(nào)齿数之曰：夫千乘、博昌之间，方数百里，雨血沾衣，王知之乎？”《战国策》虽是西汉刘向集录，但记述的这段话是生活在战国时期的楚将淖齿所说，可见在战国时期已存在“千乘”这一地名。《汉书·灌婴传》云，灌婴“攻下嬴、博，破齐将军田吸于千乘，斩之”。此处描述的是楚汉战争时期的事情，说明最晚在秦朝已经设置了千乘县。古代千乘县具体在今天何处呢？中国现存最早又比较完整的地理总志，即唐代的《元和郡县图志》云：“千乘县，上，东南至州八十里。本汉旧县也，属千乘郡，有盐官。后汉和帝永元七年(95)改千乘郡为乐安国，千乘县仍属焉。武德二年(619)，于此置乘州。八年(625)废乘州，千乘依旧属青州。千乘者，以齐景公有马千驷，畋于青丘，今县北有青丘泺，因以为名。”这里指出当时千乘县治向东南至青州州治(今青州市)80里，恰好是今广饶县域所在位置。这里对“千乘”地名由来明确表述：“以齐景公有马千驷，畋于青丘”而得名。同时今县北有青丘泺，表明《元和郡县图志》明确指出“青丘”位于唐代千乘县。

元代于钦《齐乘》对青丘地域的描述更明确，提出：“青丘，乐安(今广饶县——作者注)北。清水泊盖以青丘得名，齐景公有马千驷，田于青丘，与晏子游于少海，皆此地。少海，谓渤海也。”《太平寰宇记》“千乘县”条目，“柏寝台，韩非子曰：景公与晏子游于少海，登柏寝之台而望其国”。柏寝台是标志青丘地面的一个重要物证，《史记》的《正义》载：“《括地志》云，柏寝台在青州千乘县东北二十一里。韩子云景公与晏子游于少海，登柏寝之台而还望其国。”柏寝台就位于现在的广饶县城北花官镇大桓村南。

《齐乘》又云：“古千乘县，以齐景公有马千驷，田于青丘得名，县北有青丘泺，即今青水泊也。”由此可知清水泊即是青丘泺，位于今广饶县东北部与寿光市交界处。因此，“青丘”在今广饶县的地面上是毫无疑义的，说明汉千乘县就是今广饶县，同时证明汉千乘县就是隋唐千乘县，也印证了《元和郡县图志》称隋唐千乘县为“本汉旧县也”这一表述的正确性。

在西汉时期，千乘县为千乘郡治所所在地，在《汉书·地理志》中，千乘县为千乘郡首列县。《汉书·儒林传》称西汉博士欧阳生为“千乘人也”。《汉书·倪宽传》也称倪宽为“千乘人也”，颜师古注：“千乘郡千乘县人也。”在东汉时千乘郡更名为建信郡，治所迁至建信（今高青地面），后又更名千乘国、乐安国等，但千乘县始终是在今广饶县。因此，《后汉书·儒林列传》称生活在东汉时期的博士、大司徒欧阳歙为“乐安千乘人也”，即乐安郡千乘县人。按照《汉书》对列传人物籍贯的描述形式，“千乘人”的确切含义为“千乘郡千乘县人”。可见此处的“千乘人”是对“籍贯”郡县同名、同治一地的省称。

《倪宽赞》原名为《汉书·公孙弘卜式倪宽传赞》，后世为了方便，便以《倪宽赞》称之。是《汉书》中的一部分，涉及人物50余人，《列传》中均有记述，其中除个别记国名，如郑当时陈人、朱买臣吴（吴县）人、李延年中山（今河北省定州市）人，还有记族名，如金日磾（dī，匈奴）外，其他全部到县：如公孙弘，淄川国薛县（淄川国治今寿光）人；董仲舒，广川（广川国广川县，今河北景县广川镇）人；韩安国，梁成安（梁国成安县，今属汝州）人；赵禹，斄（lí）县（今陕西武功县）人；张汤，杜陵（杜县，今西安市内）人；司马相如，蜀郡成都（县）人；东方朔，平原厌次（今德州市陵城区）人；洛下闳，巴郡阆中（今四川阆中）人；卫青、霍去病、霍光，河东平阳（今山西临汾市）人；萧望之，东海兰陵县（今临沂市兰陵县）人；梁丘贺，琅琊诸（今山东诸城西南）人等。所以从《汉书》撰写体例来看，千乘人，就是千乘郡千乘县人。

在今广饶县城西南存有“汉八博士墓”，是西汉欧阳生至其后裔欧阳歙八世博士的坟墓，俗称“欧阳冢”。1976年10月，被公布为省级文物保护单位。而倪宽墓就位于今广饶县田王村南约500米，向南与“八博士墓”相望，旧志将倪宽墓称为“乐安八景”之一，有“倪冢秋烟”之誉。倪宽是今广饶县乐安街道倪家村人，其后裔至今仍生活在此地。因东汉改千乘郡为乐安郡，对于欧阳八世博士与倪宽来讲，生活在西汉时期的

位于广饶县城西三里的倪宽墓

便被称千乘郡千乘县人，简称千乘人，生活在东汉时期的便是乐安郡千乘县人，即乐安千乘人。他们的墓都在今天的广饶县，有力地证明今天的广饶县实为西汉千乘县。

倪宽生平中的几个问题

（一）出身寒门

倪宽出身贫寒，《史记·儒林列传》载："倪宽贫无资用，常为弟子都养，及时时间行佣赁，以给衣食。行常带经，止息则诵习之。"（家贫没钱用，曾为同门弟子们做饭。有时偷偷出去做短工，来供给衣食。带着经书给人锄地，一休息就诵读学习。）《汉书·倪宽传》中也有类似的记载：倪宽"贫无资用，尝为弟子都养。间行赁作，带经而锄，休息辄读诵，其精如此"。倪宽为了生活，不但"常为弟子都养""时行赁作"，还要侍奉欧阳生，《汉书·倪宽传》记载：倪宽"治《尚书》，事欧阳生"。也就是说，倪宽在学习《尚书》的同时，还侍奉他的老师。从这些描述中不难看出，倪宽的家庭应该是一贫如洗。既然这样，欧阳生为什么会收倪宽为弟子呢？本人分析有以下几点原因：

1. 倪宽天资聪明，天赋较高，对学习的知识能融会贯通，深得欧阳生喜欢。

2. 高人引荐。据《阜阳古风》描述，倪宽年轻时曾拜细阳县(今太和县)著名隐士柳林先生为师，深得柳林先生喜爱，并传授经书。当倪宽返乡又拜到欧阳生门下，是否也得到了这位高人或其他人的引荐呢？

3.“孝悌”“力田”。汉文帝前元十二年(前168)下诏说：“孝悌，天下之大顺也；力田，为生民之本也。”汉代以孝治天下，汉代皇帝巡幸各地，常有褒扬孝悌之事。有时一个地方出现祥瑞，也认为当地人民孝行感动上天所致，也要赏赐当地官绅。所以在当时“孝悌”就是一种风尚，只要是“孝悌”“力田”就会得到世人尊重。所以只要倪宽具备了这两点，欧阳生自然会喜欢，即使“贫无资用”，也愿招为弟子。

(二)博学多才

倪宽不仅得到了《尚书》欧阳学即《今文尚书》的嫡传，而且还是《古文尚书》和《春秋》的传人。《史记·儒林列传》和《汉书·倪宽传》《汉书·艺文志》中都有倪宽受业孔安国的记载。孔安国，《辞海》云：“西汉经学家，字子国，孔子后裔。武帝时任谏议大夫，相传他曾得孔子住宅壁中《古文尚书》，开古文尚书学派。”又据《汉书·艺文志》记载：“《古文尚书》者，出孔子壁中。武帝末，鲁共王坏孔子宅，欲以广其宫，而得《古文尚书》及《礼记》《论语》《孝经》凡数十篇，皆古字也。孔安国者，孔子后也，悉得其书，以考二十九篇，得多十六篇。安国献之。遭巫蛊事，未列学官。”《古文尚书》被发现在孔子家的壁中。武帝末年，鲁共王拆毁孔子的住宅，打算扩大他的宫殿，却得到了《古文尚书》以及《礼记》《论语》《孝经》一共几十篇，都是先秦时代的文字。共王进入孔子的住宅，听到演奏琴瑟钟磬的声音，感到害怕就停止了拆毁房屋。孔安国是孔子的后代，得到了这些书，比原先的二十九篇多出了十六篇。孔安国把它献给了皇上。这时逢巫蛊的事情，没有被列入学官。倪宽受业，必然就是《古文尚书》。

《汉书·倪宽传》又云：“初梁相褚大通《五经》，为博士，时宽为弟子。”

据《史记·儒林列传》记载，褚大是董仲舒的弟子，是《春秋》博士。据此，倪宽为博士弟子时，应对《春秋》也有很深的造诣。

倪宽不仅在学业上博览群书，而且在政治上也展示出了独到的才能。在《汉书·倪宽传》中，班固对倪宽政治才能进行了较详细的记载，他"劝农业，缓刑罚，理狱讼，卑体下士，推情与下，不求名声，吏民大信爱之。宽表奏开六辅渠，定水令以广溉田。收租税，时裁阔狭，与民相假贷，以故租多不入。后有军发，左内史以负租课殿，当免。民闻当免，皆恐失之，大家牛车，小家担负，输租繦属不绝，课更以最。上由此愈奇宽"。（劝导农耕，减缓刑罚，治理狱讼，谦恭下士，致力于取得人心；择用仁厚之士，推求人情对待下属，不求名声，吏民极为信爱。倪宽表奏开六辅渠，订治水条令以扩大溉田。收租税，根据季节收成裁定，不急征收，借贷与民，因此租多不入库。后有军役征发，左内史以欠租课名列最后，当免官。百姓听说他将被免官，都怕失去倪宽，大家出牛车，小家担挑，输租接连不断，交租税居首。皇上由此更加惊奇倪宽的才干。）从这段文字中，我们感受到的是一种温和的施政策略，与儒家思想推崇的"五常"相契合，所以深得汉武帝的赏识。

此外，在泰山封禅这件事上，倪宽也体现出了自己的大智慧，当武帝问及倪宽时，宽对曰："陛下躬发圣德，统楫群元，宗祀天地，荐礼百神，精神所乡（向），征兆必报，天地并应，符瑞昭明。其封泰山，禅梁父，昭姓考瑞，帝王之盛节也。然享荐之义，不著于经，以为封禅告成，合祛于天地神祇，祇戒精专以接神明。总百官之职，各称事宜而为之节文。唯圣主所由，制定其当，非群臣之所能列。今将举大事，优游数年，使群臣得人自尽，终莫能成。唯天子建中和之极，兼总条贯，金声而玉振之，以顺成天庆，垂万世之基。"（陛下发扬圣德，带领百官祭礼天地百神，精诚所向，天地并呈符瑞。封泰山，禅梁父，彰显美好征兆，是帝王最盛大的典礼。然而封禅之享荐，不是常礼，故经无其文。现在要举行大事，犹豫几年，假使让群臣每人都发表意见，最终什么事也做不成。只有天子制定出中和的规则，同时采纳各方意见，就像金声玉振，请陛下顺从天意，垂万世基业。）上然之，乃自制仪，采儒术以文焉。倪宽让武帝汇总儒士意见，自己制定仪式，武帝不但没有生气，反而这样做了，一直悬而未决的封禅大事才得以确定。

（三）倪宽之“不足”

《史记·儒林列传》对倪宽的记述文字只有230字，两次提及倪宽之不足，第一次说：倪宽“口不能发明也”，意思是倪宽口拙，不能把事情说清楚。第二次说：倪宽“以和良随意从容得久，然无有所匡谏；于官，官属易之，不为尽力”，意思是说倪宽只能顺从皇上之意而得以官运久长，但是他没有匡正劝谏过皇上的过失；居官期间，属下的官员轻视他，不为他尽力。《汉书·倪宽传》对倪宽记载较为详细，但其也沿用了《史记》的记述，只是说法略有不同。而事实真是这样吗？我们来看一下《汉书》上的记载。

第一处是张汤做了御史大夫后，举荐倪宽为侍御史，去见皇上，谈论经学，“上悦之，从问《尚书》一篇，擢为中大夫，迁左内史”。皇上召见倪宽说了什么，没有记载，但皇上很高兴，并又给倪宽升了职。这就说明倪宽绝对有很好的口才且政见也符合皇上的心意，这才让皇上对他器重有加。

第二处是汉武帝要封禅泰山，征求倪宽的意见，倪宽（原文见上）由天说到地，由人说到神，由古说到今，劝说皇上自制礼仪。倪宽的这番话有理有据，层层道来，汉武帝欣然接受。如果是“口不能发明”，结结巴巴，以汉武帝的性格早就把他贬为庶民了。

第三处是封禅泰山完成之后，倪宽上前祝贺说：“臣听说过三代改制，政教法令相沿袭，不列入圣统的就要废绝。陛下发愤而起，合指天地，开始建立明堂辟雍，尊祭泰一神庙，用六律五声来赞美圣意，神乐和四方色彩各有仪象,以承接隆重的祭祀盛典。这是为后世万代留下祭祀天地的法则,天下对此倍感觉荣幸。通过这次祭礼,要确定太初年的白麟、宝鼎祥瑞,登上泰山向天神报告吉祥,发福开门,以等待冬至祥瑞景象到来。癸亥尊祭,太阳显示出日中有日之光,太初元年甲子冬至日,天地永享敬肃祥和。光辉普照,上天文彩粲然夺目,显现昭明景象,这是回报降下的吉祥兆应。臣倪宽举杯再拜,敬祝陛下千万大寿。”这些是对汉武帝歌功颂德之语,汉武帝听后大悦,并举杯庆贺。

第四处是褚大以为自己能做御史大夫,但到洛阳后听说倪宽为之,有些不服,与倪宽在皇上面前议封禅之事,褚大不及倪宽,退下服气地说:“上诚知人。”这里倪宽和褚大的对话没有记载,但可以肯定的是倪宽必定有理有据,言辞犀利,文辞通达,才使博士褚大心服口服。

以上关于封禅泰山的两处谈话都非常精彩,所以汉书对其原文记录。这些话绝非班固编造,应是当时的史官记录了倪宽说的话,班固再把这些记录转录到《汉书》中。

“官属易之”也与前文的叙述不相符。《汉书》中称,倪宽“卑体下士,务在于得人心;择用仁厚士,推情与下,不求名声,吏民大信爱之”。就是说倪宽对下面的士人很尊敬,一心只追求得到人心;他用人选择仁义敦厚的士人,真心与下面交朋友,不追求名声,吏民全都信任爱戴他。从这段文字看,哪有“易之”之意。倪宽“为人温良,有廉智自将,善属文,然懦于武”。(倪宽为人温和善良,廉洁多智,很会保护自己,善写文章,但性格上属于比较懦弱。)一个人的性格决定了他的人品和为人处世。倪宽出身寒门,甚至会受到同龄人欺侮,在他受到恩师庇护后又心存感念,这就造成了他内心自卑的一种心理。正是这种心理,造成他不善言辞,但他有坚强的意志品性,他追求上进,承意他人,迫切要求改变命运。他不是不能说,而是不想乱说而已。为了释放内心的压抑,他又把全部的想法倾注于笔端,所以说他“善属文”。可一旦有机会,他也会毫无保留地迸发出来，这就有了上面几段精彩的对白。倪宽的起家，完全源于他的吃苦耐劳，博学多才，廉智有为，可能会让某些人眼红，但这只是少数，大多数人还是敬重他的，包括皇上、群臣和他的下属。否则怎会在三公位上“九年而以官卒”？这在汉武帝朝是十分罕见的。

《汉书》对于倪宽的这些不足，我想这并不是班固的本意，班固只是沿用了司马迁《史记》的一些说法，无论如何倪宽与司马迁也是同朝为官，可信度要高一些。但其中的文字与其说是对《史记》的补充，倒不如说是给倪宽正名。而司马迁为什么会这样记述倪宽，正史没有记载，只是民间有些传说，后文再述。

（四）倪宽年龄及在御史大夫位时间

关于倪宽的年龄，史料上已无从考证。2013 年，本人在翻阅倪宽资料时，发现《滕阳倪氏族谱》中标注了倪宽生年为公元前 169 年，也就是汉文帝前元十一年；在倪氏六十四世倪寿同整理的《宽祖生平事迹》文中提到倪宽“终年六十六岁”，据此前推，倪宽也生于公元前 169 年；在倪邱镇《重建倪公祠序》(2013 年）中也标注了倪宽生于公元前 169 年。我认为这个年份是相对准确的。

据《汉书 • 武帝纪》载：“元朔六年（前 123)，夏六月……丞相弘请为博士置弟子员，学者益广。”也就是从公元前 123 年开始，国家为博士官招收弟子，学者才逐渐多起来。那么倪宽被郡国选诣博士受业，最早是在公元前 123 年，此时倪宽 46 岁。因为当选博士弟子员的年龄是 18 岁以上，而要求也比较高。据《汉书 • 儒林传》载：“为博士官置弟子五十人，复其身。太常择民年十八以上、仪状端正者，补博士弟子。”而要求是“好文学，敬长上，肃政教，顺乡里，出入不悖”。在汉代，“文学”一词比今天含义要丰富。“好文学”，有通经史、会写作的一面，但更多指好读书，且能从中读出学问的。倪宽正是符合这样的条件，才被郡国选诣博士受业。此时倪宽已经精通《今文尚书》，并传授给欧阳生的儿子和大小夏侯氏（见《汉书·儒林传》），所以倪宽此时的年龄在 45 岁左右是比较确切的。

后来倪宽通过射策担任了掌故，因有功，补廷尉文学卒史。廷尉张汤所用之人全是懂文史法律的，而倪宽是一个儒生又不好说话，就没有安排职务，成为廷尉府的一名小吏，被派到北地郡去饲养牲畜数年。回来汇报情况时，为张汤代写一篇奏章，得到汉武帝认可，才成为一名属官——掾。后来又担任了审判定案并负责报奏的属官——奏谳掾。公元前 121 年，张汤为御史大夫，倪宽为侍御史。后来，倪宽去见汉武帝谈论经学，汉武帝悦之，又问了一篇《尚书》，提拔为中大夫，迁左内史。在担任左内史期间，倪宽做出了很大成绩，他奖励耕作、兴修水利、颁布水令等，深得汉武帝赏识。

倪宽任御史大夫的时间，据《史记·儒林列传》载："九年而以官卒。"《汉书·倪宽传》是"居位九岁，以官卒"。以此推算，倪宽担任御史大夫的时间应是元鼎六年（前 111）。《汉书·卜式传》也载："明年当封禅，（卜）式又不习文章，贬秩为太子太傅，以倪宽代之，（卜）式以寿终。"封禅是在元封元年（前 110），倪宽是在封禅的前一年，也就是元鼎六年（前 111）代卜式为御史大夫的。也就是说倪宽担任御史大夫的时间和卜式被贬秩的时间是同时的。倪宽卒于太初二年冬十二月（前 102 年 1 月），按古人推算方法正好是 9 年。而《汉书·百官公卿表》所记"左内史倪宽为御史大夫，八年卒"，那么这两个时间哪一个更准确呢？

《史记·平准书》载："元封元年，卜式贬秩为太子太傅。"《汉书·百官公卿表上》也记载："元鼎六年，齐相卜式为御史大夫，一年贬为太子太傅。"也就是说，卜式是在元封元年被贬的，倪宽继任也只能是在这一年。

据此我们可以判断，倪宽是于元封元年（前 110）担任御史大夫的，到太初二年冬十二月（前 102 年 1 月），正好是 8 年。

关于“兒”和“倪”

《史记》《汉书》及万历《乐安县志》、雍正《乐安县志》、1918年版《乐安县志》和1935年版《续修广饶县志》中，均称“倪宽”为“宽”，那么“兒”与“倪”究竟有什么样的渊源呢？我们先来看两篇谱序。

第一篇是北宋时著名的文学家、史学家、史馆撰修、工部尚书宋祁撰写的《倪氏族谱序》，全文如下：

> 倪氏之先，出于曹叔振铎之夷父颜，有功于周，其子友，别封为附庸，国于郳。至于曹孙黎来，始见于《春秋》，庄公之子，后数从征伐于齐威公，以尊周室。受子爵，是为小邾子，后国为楚所灭。其故国在汉为蕃县，隋曰滕，今徐州滕县是也。县东有故郳城，战国时，郳良以善兵显，与孙吴并列。立于邑，为兒姓。后自汉武帝朝，倪宽为御史大夫，位列三公，加人为倪，世居千乘，遂为倪氏始祖。至唐玄宗朝，采访使若水公，为奕世之祖，遂为天下右族氏也。而又有谱牒，以贻后人。当时海内世臣，乔木之家，咸莫与之京。嗟夫！由皇王以来，而姓氏于是乎著；由居方以来，而基业于是乎创。得姓氏，则我人知所本；得居方，则我人知所止。本而不知宗，是为无亲；止而不知归，是为无家。无亲不仁也，无家不智也。不仁不智，而可以为人哉？倪氏若子若孙，举无二者之非，此其所以为名世也，此倪氏之谱牒所由作也。

这篇序文不长，但写出了“倪”字的三次演变，即郳—兒—倪，而用“倪”的始祖就是倪宽。文中“加人为倪”，是倪宽自己加的还是武帝赐的，这个还有待考证。“兒”前加“亻”和不加“亻”，意义大有不同，如果是倪宽自己加的，说明倪宽经过自己的努力终于有了回报，现在位居三公出人头第，可以堂堂正正做人了。如果是汉武帝赐的，说明是皇上对倪宽功绩的一种肯定，也是一种鼓励，是倪氏的荣耀。但以倪宽的性格来看，他不可能高调为之，第二种可能性最大。

另一篇是1925年倪氏十一世倪同仕撰写的《倪氏合修家谱统序》全文如下：

盖闻书详惇叙，礼重宗盟，瓜瓞之绵衍渐繁，木水之本源宜溯。古人尊祖敬宗，敬宗收族，别昭穆，序支派，家谱之传由来尚矣。况晋魏以来，专以门胄品人物，有司选举，必稽谱籍而考真伪，是以晋贾弼宋王弘谱学出焉。其余欧阳氏则法史氏年表以为谱，苏氏则法三礼宗图以为谱，此宗谱之修，所以精且详也。此族谱之修，所以慎且重也。倘废弛不修，不独门胄无由考，又何以探本寻源，分支别派乎。

稽我倪氏，在周则有郳黎氏为鲁附庸小国，后因失国，遂去邑而姓兒，迨及汉朝，有带经而锄之兒宽，后为御史，汉主赐以人旁，谥文节公，后人因其带经而锄，遂名锄经堂焉。考其世系，虽有比美于华胄，要亦不同于卑卑不足道者。讵意于明末之际，红血英毒害，遂由苏州阊门迁桃邑北乡，同来者并非一人，择居者亦非一处，奈时远人遐，不得常聚，当年虽有草谱，亦仅各叙各支，今欲重修刷印，故特邀同合族，将各处所修支谱统一而合修之，先代所创草谱，翻阅而重订之，后生之名字，无不历历增叙，将来之配氏，亦皆一一注明，以及功名爵赏，莫不著录而详志，至旧谱之成规，未敢逞私见而改易，新叙之条律，亦仅由旧章而遵行。盖先人创造业已尽善，后人材力远不能逮，惟恪守模，以求上可告无罪于先人，下可免拟议于后世，是则余今日修谱之志也，是亦后日修明者之责也，是为序。

此文中称“带经而锄的兒宽，后为御史，汉主赐以人旁”，说明倪宽任御史大夫后被汉武帝赐以“亻”旁，就改“兒”为“倪”了。《史记》中为何仍写作“兒”呢？或许正如文史专家荣敦宁先生所言，“倪”在古代只是“兒”的俗体字，作为姓氏只在民间与非正式场合使用，官方是不认可的，在官方文献与正式场合仍然还使用标准、正式的正体“兒”字。

也或许还有另外一种原因。在《倪氏合修家谱统序》中明确提到“汉主赐以人旁”，这就说明已经得到了官方认可。在倪氏六十世倪毓佩撰写的《富春倪氏源流考》中，有这样的描述：“据传汉武帝因感于兒(ní——笔者注)与兒(ér——笔者注)同，遂赐兒加人旁，是为‘倪’，倪宽遂成为中华倪氏之始祖，海内外倪氏皆尊之。”那么既然“倪”字是汉武帝赐，就代表官方已认可，可为什么官方资料中仍用“兒”呢？追根溯源症结就出在《史记》中，其他史料记载均源于《史记》。《史记》的作者司马迁与倪宽同朝为官，汉武帝赐“人”为“倪”的事，他不应该不知道，而《史记》中仍用“兒”字，那唯一的解释就是二人之间存在某些分歧或有成见，是司马迁故意为之。

司马迁在《史记·太史公自序》云：“是岁天子始建汉家之封，而太史公留滞周南，不得与从事，故发愤且卒。”这里的“汉家之封”就是指泰山封禅，“太史公”就是司马迁的父亲司马谈。司马谈当时担任太史令，太史令有两项重要职责，一是观测、记录天文星象，二是掌握、整理各类文献。包括封禅在内的各类祭祀活动，关系天人沟通的问题，太史令应该参与。可是在封禅泰山的关键时刻，汉武帝把司马谈滞留在了周南(今河南洛阳)，使司马谈抑郁愤恨而死。

我在百度上发现了一篇署名为“沁雪财经”的文章，题目是《汉武帝封禅一事，司马迁、班固、司马光在史料中是怎样表述的？》。文章对汉武帝为什么不让司马谈参与封禅进行了分析。他认为，汉武帝在封禅之前请来一些儒生讨论封禅仪式问题，当时的太史令司马谈应该也在这个行列里。后来这些学者和汉武帝在观念上不能合拍,曾经一度被汉武帝废弃。司马谈虽然不是儒生,但作为太史令,是当时的学问大家,即便称不上是学界领袖,至少也是一位威望很高的学者。所以司马谈被阻止跟去泰山封禅,很有可能和学者、帝王之间对封禅的不同理解这个矛盾有关。

另外更重要的一个原因在于政见不合。汉武帝“罢黜百家,独尊儒术”,而司马谈“推崇汉初黄老之学”,是道家人物,所以在如此重大的盛典上,被弃用也是很自然的。

此时汉武帝又征求时任左内史的倪宽的意见,倪宽谈了自己的看法,“上然之”,就自己制定了封禅礼仪。然后“拜宽为御史大夫,从东封泰山”。从这些事上来看,司马谈失宠,倪宽受到重用,是有一定的因果关系的。也就是说倪宽受重用间接造成了司马谈的死。

而司马迁因为目睹了父亲的悲剧,对汉武帝封禅这出戏始终是冷眼旁观,把相关内容整理成了我们今天看到的《史记·封禅书》这篇文章。从《汉书》中,我们可以了解到倪宽在汉武帝封禅泰山中起到了很大的作用,但在司马迁的《史记·儒林列传》中只字未提倪宽参与封禅之事,《史记·封禅书》中也只字未提倪宽之名,只有在封禅完成后提及“天子从禅还,坐明堂,群臣更上寿。于是制诏御史”,此时的御史大夫是倪宽,却只字不提倪宽之名。同样道理,根据《汉书》记载,倪宽在修订历法中做出了重大贡献,可在《史记·历书》中只字未提倪宽的名字。

综上所述,司马迁因对倪宽有成见,所以在《史记》记载倪宽之事时便动了手脚。如果“倪”字前面的“亻”是倪宽自己加的,司马迁仍用官方认可的“兒”字,还能说得过去。如果是汉武帝钦赐的,司马迁仍可以不符合“六书”的要求而不记入正史。《汉书》的作者班固比司马迁晚百年,据《辞海》云:班固“初继续完成其父班彪所著《史记后传》,被人告发私改国史,下狱”。这里的私改国史是否就包括“倪宽”姓氏用字和对倪宽评价呢?应该是见仁见智。

附

倪宽年谱

公元前261年　郳国为楚考烈王所灭，倪宽祖上迁往齐国千乘郡千乘县，定居济水南岸，称(兒)倪家庄。

公元前179年　汉文帝前元元年　代王刘恒即天子位。

公元前169年　汉文帝前元十一年　倪宽生于千乘郡千乘(今广饶)县倪家村一个贫穷的农家。

公元前164年　汉文帝前元十六年　倪宽父亲病逝。

公元前162年　汉文帝后元二年　倪宽初入塾馆就学。

公元前158年　汉文帝后元六年　倪宽因救助穷困，偶得经书。此后倪宽为人佣作，把经书挂在锄上，休息时就用心诵读，称"带经而锄"。

公元前156年　汉景帝前元元年　太子刘启即皇帝位。

公元前153年　汉景帝前元四年　倪宽与母亲逃难至细阳(今安徽太和县)，靠做佣工维持生计。

公元前152年　汉景帝前元五年　倪宽在细阳茨河之畔结识隐士柳林先生，二人时常一起探究经学。

公元前149年　汉景帝中元元年　倪宽与母亲返回故里千乘。

公元前145年　汉景帝中元五年　倪宽入郡国学校习五经，从经学博士欧阳生(容)治《尚书》。

公元前140年　汉武帝建元元年　太子刘彻即皇帝位。

　　是年，倪宽始传《尚书》于欧阳生之子欧阳巨及蔺卿。

公元前124年　汉武帝元朔五年　夏六月，丞相公孙弘请为博士置弟子员五十人。倪宽由郡国选为博士弟子员入太学，受业于经学博士孔安国等。

公元前123年　汉武帝元朔六年　倪宽经射策任掌故。

公元前122年　汉武帝元狩元年　补为廷尉府文学卒史，被廷尉张汤派往北地郡视畜。

公元前121年　汉武帝元狩二年　倪宽任奏谳掾。

公元前120年　汉武帝元狩三年　张汤为御史大夫，以倪宽为掾吏，举荐他为侍御史。

公元前113年　汉武帝元鼎四年　倪宽见汉武帝谈论经学，对答《尚书》之问，得武帝赏识，升为中大夫，迁左内史。

公元前111年　汉武帝元鼎六年　倪宽主持兴修郑国渠上游六辅渠的水利工程。

公元前110年　汉武帝元封元年　汉武帝颁下圣旨，擢倪宽为御史大夫，列三公之位。

是年，倪宽在其姓“兒”前加“亻”，成“倪”，被后世倪氏尊为一世祖。

是年，倪宽随侍汉武帝封禅泰山，作《封禅颂》。

公元前109年　汉武帝元封二年　倪宽到细阳（今安徽省太和县）惩治贪官，赈灾济民。

公元前104年　汉武帝太初元年　夏五月，倪宽与公孙卿、壶遂、司马迁等共造汉太初历，以正月为岁首，色上黄，数用五，定官名，协音律，定宗庙百官之仪，以为典常，垂之后世。

公元前103年　汉武帝太初二年　冬十二月，倪宽卒于任上，享年66岁。后归葬故里千乘（今广饶县），墓地在城西1.5公里处。

广饶县先秦盐业遗址调查

赵　金

广饶县濒临渤海湾，自古以来就是重要的海盐产区。广饶县盐业遗址的考古调查与研究主要是围绕出土盔形器的功用、年代等问题而陆续展开的。20世纪50年代，广饶县兴修水利工程时就曾发现过大量盔形器。70年代末至90年代中期，在广饶的西杜疃、南口、北口、东相等村庄也发现了数量不少的盔形器。但是这种器型特殊的器物在当时并没有引起关注，对其年代、功用等问题也知之甚少，因其形状很像古代将军的帽子，所以当地老百姓都称其为"将军盔"。在广饶文物部门已公布的古遗址名单中也没有盐业遗址这个类别。进入21世纪，广饶的盐业遗址逐渐进入人们的视野，并得到重视。

2007年，北京大学考古文博学院燕生东博士对广饶东北部距离渤海20多公里的区域展开地毯式调查，意外发现了南河崖盐业遗址群、东北坞盐业遗址群等数量众多的盐业遗址，其中仅在南河崖村周围5平方公里的范围内，就发现遗址点60余处。这次调查意义重大，填补了该地区此类遗址的空白。

为进一步加强盐业遗址的研究，2008年春，山东大学考古系对南河崖盐业遗址群1号遗址进行了正式考古发掘，清理面积约900平方米，发掘出土了大批商周时期的盐灶、卤水沟、摊场等煮盐遗存、沟等遗迹，以及盔形器、陶鬲、骨器等遗物，其中盔形器陶片占总陶片的95%以上。这次发掘在很大程度上破除了"东营是只有几百年历史的退海之地"的传统认识,对于研究古代海岸变迁、制定现代防治海水倒灌的相关对策具有重要学术价值。

2008 年冬,广饶县结合第三次全国文物普查工作,在以往盐业遗址调查与考古的基础上,对县境内的盐业遗址进行了地毯式调查,结果新发现坡家庄盐业遗址群、东马楼盐业遗址群等 10 余处先秦时期制盐遗址,均保存较好,其中最大遗址面积竟达 9 平方公里。这次调查使广饶境内的盐业遗址被越来越多地发现出来。

2010 年春,山东大学考古系、山东大学博物馆借承担山东省文化厅南调办"山东渤海沿岸盐业遗址的调查与研究"和国家社科基金项目"山东北部先秦时期盐业考古研究"课题的机会,对小清河下游进行了一次较大规模的全覆盖式盐业遗址调查,调查面积约 200 平方公里,地域涵盖广饶县东北部,取得了重大成果。

2010 年冬,时任齐鲁文化研究中心副主任的燕生东教授再次对广饶县花官镇、丁庄街道的部分区域进行了野外调查,发现盐业遗址多处,其中东赵盐业遗址群保存较好,东及东北距同时期(指殷墟时期)寿光双王城与广饶东北坞盐业聚落群分别约为 27.25 千米。东赵一带海拔仅 4—5 米,地势非常平坦,是目前所发现的距今海岸线最远的制盐遗址群,具有特殊意义。

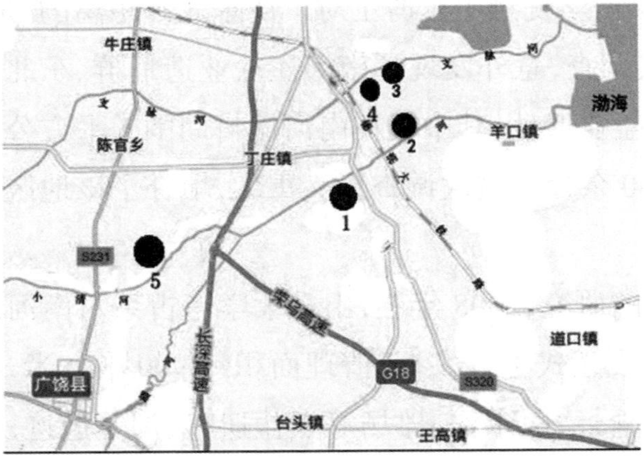

1. 东北坞盐业遗址群　2. 南河崖盐业遗址群　3. 东马楼盐业遗址群
4. 坡家庄盐业遗址群　5. 东赵盐业遗址群

广饶县先秦盐业遗址群分布示意图

总之,到目前为止,广饶县境内共发现 10 余处大型盐业遗址群,均保存较好,其中最大遗址群面积竟达 9 平方公里。这批制盐遗址数量多、规模大,不仅填补了该地区此类遗址的空白，更对研究先秦时期的制盐流程具有重要价值。现将 5 处比较重要的先秦时期盐业遗址群介绍如下。

东北坞盐业遗址群

位于广饶县东北坞村西部和北部，李仓、牛圈村东部，沙台崖、华泰电厂南部，现在的小清河穿过遗址群的北部，明清时期的塌河从东北坞村西南向东北方向流过。该遗址群东北距南河崖遗址群约 5 公里，东南距同时代的寿光市双王城盐业遗址群 7 公里。遗址群东西长约 3.5 公里、南北宽约 2.5 公里，面积约 9 平方公里，目前已发现了 35 处盐业遗址，其中 19 处遗址集中分布在东北坞村的西部和西南部。在东北坞村西南 50 万平方米范围内还发现了汉魏时期遗址，采集标本有板瓦、筒瓦、陶盆、罐等。

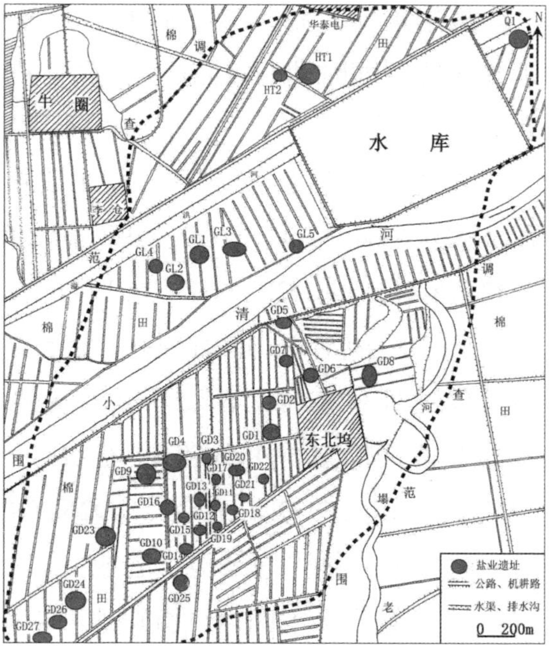

广饶县东北坞盐业遗址群分布图

除 GD4、GD9、GD23、GD24、GH1 等遗址面积为 1 万平方米左右外，一般在 4000—5000 平方米，这与其他遗址群的情况基本相同。文化堆积一般厚约在 0.5 米，但 GD23 等遗址较厚，达 1 米以上。从地表和排盐碱水沟断面上看，所见遗物主要是盔形器，其比例大约在 90% 以上，还见少量陶鬲、罐、瓮等。GD6 遗址地表土层被推走，地面上可观察的遗迹有长方形坑池和两堆盔形器碎片集中地。坑池长 20 米、宽 10 米左右，面积超过 200 平方米，内堆满灰土，但罕见陶片等遗物。两堆盔形器碎片集中地则位于坑池的东北角和南部。华泰电厂南部发现的两处东靠一条古贝壳堤,南邻一座大型水库。GH1 遗址面积超过了 2 万平方米,遗址中心的堆积较厚,超过 1 米。由于遗址之上为现代墓地,被掘出的完整盔形器和大量盔形器残片、烧土块和灰土等遍布地表,另外还发现了东周时期的遗物,有灰陶豆、高领罐、绳纹鬲及内壁戳印几何纹饰的厚胎红陶瓮、大口罐等。

从采集到的盔形器特征分析,该盐业遗址群的时代大体自殷墟一期延续殷墟四期时期,大体相当于双王城遗址群盔形器分期的前三期至四期前段。

大约在殷墟四期前段,遗址数量急剧减少,遗址群开始整体迁移。GL1 – L4、GD4、GD9、GD10、GD12、GD13、GD14、GD16、GD23、GD24、GD26、GD27、GH1 遗址堆积厚,暴露出的盔形器和烧土块等遗物多,采集的标本也显示这些遗址延续时间长,大约经历了若干个期段,而其他遗址存在时间相对不长。从遗址空间布局和历时情况分析,这些盐业遗址群至少可分四组, GL1 – L5 等为一组, GD4、GD9、GD10、GD16 为一组,GD23、GD24、GD26、GD27 等为一组,GH1、GH2 等为一组。这四组的年代均经历了殷墟一、二、三期,它们应同时共存过。大约在殷墟三期后段至四期,北部两组向南,西部的两组向东整体搬迁。在不大的范围内集中分布着 D1、D2、D3、D11 – D15、D17 – D21 等十几处遗址。这些遗址的年代大体在殷墟三期后段、四期间,其年代与上述四组遗址群结束的时代相衔接。这些遗址延续时间较短,分布又密集,从空间上很难进一步划分组群。

南河崖盐业遗址群

位于原广北农场(今黄河三角洲农业高新技术产业示范区)南河崖村周围,共发现 61 处盐业遗址点。目前,遗址群的北部、西部边界已基本确定，但西南部被盐池和鱼塘破坏，边界不清楚，待进一步勘查。目前，在东西长 2.6 公里、南北宽 2 公里，面积 5 平方公里左右的范围已发现了 61 处商周时期遗址，其中，商末周初的遗址有 53 处，东周时期 12 处（有 4 处与早期遗址重合）。商末周初的盐业遗址分布密度非常大，平均每平方公里就有 12 处，部分遗址相隔仅 50 米。南河崖是目前发现的分布密度最集中的盐业遗址群。

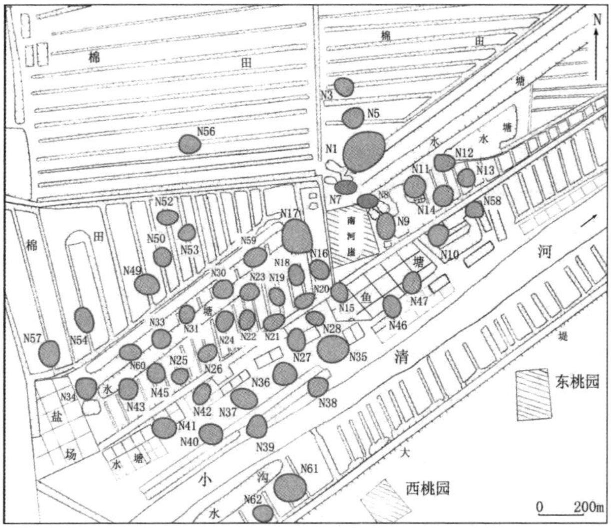

广饶县南河崖盐业遗址群分布示意图

特别是商末周初的制盐遗址分布甚密，每平方公里高达 12 处，有些遗址间隔仅 50 米。其中，编号 GN1 的遗址面积最大，地表暴露的陶片范围达 2 万平方米。其次为 GN17、GN36 等遗址，面积在 1 万平方米上下；其余多为 4000 平方米至 5000 平方米。这些遗址延续时间不太长，但堆积丰厚，许多遗址文化层厚 1 米至 2 米，特点是遗址中心隆起，四周渐低呈漫坡状，当地人习称为“央子”或“圪塔地”。这些遗址多为作坊区。有的遗址地表和排水沟的断崖上暴露出大量红烧土块和盔形器残片。在 GN17 遗址南部断崖上暴露有坑池遗迹，长超过 10 米，深 80 厘米。坑内依次堆积青灰色淤土、黄砂土、草木灰堆层等。在 GN33 和 GN43 遗址发现了厚 5 厘米的盔形器碎片堆积若干层（似为有意铺垫），并与黄色粉砂土相间叠压。GN22 遗址中心位置的盔形器碎片堆积超过 50 厘米。GN17 和 GN31 遗址断面发现厚 20 厘米的草木灰层，长超过 10 米。GN27 遗址上半部被村民挖掉，残留 2 座坑池和盔形器残片堆积。坑池之间有地沟相通。坑池面积达数百平方米，其内堆积分 2 层，上层为厚 30 厘米的草木灰层，下层为厚约 20 厘米的青灰色淤土。草木灰层夹杂少量盔形器，片径多超过 10 厘米，部分可以拼合。目前，这些特殊遗迹的性质和功能尚不十分清楚，估计多半是具有不同功能的制盐遗迹残留。

凡商末周初的制盐遗址往往堆积有大量的盔形器（圜底罐）残片，占陶器总量的 95%强。也有少量陶鬲、罐、瓮、盆、豆、簋等生活用具。一般而言，商代盔形器壁较薄，厚约 1 厘米。西周盔形器较厚，有 2 厘米至 3 厘米。我们共挑选典型盔形器标本近 300 件，整体为鼓腹较深，尖底或圜底，胎较厚，腹饰粗宽的绳索纹。这一形制特征及其在遗址出土物中所占比例奇高，是此类陶器与日用陶器差别最为显著的特征。

根据盔形器演变轨迹，可把南河崖盐业遗址群出土的盔形器分为连续发展的两期五段，前期又可分为前、后段，而后期可分为前、中、后段。大体相当于盔形器分期的四期和五期各段。其中，南河崖前期前段与东北坞四期前段比较接近，后期前、中段与寿光市大荒北央遗址的前、后两段年代相当。

在空间上，西面的遗址年代早，东部晚，有从西向东（东部为海）逐渐移动的迹象。西周早期以后，南河崖制盐遗址似乎一度废弃，东周时人们又重新在此活动。目前仅发现晚期遗址 12 处，所出陶器以小口圜底瓮和大口圜底罐（可能还有圜底盘）居多，器型普遍较大，陶胎较厚，火候高，颜色多红色或灰色，器表拍印绳纹，内壁拍印方形、菱形或花瓣状纹样。所出器物多半为东周时期的鬲、豆、盂、罐等。这些器类造型较特殊，且多见于沿海地带，出土量大，估计也可能是与制盐业有关的用具。这一时期的遗址规模变小，面积仅数千平方米，分布也较稀疏，没有特别的规律。

东马楼盐业遗址群

位于原广北农场(今黄河三角洲农业高新技术产业示范区)东北的东马楼村周围,支脉河从遗址群的北部穿过。遗址群以东马楼村和坡家庄为中心,西北至三柳村、刘庄村,北至西马楼村,东至唐头营以西1.5公里,南至广北农场一分场一队。遗址群范围南北长约5公里、东西宽3.5公里,面积近18平方公里。据村民说,遗址群北部4公里属于东营市境内的王岗村也发现了这个时期的制盐遗存,如此说来,该盐业遗址群的规模就相当大。当然也不排除属于多个盐业遗址群的可能。东马楼遗址群南距同时期南河崖遗址群仅3公里,东距现海岸线不足15公里,是目前发现的离海岸线最近的盐业遗址群之一。

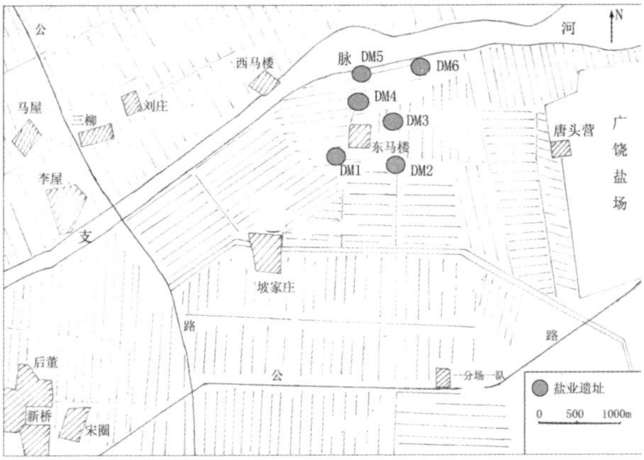

广饶县东马楼盐业遗址群分布示意图

该区地势低洼,多条河流从这里入海,地表覆盖着较厚的、多个时期的淤土淤沙,遗存很难被发现。未经全面系统调查,发现遗址6处。其中3处集中在东马楼村东北部。除编号DM5遗址保存差、面积仅7000平方米外,其余均超过1.5万平方米。编号DM1遗址文化堆积较厚,厚0.7—1米,包含较多的红烧土和草木灰等,地表被南北走向的排水沟分割成数块,地表和排盐碱水沟断面上散布着大量的陶器碎片,器形主要为陶瓮、罐,其比例占整个陶器群的90%以上,另有少量的陶鬲、中口罐和豆标本。陶瓮、罐全部为泥质,分红、灰两种颜色,器型普遍较大,陶胎较厚,火候高,器表多中细绳纹,内壁拍印几何等纹样。

坡家庄盐业遗址群

位于原广北农场(今黄河三角洲农业高新技术产业示范区)东北的坡家庄一带,支脉河从遗址群的北部穿过。遗址群所在地海拔较低,只有2—3米(其他盐业遗址群一般海拔3—4米),地势低洼,多条河流从这里入海,地表覆盖着较厚的多层淤土淤沙,遗址埋藏深,出露少,基本无法进行覆盖式系统调查。目前已发现盐业遗址点3处,主要集中在坡家庄村周围。

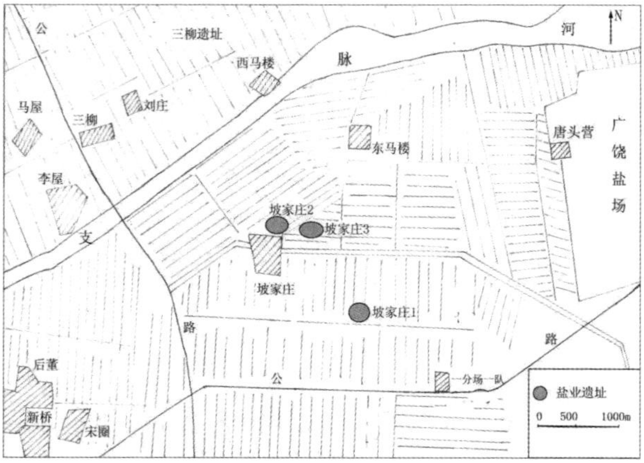

广饶县坡家庄盐业遗址群分布示意图

所见商周时期遗存比较特殊。一是遗址上都被东周时期和金元明清时期的盐场破坏或覆盖,很难观察到商周时期的盐灶、坑池等遗迹,也无法判断其制盐单元数量;二是盔形器碎片分布的范围较大,一般在1万平方米左右,面积较大者,达4万平方米(如坡家庄2号遗址);三是所见盔形器遗存较少,主要是口沿和腹部,片径小;四是就其形态特征而言,可分为四期七段,大体相当于盔形器分期的一期前、后段,二期后段,四期后段,五期前、中、后段,延续时间较长,但中间缺乏二期前段,三期前、后段及四期后段遗存,把盔形器编年的结果反映到各个盐业遗址上,可以发现这3处遗址都包含了这些期段。这些现象都不见于其他盐业遗址。因此,我们曾怀疑这些遗址的盔形器碎片是东周或金元时期人们从他处运来用于铺垫道路或房屋建筑所用,非商周时期煮盐时所遗留,但是在坡家庄2号遗址一个断面上,发现了一层较厚的商代盔形器碎片堆积,内并无晚期遗存的掺入,这或说明遗址属于商周制盐遗存的可能性比较大。当然，这些问题的最终解决，还需要下一步的田野工作。

坡家庄3号遗址位于坡家庄东北角，保存相对较好，基本呈正方形，东西长约260米，南北宽约250米，面积约65000平方米，地势北高南低，文化层厚约2米，包含物有草木灰、灰陶片等，地表散落着大量的文物标本，有盔形器残片、灰陶网坠、灰陶壶口沿、灰陶砖瓦块等，均为泥质，纹饰有绳纹、弦纹等。采集的盔形器残片器壁较薄，厚约1厘米，绳纹略粗，圜底。从现场大量的蚌壳分析，遗址曾被海水或黄河水淹没过。另外遗址现场还散落着较多的晚期瓷片，涉及窑口较多，有耀州窑、钧窑、景德镇窑等。

三柳遗址位于三柳村东北约2000米处，基本呈西北——东南走向，东西约1000米，南北约500米，总面积约50万平方米。地表散落着大量的文物标本，有灰陶罐口沿、灰陶瓮口沿、灰陶盔形器腹、夹砂灰陶罐口沿、灰陶豆柄、灰陶豆口沿，还有明清时期的瓷片等。

所见标本均为采集，数量较少，片径也小。就其形态特征而言，可分为四期七段，大体相当于盔形器分期的一期前、后段、二期后段、四期后段、五期前、中、后段。延续时间较长，但不见二期前段、三期前后段及四期后段遗存，原因待考。

东赵盐业遗址群

位于广饶县花官镇东部、丁庄街道西南部的东赵、洛程、尚道、南口、北口村一带，小清河、溢洪河以北。20世纪80年代村民修挖鱼塘和水沟就发现了南口、北口遗址，有关部门还公布为县级文物保护单位。遗址内虽出土过一些完整盔形器，但当时并没有注意到它们属于盐业遗址。

东赵盐业遗址群东及东北距同时期遗址群双王城和东北坞分别为21公里、13公里，东距现代海岸线46公里，是目前所发现的距今海岸线最远的制盐遗址。所发现的8处盐业遗址分布于东西长7公里，南北宽3.5公里，近25平方公里的范围内。

经钻探发现，遗址文化层距离地表较浅，呈黑褐色，地层堆积厚薄不均，最厚处达0.6米，包含物有草木灰、灰陶砖块、瓷片等。其中东赵2号遗址面积较大，遗物较丰富。池塘、取土坑断面上和周围上出露或散布着大量圆柱状、扁圆柱状红色及红褐色烧土块。所采集的烧土块标本多断裂损坏，比较坚硬，存长在5—15厘米，直径在4—8厘米。

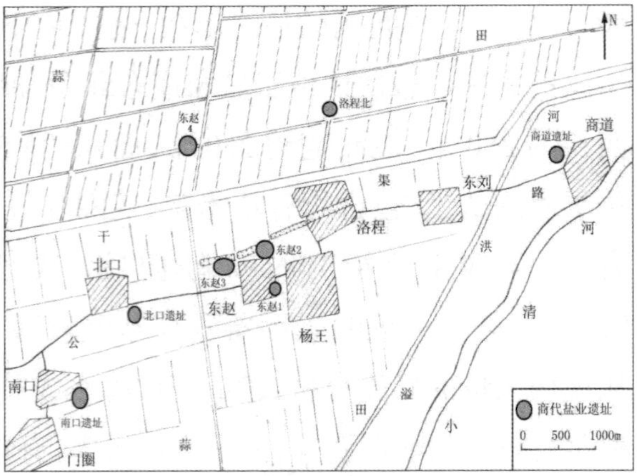

广饶县东赵盐业遗址群分布示意图

在东赵盐业遗址群2号遗址出土2件完整器物，后从村民手中征集入馆，分别为四系罐和盔形器。

四系罐，1件，东赵2：1，泥质灰陶，烧制坚硬，口沿部已残，敛口，深弧腹，平底略内凹，腹上部、下部各有一对称环状耳。腹上拍印较粗的竖绳纹，靠近底部为成片组的斜绳纹。口径8.5厘米，腹径21厘米，通高33厘米。

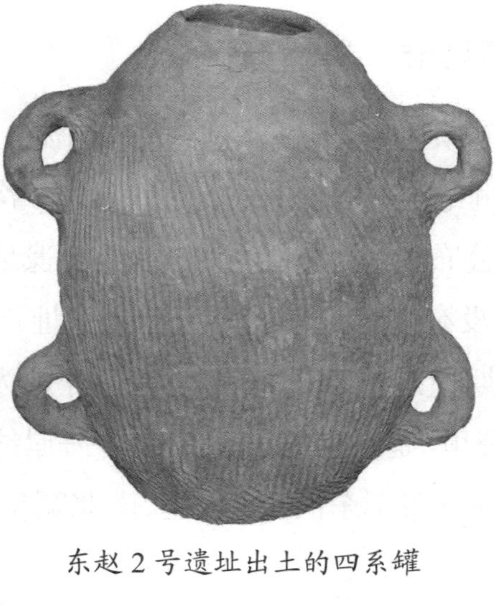
东赵2号遗址出土的四系罐

盔形器，1件，东赵2：2，泥质灰陶，烧制坚硬。盘状口，厚圆唇，卷沿，弧腹稍直，大圜底。腹部拍印较粗的横绳纹，局部有较细的竖绳纹。腹下部和口沿处附着灰白色垢状物。口径19厘米，腹径18厘米，通高17.8厘米。

地表暴露的文物标本有大量与制盐有关的陶片、窑坯等。陶器以

东赵 2 号遗址出土的盔形器

灰陶为主，纹饰多为绳纹，器型有盔形器、鬲、筒瓦等。该遗址面积大，文化层深厚，包含物丰富，对于研究广饶小清河以北区域历史沿革以及制盐历史等，提供了重要的实物资料，具有很高的历史价值。

根据其形态变化，东赵盐业遗址群可分三期五段，大体与东北坞的五段相当。其中，第一、二期可分为前后两段，所见遗存较多，第一期盔形器种类形态较丰富多样，第三期前段遗存较少，遗址延续时间应比较短。与盔形器同出的陶制生活用具如鬲、甗、甑、盆、罐、豆、小口四系背水壶、瓮等标本，绝大多数属殷墟一、二、三期。

此外，距东赵遗址东北部 12 公里的支脉河王家岗村一带，多个地方也出土过盔形器，那里应当有相应的盐业遗址。王家岗公布的那件，就其特征而言，属于五期前段。

小　结

1. 关于遗存的年代及性质

虽然经过多次调查，但目前尚未发现新石器时代制盐遗址。调查发现的晚商至东周时期的遗存较为丰富。调查采集的文物标本属盔形器最多。根据南河崖盐业遗址群 1 号遗址的考古资料，以及广饶内陆的东赵盐业遗址群等商代盐业遗址出土盔形器的年代分析，目前广饶县境内所有出土的盔形器流行年代应在殷墟时期至西周早期。目前在广饶沿海遗址还未发现西周早期以后的盔形器，并且在内陆的西周早期以后的聚落遗址内也未见盔形器，据此，广饶发现的盔形器流行年代的下限应为西周早中期。同时调查采集的陶鬲、罐、簋、盆等日用器，基本与盔形器同一时期。调查发现的东周时期遗存也较为丰富，数量最多的器型为陶瓮，年代可定在东周时期，另外还有鬲、豆、罐、盆等，年代也基本为东周时期。

根据调查发现的器物，可以明确这些遗址属于盐业遗址无疑。虽然有些调查发现的先秦盐业遗址规模不大，堆积单纯、特殊，但以烧土和盔形器为主，还见大量白色钙化物，出土的盔形器（如东赵盐业遗址群3号遗址）内壁上的灰白色垢状物系煮盐过程中析出的碳酸钙等。山东寿光双王城商周盐业遗址科技分析，这类白色钙化物应是煮盐留下的遗存，也是判断盐业遗址的主要依据之一。烧土块应是与盐灶有关，而大量的圆柱状、扁圆柱状红色及红褐色烧土块，从寿光双王城盐业遗址的试掘和发掘情况来看，这类烧土块应是搭设在盐灶上面的网状架子构件。

调查发现的东周时期的盐业遗址的出土遗物主要是瓮、罐，内壁上多拍印有几何纹样，还少量盆、豆、盂，时代应为战国时期。就出土遗物特征及时代而言，与战国时期渤海南岸地区齐国盐业遗存完全一致，说明这些遗址可能是盐业遗存。当然，就已暴露的情况而言，这些遗址面积规模不大，出土陶片等遗物偏少，也不排除它们是盐工及家属的墓地。

另外，从采集的陶片、瓷片等文物标本分析，调查发现的这些盐业遗址在汉代、宋至清时期也有人类活动。

2. 关于盔形器的功用

一般认为，沿海的盔形器是煮盐或晒盐的用具。如曹元启先生通过盔形器的分布与现在盐场分布基本一致，以及盔形器出土时，器口朝上，多成排出现，外表粘有红烧土，器物多夹砂，厚胎圜底，适宜煮熬；沿海的潮间地带又分布着高浓度卤水等现象分析，认为盔形器是煎煮海水和高浓度卤水的器具。方辉先生也对盔形器进行了研究。他根据盔形器与三峡煮盐工具圜底罐、日本的尖底圜底器相似，认为盔形器是盛载海盐的量器。李水城先生于2002年夏在鲁北莱州湾及胶东沿海地区进行了盐业考古实地考察,并对已刊布资料进行了初步梳理和分析。他通过对盔形器大小尺寸的测量获知,盔形器通高20—22厘米,口径16—18厘米,变化幅度不大,据此也推测盔形器具有装盛海盐的量器功用。

但是,广饶发现的商周盔形器多泥质、厚胎,并不适合煮熬,考古发掘中也未发现支座、盐灶之类的遗迹,这些表明盔形器可能并不是煮熬海水或卤水之用。盔形器圜底或尖底并不适合平地置放,深腹、侈口,不适于日晒,也不利于水分蒸发。因而,用之晒盐也不太可能。盔形器斜卷沿,沿唇斜直,腹与口沿处略内凹,便于捆绑绳索,尖圜底,厚壁,适合作汲水器。内陆地区,盔形器多在水井发现,属于汲水器。另外,广饶发现盐业遗址区域多为潮滩地和海滨湿地,地势低平,常年有潮水侵袭,人类难以在此活动,古海岸线研究成果表明,目前所发现的盐业遗址群并不濒临海岸。考古发掘的南河崖盐业遗址群东距渤海22公里,说明遗址并不靠近当时海岸线,也从而证明当时制盐利用的原料并不是海水,而是地下卤水。南河崖盐业遗址群1号遗址发掘出土了大量的卤水沟(井),而盔形器集中分布在卤水沟(井)的周围,说明盔形器应是汲取地下卤水的用具。

3. 历史与现实意义

广饶县居黄河下游、渤海之滨,位于山东省北部,多年来在广饶县小清河以北区域发现的先秦遗迹极少,盐业遗址更是空白,以致形成“这里是只有几百年历史的退海之地”的传统认识。这次调查发现的大规模先秦遗址,在很大程度上破除了这种错误的传统认识,对于研究渤海海岸线变迁等具有重要意义。

同时,这批制盐遗址的发现,不仅填补了鲁北地区此类遗址考古调查的空白,还有利于对先秦时期盐业遗址的规模、分布情况、堆积形态以及当时的制盐方式作初步了解。

老县城里的阁子底与船亭

刘金海

穿心阁和船亭，曾是老县城内两处近代著名建筑，虽然其存世时间不长，现在也已无迹可寻，但它们在旧志上，在与其同时代的人及其后代心中，都留下了深刻印记。本文试图根据这些印记，努力还原一下昔日的旧景。

阁子底

“阁子底”是广饶县旧城中心位置的地标名称。“阁”，在广饶方言

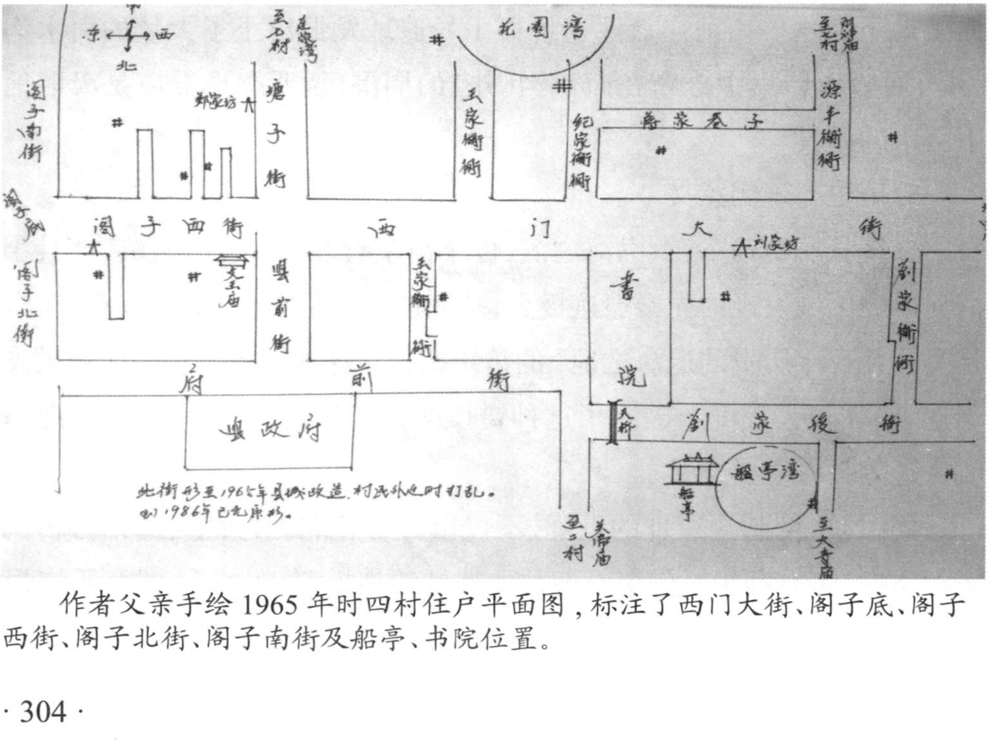

作者父亲手绘 1965 年时四村住户平面图，标注了西门大街、阁子底、阁子西街、阁子北街、阁子南街及船亭、书院位置。

中其发音接近“郭”。如今,60 岁以上的人对这个地名都应该有些印象。我就出生在位于阁子西街的老家,不过因县城建设征用,在刚 1 岁时就搬迁到城南了,但姥姥姥爷家仍住县城西门大街南的蒋家巷子。小时候经常听姥爷指使小舅或表兄到“阁子底”去做这做那的,但对其名字怎么写、在什么地方并不清楚。那时家境贫穷,小孩子嘴馋,就想像这“阁”字就是“油炸馃子”的“馃”,猜想那里肯定有很多卖好吃东西的,因而充满向往。

后来随着年龄长大,逐渐从父亲口里得知,旧广饶县城原有东西南北四座城门,有两条主街道贯通东西门和南北门之间,两街在县城中心的纵横交叉点叫“阁子底”。进城门向内的大街分别叫东门大街、西门大街、南门大街、北门大街,而从“阁子底”向四方的大街则分别叫阁子东街、阁子西街、阁子南街、阁子北街,这四条“阁子 × 街”分别与同方位的“×门大街”相接。“阁子底”地势很高,其地平面与四周城墙相平,为的是方便排水。

直到多年后阅读旧志,方对其有了全方位了解:“阁子”名叫“穿心阁”,“在县治东南十字街中,清乾隆四十三年(1778)知县李卿云建,高三层,层各丈余,四面悬门额以东壁、西清、南熏、北斗。下层中为圆顶,顶嵌铁太极图。光绪十九年(1893),知县曾启埙拆砖石以修书院,遂废”。李卿云是云南赵州举人,乾隆四十一年(1776)任乐安县知县;曾启埙是四川泸州监生,光绪十八年(1892)任乐安县知县。这样算来,穿心阁寿命有 115 年,而被拆除掉也有 130 多年了。

如此宏伟且已有百余年历史的镇城之宝为什么会被拆掉呢?旧志注曰:“按:杰阁凌云,一邑之壮观焉。俗乃以科举不利为阁之咎,并咎建是阁者。夫人即忌刻,不施于无忌之辈。李令而不善风水,令而善风水也?科举利则令之荣,不利则令之辱,荣辱积为功过。文教之兴,当必有扶翼恐后者。况书院创建,捐俸千金,额曰‘乐育’,崇文之意可想。平日崇其学问，而临时抑其功名，又情理之所必无。且即以阁论，图悬太极像、塑奎星石、刻鱼跃龙门之数者，尤与建学相表里，为利科举之明证。第科举之利不利，不尽关乎风水。为科举不利而去阁，阁去而科举仍不利。阁坏自光绪癸巳(1893)，进士辰午两科(1892 年壬辰、1894 年甲午)准登贤书，乙丑科 4 人、辛卯科 3 人、癸巳科 2 人，不过一魁一解列名差高耳。过此以往，则一人甚或无人。然则科举利否，阁乎？非阁乎？于李公何尤！”原来，是怀疑“阁子”破坏风水、影响科举才拆除的。但修志者颇不认同，给予了辩驳，对创修者也大加赞扬。

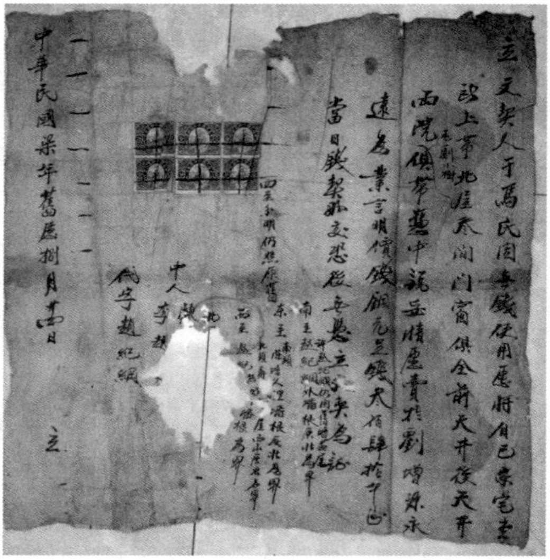

作者高祖 1918 年购买阁子西住宅时的契约

我祖上原住在县城西门里的刘家后街，1918 年农历八月时，高祖父在阁子西街买住宅一处(附契约照片)。曾祖父是清末秀才，先是开办私塾，后来开办阁子西国民学校，一生教书 38 年，父亲自幼跟随他读书。父亲去世后整理其遗稿时发现，他依据自己爷爷的描述，对阁子有自己的记载，其梗概与旧志略有出入，尤其是有许多细节是志书没有的。他写道：“阁子名穿心阁，位于东西城门之间、南北城门之间两条大街交叉的十字路口。分两层建筑，下层是砖石建造，有东、西、南、北四个洞子门，上层是木质结构，四角有飞檐。下层有隧洞穿过，称‘阁子底’，隧洞两边是做买卖的摊位，有油条、油粉、豆腐、火烧、烧饼等，外边有青菜、布、线等摊位。上层四面环窗，四角有木质斗拱，延伸出尖端为龙头形，上面挂有风铃，可随风的大小发出不同的响动。逢年过节有政府官员祭拜，为镇城之神，底中心部有弓形楼阶梯上去，正月十四至十六日登阁浏览县城内灯火花烛。阁子底的地面很高，与城墙垛口持平……后来，知县曾启埙把阁子拆了，用那些砖木建设了书院。”

这里所说的书院即乐育书院，也是乾隆四十三年知县李卿云创建。后来数任知县多次重修，光绪十九年知县曾启埙大规模拓展重建，西门里刘氏十四世刘宗海“首捐地以扩其基”。阁子形体到底有多大？旧志只说“高三层，层高丈余”，用今天的计量单位推算应该有十多米高，不过对占地多少无记载，因此对其体量很难估算。但是，对书院建置有详实描述：“……靠街影壁一座，东西栅各一……西门西侧北屋二间，门西二间。大门三间，门内东西小房各二间。二门一座，东西厦各号舍十三间……迤北正厅三间，为讲堂。两陪房东西厢各三间。西陪房北北屋三间。后院东便门一座。东跨院北屋三间，东西各三间。东院正厅三间，西北屋二间，简屋三间，后便门一座……”在旧志《船亭》条目下记载，建设船亭的砖石是建设书院剩余的。建完如此规模的书院居然还有剩余砖石，由此推测：这阁子绝对是个“庞然大物”，无怪乎旧志称其“杰阁凌云，一邑之壮观焉”。

父亲生前曾讲，他幼时多次听其祖父称赞曾启埙是个好县官，本村也还有人记得当年夸赞曾启埙的几句顺口溜：“曾知县，真能干，扒了阁子建书院……”而本县籍光绪甲午科进士、福建即用知县成象乾在其光绪二十年所撰《重修山东新清河碑记》中，则对曾启埙高度赞扬：“……适值邑候曾公志菴莅任后兴利除弊，百废俱修，而又加意文教，复建书院，期以人之杰而乎地之灵。”今天回看，无论是当年建书院、建穿心阁的李卿云，还是后来扩建书院、拆除穿心阁、修建船亭的曾启埙，两位知县都算是建设型、创业型、实干型“能臣”。他们的名字，连同这些“重点工程重点项目”，永远留在了史册中，而且他们还有慷慨捐俸善行，值得景仰、传承、学习。翻翻县志，几百年来，有名有姓的知县不少，真正有点显著“宦绩”的不是很多。看来，为官一任，最重要的是认清自己当政的时代和当地发展进步需要什么？自己任上应该做点啥？并努力克服阻碍、付诸实施、把事做成，才可能在史册上留下美名，才对得起上级信任和当地人民的重托，才能丰富自己的人生、实现自身的价值。

如今县城兵圣路与商业街的交叉口便是当年的“阁子底”，其西南角是 1978 年建成投用的广饶电影院，西北角是 1986 年建成开业的广饶镇人民商场，东北角是 2004 年建成开业的佳乐超市，西南角是原县商业局下属的宏达商场，现出租给商户经营。原阁子东街至东门大街，则早已改造为商业步行街。

“阁子底”虽已不再，但此处仍是当今最重要的交通要路和最繁华的商业地段之一。

船　亭

船亭，是广饶旧县城内一处公园主体建筑的名称，公园后被命名为拙政园，大体位置在今乐安大街与关帝庙街交会处丁字路口西北侧。1935 年版《续修广饶县志·县城全图》对其位置有明确标注，2021 年 11 月中华书局出版的《广饶县教育志》所载乐育书院图，也描绘了船亭的位置和形状。

船亭是光绪十九年(1893)知县曾启埙买民地三亩多、利用扩建书院剩余材料建设的。“南北长约六十步，东西约四十步，上建屋三楹，四围绕以卷棚，如船焉，因以名亭。东南隅建一门，东南两面绕以墙垣十余丈，门内建草屋二，各三间。亭之西北为深池，阔及园之半，池畔及四围植松柳杂树，木叶荫翳，芦荻丛生，具自然公园资格。惜垣篱不整诸欠修理。傥再益以吉祥寺附近隙地加以设备，不难成为公共游息之场所也。”曾启埙撰有《船亭记》，摘要节录于下：

……予于壬辰春来官斯土，都人士以重修书院为请。既兴工有日，佥谓土必取诸城外，计恐千金，将恐经费不敷。予因相度地势，见书院迤北数武有旷地，可三亩余，所费无几，遂买之以助土工。掘深数尺，忽有清泉涌出。工既竣，而池水盈盈，居然有鉴湖一曲规模。乃招员工植菱藕，设板桥以通往来，栽杨柳以固池堤，亦略可游目骋怀矣。维时，史臣、诸绅又进而请曰：“有地不可以无亭。”幸书院犹有余材，不过增以工作耳，盍取而营建之？因就地上起船亭数楹……夏日雨霖，众水俱委折而入于池，堪舆家谓“七星会煞”，最利科名。本届癸巳恩科果领解一人、经魁一人，咸啧啧焉，传为盛事。予素不善风鉴，未敢道其所以。然要为是因势利导，为多士增一陶情适性之所，而于书院撙节无多，亦未始非一举两得之道也。所愿后之来者以时修葺，勿致废芜……

读罢，忽忆起刚上高中时语文老师周树民讲过的短文《一举而三役济》，出自《梦溪笔谈》：“祥符中禁火，时丁晋公主营复宫室，患取土远，公乃令凿通衢取土，不日皆成巨堑。乃决汴水入堑中，引诸道竹木排筏及船运杂材，尽自堑中入至宫门。事毕，却以斥弃瓦砾灰壤实于堑中，复为街衢。一举而三役济，计省费以亿万计。”曾知县此一举虽仅两得，也颇值得称赞。

船亭建成后怎样呢？ 1918 年版《乐安县志》惜字如金，仅“二十八年知县王敬勋重修”一句。为寻找本族老家谱，2023 年 5 月，我在乐安街道东康村族人

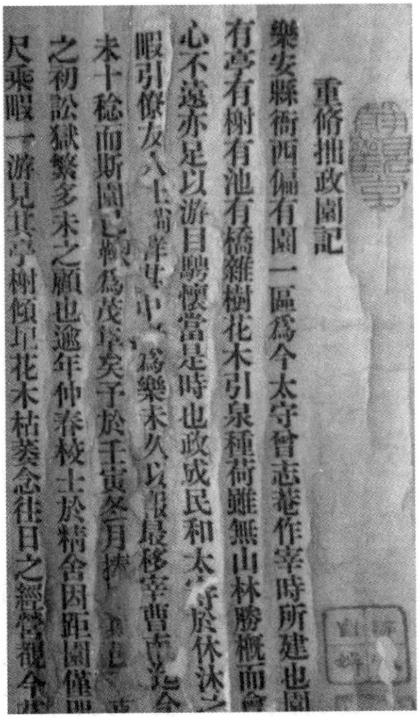

重修拙政園記
樂安縣衙西偏有園一區爲今太守曾志莛作宰時所建也園
有亭有樹有池有橋雜樹花木引泉種荷雖無山林勝概而會
心不遠亦足以游目騁懷當是時也政成民和太守於休沐之
暇引僚友入士[illegible]中[illegible]爲樂未久以報最移宰曹[illegible]
未十稔而斯園已[illegible]爲茂[illegible]矣予於壬寅冬月接[illegible]
之初訟獄繁多未之顧也逾年仲春校士於精舍因距園僅[illegible]
尺乘暇一游見其亭樹傾圮花木枯萎念往日之經營[illegible]

东康村刘学伟所藏《重修拙政园记》页面（局部）

刘学伟处发现了王敬勋整修公园并改名拙政园的珍贵资料。王敬勋是直隶清苑监生，撰有《重修拙政园记》并十景诗。从其文字看，船亭命运多舛，不久便“废芜”。旧志未载此文，故全录于此：

> 乐安县衙西偏有园一区，为今太守曾志菴[1]作宰时所建也。园有亭、有榭、有石、有桥，杂树花木，引泉种荷，虽无山林胜概，而会心不远，亦足以游目骋怀。当是时也，政成民和，太守于休沐之暇，引僚友人士徜徉其中，□为乐未久，以报最[2]移宰曹南[3]，迄今未十稔，而斯园已鞠为茂草矣。予于壬寅冬月捧□斯邑，□车之初，讼狱繁多，未之顾也。逾年仲春，校士于精舍[4]，因距园仅咫尺，乘暇一游，见其亭榭倾圮，花木枯萎，念往日之经营者覩今兹之寥落，不禁感慨系之，爰乃鸠工，略加修葺，旬余工竣，顿复旧观。尝思天下事，前人谋之数载而不足，后人堕之一旦而有余，大抵皆然，又岂独为斯园惜哉？所愿后来者，念有基勿坏，使松竹常存，固为斯园之幸，亦予与太守所深望也。予生也晚，遭世多故，落拓一官，垂垂老矣。今也复值时艰，有司亟谋富强，皆以理财是务。古人云：催科政拙，良有以也[5]。园旧未命名，今即以拙政名之，纪实也。园中之景凡十，各缀以二十八字，非敢言诗，聊以寄兴云。尔时在光绪癸卯暮春之初，权知乐安县事清苑王敬勋祝萱甫志于琅槐官廨繫舫之南窗下。

有几处略作解释：①曾启埙字志菴，四川泸州监生，光绪十八年(1892)任乐安知县。②“报最”，指考核下级官员时把政绩最好的列名上报朝廷。③“移宰曹南”，指曾启埙被调任曹县知县。④“校士于精舍”，指王敬勋在乐育书院对学员进行考评。⑤“催科政拙，良有以也”，催收科税没有取得政绩。另：壬寅冬月即1902年农历十一月；光绪癸卯暮春即1903年农历三月。

王敬勋的十首七绝更不见于志书,故亦全录:

柳桥晴絮

垂柳数株,小桥一曲,每值春和景明,杨花飞舞如雪,不殊谢家诗句中风景。

小桥卧水一弓湾,柳絮风中滚作团。
我自扶筇间蹀躞,旁人拟作画图看。

荷沼远香

园中池沼环绕,三面遍种芙蓉,红缨翠盖,清芳袭人。

方塘引水种芙蕖,翠盖红英锦不如。
有客凭栏歌水调,风吹花气沁裙裾。

回廊觅句

园中起榭数楹,回廊四匝,缓步高吟,寻诗妙境也。

画廊负手自吟哦,人笑耽诗欲入魔。
佳思初来忽得句,成功报最未为多。

虚牖招凉

船亭南北皆窗,夏日启北窗纳凉,荷香拂拂袭人。

卧水轩窗不染尘,尽教爽气挹来频。
世间乐趣无今古,岂必羲皇以上人。

小亭月色

亭在园东北隅,筑基建亭其上,秋夜于此玩月。

小亭虚敞向池开,时引清辉入座来。
得月何须判先后,让人近水起楼台。

古寺钟声

园邻古寺,午夜清钟深足发人警醒。

园亭幽静寺为邻,水木萧疏迥绝尘。
夜静蒲牢时一吼,须防惊起梦中人。

蕉窗话雨

亭外环种芭蕉，偶于雨夜剪烛清谈，真清凉景也。

风风雨雨可怜宵，新种窗前数本蕉。

安得故人来不速，西窗剪烛听潇潇。

菊圃访秋

径边编竹为篱，遍艺秋菊，迨群芳摇落，此花独开，藉慰岑寂。

菊因晚节独迟留，岂与群芳作等俦。

但使东篱能醉客，何须归赏故园秋。

柏屏迭翠

园四围多种柏树，盖取后雕意也，严冬益形苍翠。

翠柏森森似列屏，独能留得四时青。

贞心不改常时色，一任冰霜几度经。

花径引泉

池为诸水所汇，堪舆家名七星会煞，谓有关文脉，引之入池不竭。

薙草开池忽得泉，暗穿花径引涓涓。

羡人妙思如斯涌，从古文章别有渊。

至于王敬勋重修并更名拙政园以后的情况，遍查县内各种资料均无所获。仅在父亲遗稿中发现其手绘1965年时四村住户平面图中有标注，且有点滴文字描述，可与旧志记载互补："船亭建在刘家后街东头关帝庙街南端，建筑形式是一个船形，船头向西，南、西、北三面环水，名荷花湾、苇湾，南是苇子，北是荷花。只有东面有花格墙，有门楼在东南角，墙内有一水井，设有高空人力水车，取水通过天桥过刘家后街到书院厨房。船亭建筑分六间，南北全是窗，东西通门，四面出厦，小时候曾上去玩耍过。1945年前，日伪'调办处'设于此。大约1946年起，周围居民不断有人偷取上面的木料当柴烧，渐渐地被破坏、拆去。其中，本村村民

陈 ×× 把一块石碑弄回了家，在屋门口外当接脚石。石碑上刻满了字，什么内容记不清了。县里文物普查征集文物时，陈 ×× 长子把石碑捐上去了。1947 年国民党部队犯广饶时，船亭遭到了破坏。”

这样一算，这船亭寿限仅半个世纪多点，竟不及穿心阁一半！而知县曾启埙，则在《山东通史》中见到了其“移宰曹南”后的一件事：甲午战争后鲁西南地区兴起了反洋教斗争，其领导者是民间秘密团体大刀会，大刀会首领是曹县刘士端、单县曹得礼等。“1896 年 7 月 7 日，刘士端也不幸被曹县知县曾启埙逮捕，惨遭杀害。”

本人记忆中，20 世纪 70 年代时，此处有几排蓝砖房子，县幼儿园设在这里。幼儿园院子里有一个很大的深坑，雨季时坑底有积水，坑里长有一些芦苇。现在想来，这可能就是原来的苇湾。2023 年 10 月访东营市历史博物馆赵金时，他言：广饶街道北朱耿村一王姓老人家里存有《船亭记》碑的拓片，前几年文物普查征集时曾欲收购，但他嫌价格低不同意。现在，也不知这位老人是否还健在、拓片是否还收藏着。据 2021 年 12 月出版的《大王镇志》记载，《船亭记》碑乃我县近代书法大家宋其端（1848—1915）书丹，其书法“既不失刚劲庄重之气，又具飘逸之势，所书《船亭记》《重修山东新清河碑记》字体工整，拓片流传甚广”。

图书在版编目(CIP)数据

广饶文史资料. 第三十辑 / 中国人民政治协商会议广饶县委员会文化文史和学习委员会编. -- 北京 : 中国文史出版社, 2024. 12. -- ISBN 978-7-5205-4991-2

Ⅰ. K295.24

中国国家版本馆 CIP 数据核字第 20244ZF903 号

责任编辑:王文运

出版发行:中国文史出版社

社　　址:北京市海淀区西八里庄路 69 号　邮编:100142

电　　话:010-81136606　81136602　81136603(发行部)

传　　真:010-81136655

印　　装:广饶县技工学校印刷厂

经　　销:全国新华书店

开　　本:787mm × 1092mm　1 / 16

字　　数:260 千字

印　　张:20.25

版　　次:2024 年 12 月北京第 1 版

印　　次:2024 年 12 月第 1 次印刷

定　　价:98.00 元
